Hans G. Bentz
Hasso, Puck und Tommy

und andere Hundegeschichten

Hasso, Puck und Tommy

und andere Hundegeschichten

von

Hans G. Bentz

CARL HABEL VERLAG

Genehmigte Sonderausgabe für Carl Habel GmbH, Darmstadt
© Copyright 1993 by Autor
Illustration: Uta Ellermann, München
Druck und Bindung:
Chemnitzer Verlag und Druck GmbH, Werk Zwickau

ISBN 3-87179-253-5

Robby

Über Nacht war Neuschnee gefallen. Eine gute Stunde war ich in's Tal hinab zur Post gestampft. Die erhabenen Gesichter der Berge zur Rechten und Linken, war ich manchmal fast taumelnd durch den Nebel gegangen, der aus dem tiefer gelegenen Bett des Wildbaches in die eisige Morgenluft emporgestiegen war. Das machte das Herz weit und weich für Erinnerungen ...

Als ich das Dorf erreicht hatte, sprang plötzlich ein Airedale auf mich zu, ein offenbar noch junges, bildschönes Tier, dem nach Kälberart beim schnellen Laufen die Pfoten wegrutschten. Seine Farben waren klassisch: honigbraun und schwarz, die Schnauze umsäumt von einem dichten Kastenbart. Er trug einen großen Stein im Maul.

Ich war der Erste, den er damit traf, darum warf er ihn mir vor die Füße. Der Stein war im hohen Schnee verschwunden. Verdutzt legte der Hund den Kopf schief, sah mich fragend an und begann fieberhaft zu graben.

Leise schüttelte ich ihn am Nackenfell und beugte mich zu ihm:

»Komm, Du dummes kleines Luder, wir suchen zusammen und dann schmeiße ich Dir den Stein!«

Aber noch verstand er nicht und grub wild an der gleichen Stelle.

»Robby,« sagte ich, »warte doch, ich helfe Dir!«

Wieso aber Robby?

Die Jahre schnurrten rückwärts in die Zeit, in der wir jungverheiratet waren, noch keinen Hund wollten, weil wir uns ängstlich gegen alles wehrten, was sich zwischen uns und dem Aufeinander-Einstellen hinderlich gewesen wäre.

Es war ein Sommer am Meer. Zwei Wochen waren wir schon dort, verwöhnt von den Wellen, gebräunt von der Sonne – da kam er zu uns. An einem ganz normalen Vormittag. Zwischen all den zu Burgen aufgegrabenen Sandwällen und Strandkörben stand er und warf uns einen Stein vor die Füße.

»Ein Airedale!« erklärte ich Annette.

»Er will mit uns spielen!« meinte sie und in diesem Augenblick bellte er, stieß den Stein mit den kräftigen Pfoten noch näher an unsere nackten Fußsohlen und trat einen Schritt zurück, um dann noch einmal aufmunternd zu bellen.

»Was für ein schönes, langes Gesicht er hat«, sagte Annette und zu ihm: »Komm doch mal her, Du schöner, Du starker Hund!«

Er kam näher, leckte ihr flüchtig die Hand, so, als wolle er sagen: »Nett, daß Du das eben gesagt hast – aber ich habe keine Zeit, der Stein da muß in's Wasser geworfen werden!«

Etwas vorsichtig, in Anbetracht des prachtvollen Gebisses, nahm ich den Stein. Sofort sprang er an mir hoch. Ich hielt ihm den Stein hin, aber er nahm ihn nicht, er tanzte neben mir her und bellte:

»Alberner Mensch, merkst Du nicht, daß ich spielen will??«

Ich warf den Stein. Er fiel nicht in's Meer, sondern an eine Stelle des Strandes, wo das Wasser gerade zurückgetreten war. Federnd durchschnitt der Hundekörper die Luft, legte den Kopf mit den klugen Augen seitwärts, um so den Stein besser aus dem nassen Sand zu heben. In diesem Augenblick stieß eine kräftige Brandungswelle schaumbeladenes Wasser darüber. Alles war plötzlich nur gurgelnde Flut, braun von aufgewühltem Sand.

Schaum heftete sich an dem Hund, aber er stand unbewegt an derselben Stelle im Wasser, an der sein Stein gelegen hatte und nun wie durch Zauberei verschwunden war. Die große Welle hatte

im Rückstoß den Stein mit sich genommen. Fragend starrte mir der Hund in die Augen:

»Dumm, nicht wahr?«

Aber er blieb. Suchte hartnäckig weiter.

Neue schwere Brecher zerschellten wenige Meter vor ihm, echte Nordseewellen, und ihr gewaltiger Auslauf lief über seine Schultern. Sie warfen ihn sogar einmal um und sein Kopf war unter Wasser, aber dieser Hund ließ sich nicht beirren. Er sondierte weiter mit den Pfoten und steckte die Schnauze in das beißende Salzwasser.

Hinter dem Wall unserer Sandburg tauchte Annettes wehender Schopf auf:

»Ach laß doch, Robby,« rief sie, »Du findest ihn ja doch nicht mehr. Komm her zu mir, Herrchen sucht Dir einen neuen.«

»Getauft hast Du ihn auch schon«, sagte ich amüsiert. »Wem mag er bloß gehören? Am Strand scheint er keinen Besitzer zu haben.«

Ich besah mir sein braunes festes Lederhalsband näher, aber es war weder eine Marke noch ein Namensschild daran.

Dann vergaßen wir ihn – –

Aber bald darauf erschien er wieder. Über und über naß, den Körper paniert vom Sand. Die Flanken jagten und wieder hatte er einen großen Stein im Maul. Er kam sofort zu uns, legte den Stein hin, stieß ihn mit der Schnauze bis zu unsern Füßen, während sein Schwanzstummel arbeitete wie ein Motor.

»Was sagt ihr nun? Wie habe ich das gemacht?«

Wir lobten ihn laut und lange und dann begann er, den Stein in unserer Burg im trockenen Sand zu vergraben. Wir gingen zum Mittagessen, wir gingen zum Kaffee und immer, wenn wir zurückkamen, lag er in unserer Burg oder kam uns sofort entgegen gesprungen. Er lag neben mir im heißen Sand und träumte, die Pfoten flogen und manchmal seufzte er tief und schwer dazwischen.

Annette sah ihn zärtlich an und sagte:

»Wie ein Mensch!«

Der Abend kam und als wir uns auf den Weg machten, stutzte er. Dann kam er ohne Zögern mit. Konnte es denn anders sein, daß er nun bei uns blieb, bei uns, zu denen er sich so innig gesellt hatte? Dieses selbstverständliche Vertrauen des starken Tieres schuf für uns ein schweres Problem: was sollten wir mit dem großen Hund in unserm kleinen Pensionszimmer machen? Was würden die Wirtsleute sagen? Und wenn wir ihn nun bei uns behielten, niemandem gehörte, vielleicht sogar ausgesetzt, verstoßen worden war, wie sollten wir ihn ernähren? Plötzlich wurde er uns lästig und als er in eine Querstraße einbog, rannten wir schnell weiter in der Hoffnung, er würde uns in dem Menschengewühl nicht mehr wiederfinden.

Aber schon strich eine warme weiche Zunge über unsere Hände und ein kleines ›Wuff‹ besagte: habt keine Angst, ich bleibe bei Euch!

Es wurde immer dunkler und unsere Ratlosigkeit wuchs. Wir fragten viele Leute, ob sie vielleicht diesen Hund oder aber seine Besitzer kennen?

Nichts!

Als wir an einem Haus vorbeikamen, schoß er plötzlich in eine Gittertür. Mit einem Satz war ich an der Tür und schleuderte sie fest in's Schloß. Wir sahen uns an und lachten: erlöst!

Fröhlich gingen wir nun die Straße weiter, ein Liedchen summend, und doch tat es uns schon fast leid, daß dieser lustige Hundejunge nicht mehr bei uns war. Wir wandten uns in leisem Abschiedsweh um. Da setzte er mit einem langen eleganten Sprung über die Gittertür und preschte uns nach.

Jetzt wurde die Sache aber wirklich ernst. Wir blieben verdattert stehen und sahen die Häuserreihe entlang, an deren Ende unsere Pension lag. Wir fanden keine Lösung des Problems, setzten unsern Weg fort und gingen ins Haus. Aber unser sonderbarer Freund blieb brav vor der Gartentür sitzen. Es war ganz offensichtlich, daß er auf unser Wiederherauskommen wartete. Als das nicht geschah, stieß er ein kurzes weinerliches Winseln aus.

Wir sahen verstohlen aus dem Fenster, gingen gemartert im Zimmer hin und her. Unsere Herzen vollkommen zerrissen. Das Abendbrot blieb auf dem Tische stehen. Die braunen erwartungsvollen Augen schienen auf rätselhafte Weise durch die Mauern hindurch zu blicken und jedes erneute kleine Winseln wühlte in unsern Eingeweiden.

»Er hat sicher den ganzen Tag noch nichts gegessen«, sagte

Annette, »vielleicht geht er nach Hause, wenn wir ihm eine Leberwurstschnitte geben – Leberwurst mögen alle Hunde besonders gern – «

»Gut, dann werde ich ihm auch einen Wassernapf geben, denn bei dem Rumgetobe muß er doch durstig sein und Salzwasser kann er doch nicht trinken – «

»Machen wir das,« beschloß Annette und wir gingen so gerüstet zu ihm.

Er trank gierig und schlang mit einem einzigen happ die Schnitte hinunter.

Wir betrachteten ihn.

Dann kam mir die Erkenntnis und ich sagte zu Annette: »Nun wartet er natürlich auf mehr und geht nie!«

Ich sah in seine vertrauenden Augen und ich dachte:

Da sitzt nun ein Wesen, das sich uns erwählt hat. Ein Wesen ohne Falsch, ohne Nebenabsichten, ein Herz voller Liebe und wir hatten keinen Platz für ihn, weder hier noch in unserer Stadtwohnung – –

Und in diesem Augenblick geschah das völlig Unerwartete: Badegäste kamen vorbei und sagten:

»Na, treibst Du Dich jetzt hier herum? Komm, spielen!«

Er erhob sich, lief mit, ohne uns auch nur noch einen Blick zu gönnen. Wir sahen uns an:

»Robby«, sagte Annette voller Wehmut und ich:

»So ein Verräter!«

»Verräter, sagst Du?« antwortete Annette, »wir sind die Verräter, denn wir haben ihn zuerst verraten! Genau so haben wir's verdient – «

Gedankenverloren gingen wir in's Haus zurück – –

Das alte Haus

1

Unter unserem Dach wohnen sieben Personen. Als erste sei die Mama erwähnt, die sich dem achtzigsten Jahr nähert, wie ein Wiesel die Treppen 'rauf und 'runter saust, den ganzen Haushalt zusammenhält und in jedem Augenblick auf das Schlimmste gefaßt ist, besonders was ihre Kinder – meine Gefährtin und mich – betrifft. Sodann kommt besagte Gefährtin, die den Kriegsnamen ›Frauchen‹ führt. Ihr Optimismus ist unbegrenzt, ihr Interesse für Haushaltskram um so begrenzter. Sie hat sehr viel Geschmack und Chic und liebt das Haus voller Gäste. Sie ist in jeder Beziehung das absolute Gegenteil der Mama. Vielleicht vertragen sich die beiden Frauen deshalb so gut.

Von mir selbst ist nur zu erwähnen, daß ich ein ziemlicher Eigenbrötler bin und mir das Leben damit schwer mache, daß ich Bücher, Novellen und (ohne sichtlichen Erfolg) Theaterstücke schreibe. Wir drei bewohnen das obere Stockwerk.

Im unteren wohnt Mathilde, der Hausgeist und Küchendiktator. An ihr ist alles üppig und solide, die Gerichte, die sie kocht, ihre Körperformen und die Treue, mit der sie an uns hängt. Ihr Zimmer liegt neben der Küche. Gegenüber liegen das große Speisezimmer und das noch größere Gesellschaftszimmer, davor die Diele, von der die Treppe in breitem Schwung in den ersten Stock hinaufführt. Hier schlafen die drei restlichen Personen, die Hauptpersonen – unsere drei Hunde.

Auch die Diele ist ziemlich groß. Ein paar abgetretene Teppiche bedecken den Boden. Eine schöne alte Kommode steht an der einen Wand, die Garderobe an der anderen, neben der Eingangstür der Schirmständer. Gegenüber, gleich neben der Treppe, ist die Kellertür. Im Keller stehen die Körbe mit den Frühäpfeln, die Mathilde und ich gestern abgenommen haben. Ihr Duft dringt bis hier herauf. Zwei vergitterte Fenster führen auf die glasüberdachte Gartenterrasse. Der Mond legt die Schatten der Gitter über die Teppiche.

Vom Kirchturm hat es gerade Mitternacht geschlagen. Die Klänge kommen merkwürdig nah und stark durch die warme Nacht dieser Augustwoche.

Nachdem der letzte Glockenschlag verklungen, herrscht wieder schläfrige Stille, die durch das Schnarchen Cockis nur noch tiefer wirkt. Cocki – der kleine Löwe genannt – ist unser ältester Hund (sechs Jahre), ein braun-weißer Springer-Cocker, dessen goldenschwärmerische Augen, weiche, dicke Knudelpfoten und mollige Hüften in seidigem Fell niemanden darüber täuschen sollten, daß sich darunter einer der charmantesten Brutaliker oder brutalsten Charmeure der Gegenwart verbirgt. Er ist eine seelische Lokomotive, die alles so oder so überrennt, eine Herrennatur, die sich ganz selbstverständlich überall vordrängt, das Beste aus innerster Überzeugung für sich beansprucht und Menschen und Hunde um sich herum in dienende Sklaven verwandelt.

Der zweite Hund, der unter seinem Deckchen an der anderen Wandseite liegt, ist Peter, eine Mischung aus Pudel und Drahthaarfoxl. Er ist Cockis treuester Sklave, war es von Anfang an als er vor vier Jahren sein erstes Würstchen auf unseren Teppich legte. Damals glich er mehr einer Ratte als einem Hund. Heute ist er ein starkes, schnelles Tier, aber Cocki ist sein angebetetes Idol geblieben. Noch heute läßt Peter ihn ohne Knurren aus seinem Teller fressen, fällt er ihm um den Hals, wenn sie kurze Zeit getrennt waren, windet er sich demütig zu seinen Füßen, wenn der Diktator die Löwenstirn runzelt.

Noch ein dritter liegt dort in der Diele, gleich neben der Kellertreppe, unser Jüngster: Weffi, Drahthaarfoxl, ein bildschönes, leicht dekadentes, ganz auf Mensch eingestelltes Persönchen. Alle Versuche Cockis, ihn zu unterwerfen, prallten an ihm ebenso ab wie Peters wütende Eifersuchtsanfälle im ersten Jahr. Nach wilden Schlachten, bei denen besonders die unbeteiligten Menschen viel Blut lassen mußten, haben sich die beiden anderen allmählich an ihn gewöhnt. Sie behandeln ihn als einen leicht schwachsinnigen, aber harmlosen Sonderling, der immerhin zu ihnen gehört. Sie verteidigen ihn sogar gegen andere Hunde, denen gegenüber Weffi ziemlich hilflos ist, weil er in seiner träumerisch-kindlichen Verspieltheit und in seinem Glauben an die Güte aller Kreatur mit dem Zurückbeißen immer zu spät kommt.

Peter ist wach um diese späte Stunde. Er ist der einzige, der auch jetzt, im warmen August, unter einem Deckchen schläft, ganz dick eingemummelt. Das hat er noch aus der Zeit seiner Jugend beibehalten, als er so ein kleines, erbärmliches, ewig frierendes Etwas war. Er hat das Köpfchen mit dem silbergrauen Haarpuschel erhoben und starrt mit seinen seltsamen großen Affenaugen unter der Decke hervor. Er hört alles: die Tropfen, die aus dem immer undichten Wasserhahn draußen in das Bassin fallen, das Rascheln der Igelstacheln im Laub, das Flattern der Nachtfalter um die große Straßenlaterne.

Peters Augen wandern langsam umher. Sie sehen Cocki, der vor der Kommode auf dem Bauch liegt, die Beine wie ein toter Frosch nach hinten gestreckt, den Kopf schief neben die dicken Vorderpfoten gepackt, das Auge mit einem der riesengroßen Ohren zugedeckt. Er schnarcht wie eine Brettsäge, die an einen Knorpel stößt. Zwischendurch imitiert er auch eine pfeifende Lokomotive und einen überkochenden Kessel. Bei diesem Kesselgeräusch bläst er seine dicke Flappe mit den Katerborsten auf. Den Platz vor der Kommode hat er sich gewählt, weil er da noch im Schlaf die kostbaren und so schön grün verschimmelten Knochen bewachen kann, die er aus der ganzen Nachbarschaft unter die Kommode schleppt.

Auch Weffis Platz neben der Kellertreppe hat seinen Sinn. Dort ist er nämlich möglichst weit weg von dem Schirmständer. Schirme sind ihm fürchterlich. Es sind Dämonen. Wenn Herrchen mit so etwas nach einem zielt, ist es erst ganz winzig, nur eine Spitze, und dann rauscht und knarrt es, und mit einem Ruck ist es ganz groß, und man kann sich nur mit eingezogenem Hinterteil vor diesem furchtbaren Plustergespenst retten, bevor es einem etwas ganz Entsetzliches antut. Dabei war man doch gerade so schön dabei, ein Loch in Herrchens Schuhe zu knipsen oder ihm wenigstens die Senkel aufzuziehen.

Schuhe sind nämlich für Weffchen etwas ungeheuer Ulkiges. Wie sie so auf einen zukommen, dumm und blind und plump und doch nach lebendigem Leder riechend – zum Schreien komisch. Und Weffchen schreit denn auch jedesmal, wenn Herrchen mit ihm spazierengeht, schrill, unaufhörlich: »Weff-weff-weff.« Zwischendurch versucht er in die dummen Schuhdinger zu zwicken. Dazu schimpft Herrchen, daß es eine wahre Lust ist. Nur die Kieselsteine, die er einem auf den Po brennt, mindern das Vergnügen und eben – wenn es draußen regnet – der Schirm, der fürchterliche.

Peter betrachtet Weffi eine lange Weile und von der ganzen Höhe seiner ewig rätselhaften und melancholischen Seele. Wie dieser Hanswurst da an die Wand geklebt liegt, die dicken Fellbeine steif in die Luft gereckt, findet Peter ihn unsäglich albern. Jetzt wackelt er mit dem weißen Kastenbart, knurrt und fletscht die Zähne, die einem Wolf alle Ehre machen würden. Nur daß er damit nicht zu beißen versteht. Seine Plusterhosen zittern: er träumt. »Wiff-wiff«, macht er leise, ein dünnes Welpenbellen.

Wahrscheinlich hat er im Traum ein Wild gestellt – was er so ein Wild nennt. Nicht etwa Reh, Fuchs oder Hase, wie Peter und Cocki, sondern eine Maus, einen Frosch oder eine große Heuschrecke. Kindisch. Aber Peters Augen sehen noch mehr, sehen vielleicht Dinge, die ein Menschenauge nie erblickt. – Jetzt rührt sich drüben Cocki. Seine Augen, in die das Mondlicht fällt, leuchten rotgolden auf. Er mustert mit strengem Blick seine beiden Kameraden, ob sie sich auch nicht seiner Schatzkammer nähern. Dann erlischt der rotgoldene Schein. Er schläft weiter.

Peter wendet die Augen von ihm, stellt die Ohren auf und schüttelt dann die Decke von sich. Cocki nimmt das Ohr vom Auge und schaltet von Tief- auf Halbschlaf um. Was will er denn, sein Sklave? Etwa doch einen Knochen? Peter hat zwar gestern auch zwei vom Bummel mitgebracht und unter der Kommode geparkt, aber trotzdem gehören sie jetzt ihm, Cocki, seinem Herrn. Sollte er es vergessen haben, muß man ihm ein Ding verpassen.

Aber Peter hat andere Sorgen. Er macht eine Kniebeuge, wobei er gähnend den Rachen aufreißt, dann streckt er hinten erst das eine, dann das andere seiner dünnen kohlschwarzen Fliegenbeine weg und schleicht schließlich die Treppe hinauf. Von oben hat er dauernd Herrchens und Frauchens Stimmen gehört, und das erfüllt ihn mit einer dunklen Angst. Wie ein Schatten schwebt er über die Stufen. Einen Moment horcht er mit schiefem Kopf vor dem Zimmer der Mama. Aber die schnarcht. So geht er zu den Zimmern der beiden anderen Götter. In beiden ist noch Licht, aber Frauchens Zimmer ist leer, das riecht er. So bleibt er vor Herrchens Zimmer stehen und horcht auf die beiden Stimmen. Sie sind traurig, besonders die von Herrchen. Peter fühlt das ganz genau, denn die Schwingung des Leides ist ihm vertraut von Jugend an. Niemand weiß warum. Stets liegt dieser tragische Schatten über seinem Wesen, als habe er irgend etwas zu befürchten oder abzubüßen – vielleicht aus einem anderen Leben.

Drinnen sagt Frauchen, die im Lehnstuhl an Herrchens Couch sitzt, gerade: »Du mußt immer damit rechnen, daß mal was schiefgeht. Keiner bleibt davon verschont!«

Herrchen – auf der Couch liegend – hat die Hände hinter dem Kopf gekreuzt und starrt gegen die Decke: »Aber gleich beides schiefgegangen«, antwortet er mit bitterer Stimme, »das Theaterstück und der Roman! Selbst wenn mein neues Buch etwas wird – ich glaube schon fast nicht mehr daran –, werden wir ein Jahr lang ohne größere Einnahmen sein. Ist dir das klar?«

»Sicher. Aber ...«

»Gar kein Aber. Es bedeutet, daß wir das Haus aufgeben und uns auf das Notwendigste einschränken müssen. Wir werden trotzdem unsere paar Spargroschen angreifen müssen.«

»Du mußt nicht immer alles so schwarz sehen.«

Herrchen dreht sich zu ihr herum und stützt sich auf den Ellbogen: »Du klammerst dich an das Haus.«

»Ich klammere mich an gar nichts.«

»Sei nicht kindisch, das ist doch kein Vorwurf! Glaubst du, mir fällt es leicht, das alles hier aufzugeben? Nicht nur meinet- und deinetwegen. Mir tut besonders die Mama leid, dieser alte Mensch, der nach so vielem Umherziehen endlich glaubte, daß er ein Heim gefunden hätte. Und was machen wir mit den Hunden?«

»Vielleicht brauchen wir das alles gar nicht.«

»Nicht? Möchtest du mir mal erklären, wie ...«

»Ich habe mich umgetan in den letzten Tagen. Ich könnte eine Stellung als Modeberaterin bekommen im Salon Windschuh.«

Herrchen starrt seine Gefährtin eine Weile an, dann läßt er sich wieder zurückfallen und sagt gegen die Decke: »Der Mann ist der Ernährer der Familie – der richtige, meine ich.«

Frauchen schüttelt lächelnd den Kopf: »In welchem Jahrhundert lebst du eigentlich? Ich denke da an gewisse Artikel, die du über die moderne Frau geschrieben hast!«

»Das ist ganz was anderes.«

»Etwas ganz anderes? Weil es mich betrifft und dich? Ich will nichts mehr von diesem Unsinn hören. Morgen früh fahre ich zu Windschuh. Was kratzt denn da?«

»Es wird einer vom Verein sein«, sagt Herrchen und sieht auf die Uhr: »Mein Gott, schon Viertel nach zwölf!«

Frauchen steht auf und öffnet die Tür: »Peter!«

Er kommt hereingestakst, leckt ihr die Hand, sieht ihr prüfend in die Augen, trabt dann zur Couch, hupft herauf und kringelt sich auf Herrchens Füßen zusammen. Herrchen krault ihm die eisgraue Stirnlocke: »Er hat's gemerkt! Er merkt immer alles zuerst. Ja, du liebe Zeit, was ist denn los?«

Die nur angelehnte Tür fliegt mit einem Ruck auf, und Cocki, mehr denn je einem kleinen Löwen ähnlich, watschelt herein. Er wirft mit gefurchter Stirn den Blick in die Runde, schaukelt dann zu Herrchens Couch und riecht Peter in die Schnauze: »Hat's hier etwa was zu fressen gegeben ohne mich?«

Aber Peterchens Schnauze mit dem schmutzig-rötlichen Zikkenbart unbekannter Herkunft riecht nicht nach frischem Fressen. So läßt sich denn Cocki mit einem dröhnenden Plumps fallen, gähnt und legt den Kopf neben die Tatzen: »Mal sehen, was sich hier tut.«

Und jetzt erscheint auch Weffchen, wie üblich völlig unorientiert. Er ist putzmunter, verdreht schelmisch die nußbraunen Augen und riskiert ein helles, fragendes Weff. Er glaubt, daß es Morgen ist und der Spaziergang mit dem Schuhbänderspiel beginnt.

»Hältst du die Bappen, du bist wohl nicht gescheit!« sagt Frauchen.

»Du weckst doch die Oma auf!« flüstert Herrchen. »Marsch, wieder 'runter, lunkerchen!« (Lunkerchen heißt in der Geheimsprache der Familie ›schlafen‹.)

Worauf Weffchen wie ein Pfeil auf Herrchens Couch schießt, sich Kopf an Kopf mit ihm aufs Kissen legt, die dicken Fellbeine in die Luft steckt und selig seine Greta-Garbo-Augen mit den langen Wimpern schließt.

Na, wenn das so ist, denkt Peter, steht auf und bohrt sich mit dem Kopf unter Herrchens Decke. Dabei stößt er von unten an Weffis Hinterteil. Der ist mit einem Ruck hoch und betrachtet mit schiefem Kopf die Untergrundbewegung. Sein rundgebogenes, kurzes Schwänzchen wackelt vor Vergnügen. Dann beißt er herzhaft durch die Decke in das, was sich da bewegt. Peter knurrt und versucht – ebenfalls durch die Decke – ihn in die Beine zu zwicken. Weffi springt mit allen vieren hoch und zwickt dann zurück – ein herrliches Vergnügen! Da hat ihn Herrchen am Kragen und packt ihn mit einem Ruck aufs Kissen zurück. Weffi verzieht die Schnauze und niest, daß Herrchens ganzes Gesicht feucht ist. Herrchen muß lachen. Während er seine Brille mit dem Taschentuch wieder klarputzt, sagt er: »Ja, was denkt ihr euch eigentlich, was?«

Als Antwort läßt Cocki einen gewaltigen Schnarcher los. Unter der Decke kommt ein Schnarcher von Peter als Entgegnung. Er hat endlich die richtige Stellung gefunden, in Herrchens Kniekehlen, und strahlt Hitze aus wie ein elektrischer Ofen.

»Ach, laß sie, wer weiß, wie lange sie noch ...«

»Nein, wir müssen morgen alle frsich sein. Ich hole sie dir weg.«

Sie geht nebenan in ihr Zimmer. Von dort hört man die Schranktür quietschen und gleich darauf das klirrende Geräusch der Keksbüchse. Daraufhin Generalalarm!

Cocki hat in einer Viertelsekunde von Tiefschlaf auf Hellwach umgeschaltet und ist schon nebenan. Herrchens Decke fliegt hoch, als Peter wie ein Geschoß hinterhersaust. Weffchen reißt sich aus Herrchens Arm, stößt sich mit den Hinterbeinen von seinem Gesicht ab und spurtet hinterher. Herrchen wackelt an seiner Nase, ob sie blutet, und lehnt sich dann zur Seite, um ins Nebenzimmer zu sehen. Da sitzt Frauchen vor dem Frisiertisch, die Büchse in der Hand. Vor ihr, den Kopf schwärmerisch erhoben, die langen Ohren artig nach hinten gefaltet – der Löwe. Einen halben Schritt hinter ihm sein schwarzer Adjutant Peter. Er macht Männchen, um die größere Entfernung von der Büchse durch Charme auszugleichen. Weffi ist über beide hinweg direkt auf Frauchens Schoß gesprungen.

»So«, sagt sie, »jeder eines, und dann gehen wir alle wieder 'runter, lunkerchen.«

Die Kekse werden von Cocki und Peter mit einem einzigen hastigen Ruck heruntergewürgt. Weffchen mimmelt wie üblich eine lange Weile daran herum. Cocki beobachtet ihn mit schiefgelegtem Kopf: Der Kerl ist selbst zum Fressen zu dämlich. Vielleicht läßt er was fallen.

Und tatsächlich, da fällt Weffi ein Stück aus der Schnauze. Der Dicke ist sofort mit der Flappe darauf und atmet es ein wie ein Staubsauger.

»So«, sagt Frauchen, »und nun marsch.« Sie nimmt Weffi auf den Arm und schleicht sich nach unten, gefolgt von den beiden anderen. Herrchen hört ihre leise, aber energische Ansprache, mit der sie sie zur Ruhe bringt. Zwischendurch ein patschender Laut: Einer hat was hinter die Ohren bekommen.

Als sie nach oben kommt, bleibt sie einen Moment im Türrahmen stehen: »Na, lohnt es sich nicht, es dafür zu versuchen?«

Herrchen seufzt: »Ich fahr' dich morgen hin.«

2

Als ich am nächsten Morgen erwachte, war mein erster Gedanke: Es ist etwas verändert. – In den letzten Wochen, nach meinem doppelten Mißerfolg, war das Erwachen qualvoll gewesen. Hoffnungslos hatte ich dem Tag entgegengesehen, unwillig, die bleiernen Bürden seiner Sorgen wiederaufzuladen. Ich sehnte mich nach dem Schlaf zurück und war fest überzeugt, daß meine Glückssträhne ein für allemal abgerissen sei. Von jetzt an gab es nur noch Abstieg, Sinken von Stufe zu Stufe, bis ich eines Tages mit Streichhölzern an einer Straßenecke handeln würde, natürlich in einer Gegend, in der alle Leute Feuerzeuge hatten. –

Heute war es anders. Warum eigentlich? O ja, die Sache mit dem Modesalon! Ich sah auf die Uhr: zehn Minuten nach acht.

Aus dem Zimmer der Gefährtin war noch nichts zu hören. Sollte sie nur so lange wie möglich schlafen. Wer weiß, wie lange sie gestern noch aufgeblieben war, gegrübelt und sich vor den Unübersehbarkeiten des neuen Berufes gegrault hatte, genau wie ich es tun würde. Jeder wohl übrigens, der als reifer Mensch noch einmal neu anfangen muß.

Aber warum sollte es ihr nicht glücken? Geschmack hatte sie immer gehabt, überdurchschnittlichen. Außerdem war sie eine gute Modeschriftstellerin gewesen, ihr Name noch heute in der Fachwelt bekannt. Plötzlich wünschte ich brennend, daß es ihr gelingen möge. Nur für kurze Zeit, für ein paar Monate meinetwegen, bis das neue Buch fertig und hoffentlich angenommen war.

Ich sah mich im Zimmer um: Mein Schreibtisch, der Bücherschrank, der Biedermeiersekretär, dessen Holz in der Morgensonne honigfarben aufleuchtete: eine Insel des Friedens und der Arbeit. Ich könnte darin bleiben.

Unten hörte ich Mathildes Stimme: »Raus da, Dicker! Nicht immer mit den dreckigen Gartenpfoten durch die Zimmer latschen!«

Ich lächelte: Mathilde – nun brauchte man ihr vielleicht nicht zu kündigen. Wahrscheinlich hätte ich das tun müssen: Hören Sie, liebe Mathilde, Sie sind doch ein vernünftiger Mensch – und Sie haben ja selbst in den letzten Wochen gesehen ...

Entsetzlich. Man wächst doch zusammen mit so einem Menschen. Muß man ihm so etwas antun, dann ist es, als schneide man sich ins eigene Fleisch.

Wenn's nun aber doch nötig wäre? Ich sprang schnell auf, um dieser Vorstellung zu entrinnen, hängte mich aus dem Fenster und sah, wie jeden Morgen, zuerst nach dem Himmel. Er war jetzt schon tiefblau, aber da im Westen zog eine Wolkenwand auf, schiefergrau mit weißen Tupfen davor. Wieder mal ein Gewitter?

Möglich. Niederblickend sah ich gerade unter mir den grauen Scheitel der Mama. Sie hatte sich einen Rechen geholt und harkte damit Blätter zusammen. Als ob sie meinen Blick fühlte, sah sie auf: »Wolltet ihr nicht in die Stadt fahren?«

»Ja, das wollten wir.«

»Dann wird's ja Zeit.«

»Warum denn?«

Sie sah mich grinsen und seufzte: »Na, ich sehe schon, das wird wieder nichts.«

Die gute Mama. Sie lebte in der Überzeugung, daß wir ohne ihre dauernden Ermahnungen und düsteren Prognosen sofort und rettungslos in ein totales Lotterleben versinken würden. Diese Überzeugung hielt sie aufrecht und machte sie glücklich. Ich zog sie damit auf, und sie schimpfte darüber. Dabei wußten wir beide, daß dies nur ein Spiel war, hinter dem wir unsere tiefe Liebe und Achtung mit der Hartnäckigkeit schamhafter Seelen verbargen. Ich war und blieb für sie der kleine Junge, nur mit Teilglatze und Biermagen verkleidet, und sie hatte mir mal gestanden, es sei die glücklichste Zeit in ihrem Leben gewesen, als sie mir den Po puderte. Das war nun jetzt, nach fünfzig Jahren, nicht mehr ganz angängig, aber die Mama hatte für diese Freuden Ersatz gefunden: unsere drei Lümmels. Gerade jetzt wurde sie wieder von ihnen in Anspruch genommen. Weffi kam im Galopp mit eingekniffenem Schwanz zu ihr gerast, setzte sich vor sie hin und schlug mit der Pfote gegen die Puschelschnute, an der ein welkes Blatt hing. Er war fürchterlich penibel in diesen Sachen, im Gegensatz zu den beiden Rowdies Cocki und Peter, die, durch alle Gebüsche und Unterhölzer der Welt brechend, Zweige und Dornenranken mit sich schleppten, ohne sich im geringsten etwas daraus zu machen. Die Mama legte den Rechen zur Seite und kniete sich vor Weffi hin: »Ach, mein armes Jungchen – na, nun ist es ja weg. Und im Äugelchen haben wir auch schon wieder was! (Es wurde mit dem

Taschentuch weggewischt.) Und im Po 'ne Ameise!« Weffi warf sich auf den Rücken und lud sie ein, auch seine anderen Körperteile zu visitieren.

Wo waren denn eigentlich die beiden anderen? Ich lehnte mich weit aus dem Fenster und konnte so gerade noch die Eingangstür sehen. Da saß Peter, wie immer am Morgen, steil aufgerichtet und wartete auf den Briefträger, um ihn anzubellen. Es war seit vier Jahren derselbe Briefträger, und seit vier Jahren bellte er ihn an. Keiner nahm den anderen ernst, aber es machte Spaß. Jetzt sah Peter zu mir auf und begrüßte mich, indem er seinen ruppigen Schwanz einmal über den Steinboden fahren ließ. Ich sah den Zweifel in seinen Augen: Was sollte er tun? Weiter auf den Briefträger warten oder zu mir nach oben kommen und mit mir turnen?

»Du wirst noch mal aus dem Fenster fallen«, prophezeite die Mama von unten.

Da kam gerade der Dicke über die Straße auf die Gartentür zu, die er sich geschickt mit der Tatze öffnete. Er hatte die erste Mülltonnentour hinter sich und brachte etwas Entsetzliches mit: ein dickes weißliches Darmgeschlinge, das ihm zu beiden Seiten aus dem Maul hing. Peter rannte ihm entgegen und leckte ihm, den Schwanz demütig zwischen die Beine gesteckt, über Stirn und Ohr. Cocki zog die Flappe kurz hoch, weil Peter dabei in bedrohliche Nähe seines Darmgeklunkers geriet, und schlug einen Bogen um die Mama, die sich empört auf ihn stürzen wollte: »Gibst du das her, dieses scheußliche Zeug!«

Der Dicke machte einen katzenhaften Satz und verschwand im Haus, ihm voraus eilte das Gezeter der Mama: »Mathilde – nehmen Sie's ihm weg, bevor er's unter die Kommode schleppt!«

Ich trat vom Fenster zurück und begann meine Morgenübung: zwölf Liegestützen, auf die ich unbändig stolz war, und dreimal Kerze mit Aufstehen ohne Gebrauch der Arme (noch stolzer).

Beim ersten Liegestütz flog die Tür auf: Peter. Er hatte einen Tannenzapfen mitgebracht und wollte ihn geworfen haben. Ich tat es und traf genau den Federreiniger auf meinem Schreibtisch, dessen etwa zweihundert Glaskügelchen sich über das ganze Zimmer verteilten. Während ich sie zusammenschippte, warf er mir unentwegt wieder den Tannenzapfen hin. Ich fluchte, aber dann überlegte ich, daß meine Ungeschicklichkeit ja schließlich kein Grund sei, ihm sein Spiel zu verderben. So warf ich den Zapfen noch mal. Diesmal rollte er unter den Bücherschrank. Peter kniete sich davor und versuchte vergeblich, ihn mit seinen dünnen Ärmchen vorzuangeln. Ich probierte es mit der Hand, aber es ging auch nicht. Darauf nahm ich das Papiermesser und versuchte, damit nach dem Zapfen zu schießen. Der Erfolg war, daß auch das Papiermesser unter dem Schrank verschwand. Es blieb nichts anderes übrig, als den Schrank abzurücken. Ich sah auf die Uhr: acht Uhr dreißig. Also: einmal Schrankabrücken konnte man mit ungefähr vier Liegestützen berechnen. Hatte ich noch sieben zu machen. Endlich hatten wir den Zapfen wieder. Peter nahm ihn in sein Maul und warf ihn mit selig verdrehten Augen ganz nach hinten in den Rachen. Dann schmiß er sich auf den Rücken und hielt ihn über sich, und schließlich warf er ihn selbst wieder unter den Bücherschrank, um die Sache aufregender zu machen. Währenddessen war ich bei dem zehnten Liegestütz angekommen (minus vier für Schrankrücken). In diesem Augenblick kam Weffi herein und stellte sich sofort unter meine Brust: ich war seine Höhle.

In Peters Gesicht erlosch alle Seligkeit. Er sah mich nur kurz und traurig an: Schade, er ist schon wieder da, der Hanswurst. Wir können nicht weiterspielen.

Schweigend ging er aus der Tür und traf dort auf den Dicken, dem eine merkwürdige Geruchsmischung vorauswallte. Außerdem sah ich, daß er bis hinauf zu den Gelenken schwarze Sumpf-

handschuhe angezogen hatte. Der Geruch war teils altes Einge-
weide, teils Sumpf. Und dann war noch ein pikanter Schuß dazwischen, etwas Scharfes, fast medizinisch Riechendes – oh, jetzt
wußte ich: Schafkötel. Er war also nicht nur bei den Mülltonnen
gewesen, sondern hatte auch gleich einen Schlenker auf das an-
grenzende Feld gemacht, sich in Schafdünger gewälzt und anschließend im Graben gesuhlt – oder umgekehrt.

Da ich die beiden letzten Liegestütze nicht machen konnte, weil
Weffi sich den Rücken an meiner Brust rubbelte, ging ich zur
Kerze über und versuchte mit dem nötigen Geächze, meinen Kör-
per möglichst steil aufwärts zu stemmen. Cocki legte sich aus
Sympathie direkt neben mich auf den Rücken, Gesicht an Gesicht,
Weffi kroch gleich hinter meinen Rücken, so daß ich die Beine
nicht mehr herunterlassen konnte. Purzelbaum hintenüber? Dann
landete ich im Bücherschrank. Also seitwärts umfallen lassen!
Dabei schlug ich mit den Füßen auf den Schreibtischrand, und der
Federputzer mit den zweihundert Glaskügelchen fiel zum zweitenmal um. Als mein Schmerzgewimmer über die Berührung mit
der Schreibtischkante abgeklungen war, sammelte ich mit buddhi-
stischer Selbstdisziplin die zweihundert Kügelchen wieder auf.
Dann hielt ich dem Federputzer eine Ansprache: »Jetzt steck' ich
dich weg, du dämliches Luder! Wozu stehst du eigentlich auf
meinem Schreibtisch? Wer putzt sich heutzutage noch die Feder
in Glaskügelchen? Kein Mensch! Also weg mit dir!«

Als ich zum Bücherschrank ging, um das Urteil zu vollstrecken,
mußte ich erst Weffi abschütteln, der meinen großen Zeh durch-
kaute.

Weff-weff-weff sprang er um mich herum, dann auf den Dikken zu und brüllte ihm in die Riesenohren. Cocki schloß betäubt
die Augen, seufzte, stand auf und watschelte hinaus. Frauchen
erschien in der Tür: »Was ist denn bloß für 'n Krawall hier? Nicht
mal ausschlafen kann man!«

»Es ist dreiviertel neun«, sagte ich.

»Dann würde ich mich anziehen an deiner Stelle.«

Ich unterdrückte eine ganze Menge von Bemerkungen und ging ins Bad. »Wie stinkt's denn hier?« fragte sie hinter mir.

»Frag deinen Ältesten!«

Eine halbe Stunde später saßen wir unter der großen Linde im Garten beim Frühstück.

»Du wirst dir was holen in deinem dünnen Schlafrock!« sagte die Mama zu Frauchen. Keine Antwort.

»Eine Lungenentzündung mindestens«, taxierte die Mama. »Außerdem stehst du mit den bloßen Füßen im feuchten Gras, das gibt eine Nierenentzündung.«

Frauchen ließ die Zeitung sinken, sammelte einen Augenblick ihre Gedanken und sagte dann: »Du fütterst ja schon wieder den Dicken!«

Die Mama hatte geglaubt, es sehr geschickt zu machen, indem sie die Hand mit dem Butterbrot unter den Tisch hielt. »Nur so'n Häppchen!« sagte sie.

»Er wird die Fetträude kriegen«, meinte Frauchen. »Komm her, Cocki, setz dich zu mir!«

Der Löwe latschte mißmutig zu Frauchen. Sofort rückte Peter nach und machte Männchen vor der Mama. Weffi setzte sich neben ihn und übertraf ihn noch, indem er nicht nur Männchen machte, sondern auch mit beiden Vorderpfoten bittende Bewegungen ausführte.

»Sieh doch nur, wie er die Hände ringt!« sagte die Mama.

»Laß ihn ringen«, meinte Frauchen hinter der Zeitung. Die scharfen Augen der Familie aber sahen, wie sie hinter dieser Zeitung dem Dicken eine halbe Semmel in den Rachen schob.

»Aha!« machte die Familie und stopfte nun in hemmungsloser Vergeltung Peter und Weffi mit Butterbroten voll.

Frauchen ließ die Zeitung sinken: »Du solltest den Wagen fertigmachen, ich bin in fünf Minuten angezogen.«

Da ich wußte, daß ich demnach noch drei viertel Stunden Zeit hatte, schlenderte ich geruhsam zur Garage, roch unterwegs an der Rose, die neben der Eingangstür blühte, öffnete die Garagentür und sagte »Guten Morgen!« zu Muckelchen. ›Muckelchen‹ – so hieß nämlich das Familienauto. Es war, als ich es vor vier Jahren kaufte, zehn Jahre alt. In diesen vier Jahren hatte ich alles getan, um die Spuren seines hohen Alters zu verwischen. Ich hatte Verdeck und Windschutzscheibe niedriger machen lassen, kleinere Räder gekauft, eine neue Lackierung, ein neues Steuerrad und einen neuen Motor spendiert. Auch hatte ich nach und nach Bremsbeläge, Batterie, Achsschenkelbolzen und die Holzteile der Karosserie erneuert und so allmählich das Geld für einen neuen Sechs-Zylinder in einen vierzehn Jahre alten Vier-Zylinder investiert.

Man mußte sehr vorsichtig mit Muckelchen sein. Ewig fehlte ihm was, und wenn wirklich mal alles in Ordnung war, dann tat es so, als ob ihm was fehle. Wenn man dann nicht darauf achtete, gab es die Sache von selber auf. Vor allem reagierte es unfehlbar, sofort und ausgesprochen boshaft, wenn man mal einen anderen Wagen in seiner Gegenwart lobte oder gar im Gespräch die Anschaffung eines neuen erwog. Dann konnte man sicher sein, daß einem Muckelchen in der nächsten Stunde eine Panne hinlegte oder so über einen Stein fuhr, daß einem das Kinn aufs Steuerrad schlug. Wir sprachen deshalb nur lobend über es, wenn wir in seiner Nähe waren.

Auch heute, in Gedanken an die Wichtigkeit der bevorstehenden Fahrt, war ich – während ich Wasser und Öl kontrollierte, voll kriecherischer Freundlichkeit.

»Schön bist du, mein Äffchen«, sagte ich. »So schön sauber dein Ölchen! Herrchen hat dir ja auch so einen feinen Seitenspiegel geschenkt, nicht wahr? Ja, du bist das Beste! Nicht für 'n Cadillac würde ich dich hergeben! Augenblicklich hat Herrchen zwar kein

Geld, aber wenn Herrchen wieder Geld hat, weißt du, dann kauft er dir den schönsten Nebelscheinwerfer, der – – wirst du wohl 'raus, du Ungeheuer!«

Das bezog sich auf Cocki, der gerade mit einem seiner Katzensprünge (Springer-Cocker!) das offene Wagenfenster enterte und dabei den ganzen Türrahmen zerkratzte. Ich packte ihn beim Kragen: »Was bildest du dir denn ein, Kerl? Wenn Frauchen ihre neue Stellung antritt und nach Schafköteln riecht – he?« Er watschelte weg, wobei noch sein Hinterteil Verachtung ausdrückte.

Dafür war Weffi, ehe ich mich umdrehen konnte, mit einem federnden Sprung auf dem Vordersitz, den Ball in der Schnauze, die Greta-Garbo-Wimpern halb herabgelassen: »Bitte, Chauffeur, fahren Sie mich hinaus!«

Er fuhr hinaus, aber durch die Wagentür, und kriegte auch noch seinen eigenen Ball auf den Hintern gebrannt.

Da war mir doch wirklich wieder die ganze Hundeschleppe gefolgt. Wo war denn Peter? Er saß am Garageneingang, machte Männchen und brachte es fertig, ganz besonders dürftig und bemitleidenswert auszusehen. Ich kniete mich vor ihn: »Es geht doch nicht, Kerlchen, heute nicht!« – und zu den beiden anderen, die sich durch den Gartenschungel schon wieder heranarbeiteten: »Nehmt euch ein Beispiel an Peterchen, der ist immer bescheiden!«

Ich putzte die Polster, drehte die Scheiben hoch, fuhr den Wagen vors Haus. Dann ging ich hinein, setzte mich ins Gesellschaftszimmer und nahm mir ein beruhigendes Buch vor. Es hat keinen Zweck, Frauen, die sich für eine wichtige Gelegenheit anziehen, zu drängen. Der Erfolg ist nur, daß sie den passenden zweiten Strumpf nicht finden, den Puder verschütten und sich einen Nagel abbrechen, der dann erst wieder zurechtgefeilt werden muß. Am besten macht man's, indem man die altchinesische Methode des Nichthandelns befolgt. Ich tat es und hatte die Genugtuung, nach einer weiteren halben Stunde eine vertraute Stimme zu hören: »Wo ist er denn jetzt wieder? Ich stehe hier die ganze Zeit angezogen und warte und ...«

Ich trat aus der Tür: »Hier bin ich, dein Lohengrin! Der Schwan ist vorgefahren. Nichts vergessen?«

»Natürlich nicht. Los, es ist die höchste Zeit.«

Sie hatte tatsächlich nur Handtasche und Schirm vergessen, und nach weiteren zehn Minuten fuhren wir wirklich los.

»Es ist dir doch recht«, sagte ich, auf die Ausfallstraße einbiegend, »daß wir die Hunde nicht mitgenommen haben?«

»Natürlich, sie machen uns heute nur nervös.«

In diesem Augenblick fühlte ich an meinem Gesicht eine struppig-feuchte Berührung und einen vertrauten Geruch.

»Peter!« sagte meine Gefährtin im gleichen Augenblick.

Ich bremste. Ja, da saß er, auf dem Hintersitz aufgebaut, die dünnen Pfoten auf den Lehnen des Vordersitzes, die großen Augen geradeaus gerichtet, als wolle er sagen: »Na, wollt ihr nicht weiterfahren, ich denke, ihr habt's so eilig?«

»Ja, wie bist du denn 'reingekommen?« fragte ich fassungslos.

»Hahaha«, lachte Frauchen, »ohne Hunde heute!«

»Wahrscheinlich ist er 'reingesaust, als du zum zweitenmal zurückliefst und den Schirm holtest.«

»Sollte ich vielleicht ohne Schirm fahren, es fängt doch schon an zu regnen!«

Ich hätte darauf einiges zu erwidern gehabt, fuhr aber statt dessen weiter. Peter knabberte mich am Ohr, ich langte nach hinten und kraulte sein Köpfchen. Er nahm das als Aufforderung, um auf Frauchens Schoß zu springen. Dort saß er mit langem Hals, dauernd den Sitz seiner dürftigen eisgrauen Hinterschenkel wechselnd, die Augen weit aufgerissen.

Warum fuhr er eigentlich mit? Im Gegensatz zu den beiden anderen fuhr er nämlich nicht gern. Manchmal winselte er wäh-

rend langer Strecken leise vor sich hin. Warum also? Aus Pflicht-
gefühl, um uns zu bewachen? Oder nur, weil er uns den anderen
nicht gönnte?

Während wir uns dem Stadtinnern näherten, wanderten meine
Gedanken fort, meine Phantasie entzündete sich an der Möglich-
keit eines Erfolges und schlug schließlich wilde Wellen. Wenn
meine Gefährtin wirklich die Stellung und wenn ich wirklich eine
Atempause dadurch bekam und wenn das neue Buch dann angenommen wurde und wenn ich viel Geld dafür bekam – bekam –
bekam – bekam – wenn – wenn – wenn – – dann würde ich ihr
einen neuen Wagen kaufen, würde ihn heimlich früh am Morgen
vorfahren und ihr dann einfach so die Schlüssel auf den Frühstückstisch werfen: »Fahr gefälligst deine Karre weg, sie versperrt
die Einfahrt!«

»Rechts 'rum und dann halten!« sagte Frauchen.

Wie? – Ach so, wir waren da.

Sie blieb einen Moment sitzen, holte tief Atem, verfrachtete
dann Peterchen auf dem Hintersitz, lächelte mir etwas mühsam
zu, stieg aus und warf – peng! – die Tür zu. Und – peng! – hatte
ich die Fensterkurbel auf dem Schoß.

»Jetzt gib nicht so an, Muckelchen«, sagte ich wütend, »allmählich geht mir das auf die Nerven, verstehst du? Neuerdings darf
man wohl schon nicht mehr denken, was? Na ja – weine nicht –
wir behalten dich, selbst wenn . . .«

Hier trat ich endgültig meiner Phantasie in die Bremsen. Du
lieber Himmel – es war doch wirklich noch nicht soweit! Ich saß
da auf der Straße, vor einem Geschäft, in dem meine Gefährtin
eine Stellung suchte, in einem Wagen, dessen Reparaturen ich
vielleicht bald nicht mehr bezahlen konnte, und mit einem von
drei Hunden, für die ich dann keine Heimat haben würde.

Ich starrte auf die Ladentür, die sich hinter Frauchen geschlossen hatte. Wenn sie nun keinen Erfolg hatte? Vielleicht war das

Ganze nur so ein Gerede unter Frauen? So weit war ich also schon gesunken, daß ich von Weibergerede abhängig war!

Plötzlich fuhr mir etwas Heißes, Feuchtes über den Nacken, während zwei dürftig behaarte Beine meinen Hals von hinten umarmten. Es schien mir, als schiebe eine große Hand alle meine Kümmernisse weit weg, daß sie über den Horizont kippten und irgendwo dort hinten verschwanden.

Ich nahm seine Arme vorsichtig von meinen Schultern, drehte mich um, noch immer seine Pfötchen haltend, und sah ihn mir an, wie er da auf dem Rückpolster aufrecht hockte. Ein kräftiger, schlanker Hund von Pudelgröße, die Figur schön, muskulös, ohne jedes Fett, selbst in der Ruhe die Schnelligkeit des Pfeils ahnen lassend. Nur die äußere Ausstattung seines Fahrgestells war dürftig. Die silbergrauen Pluderhöschen um die eisenharten Schenkel waren aufs äußerste knapp bemessen. Der Bauch schimmerte kahl, und unter den Vorderarmen hatte man die Haare überhaupt gespart.

»Mein Fliegenbein«, sagte ich gerührt, »mein Fünfzig-Pfennig-Hündchen!«

Er wackelte im Sitzen mit dem Schwanz, und selbst der Schwanz brachte es fertig, dürftig auszusehen, als sei er sich bewußt, daß er nur eine Mission habe: anzuzeigen, wo bei diesem Hund hinten war.

Das Gesicht aber, das mich jetzt anlachte, dieses Gesicht ließ alles andere vergessen. Dieser Zusammenklang des schmutzigroten Ziegenbartes mit dem schwarzen Pigment des Gaumens, den schneeweißen Haifischzähnen und der Zunge, die dunkelrot zur Seite heraushing, war so grotesk, daß es schon wieder schön wirkte. Dazu das rußschwarze Näschen und die ulkige silbergraue Stirnlocke, die einzige, die er von der mütterlichen Pudelseite her zustande gebracht hatte. Was aber war das alles gegen seine Augen! Sie konnten traurig blicken wie die Augen eines jüdischen

Priesters, der den Untergang Jerusalems sieht, konnten Teufelsaugen voll grausamer Wildheit sein und konnten auch über einen hinweg in visionäre Weiten starren, wo die Elementarwesen, die noch kein Mensch mit leiblichen Augen sah, im Strom der Kräfte auf und nieder steigen. Sie konnten aber auch – wie jetzt – zwei Sonnen sein, die mich voll brennender, unbändiger Liebe anstarrten.

Ich warf einen kurzen Blick auf die noch immer geschlossene Ladentür und den Strom der fremden Menschen, der draußen vorüberfloß. Dann sagte ich: »Hopp!«, und eine Sekunde später saß Peter auf meinem Schoß. Ich nahm sein Köpfchen an meine Brust und streichelte den Rücken, der sich wohlig unter meiner Hand verzog:

»Ach, mein kleines Äffchen«, sagte ich, »weißt du noch, als Frauchen dich damals brachte, mitten im Winter? Nicht größer als eine Ratte warst du damals, und der kleine Löwe wußte zunächst gar nicht, was er mit dir anfangen sollte. Bis dahin war er Alleinherrscher gewesen, und nun kam da so ein kleines, mauzendes Etwas auf ihn zugewackelt und suchte in seinen Bauchzotteln nach den mütterlichen Milchquellen. Welch lächerliche Situation für einen Diktator! Und weißt du noch, die erste Nacht mit ihm in der Küche? Die halbe Nacht ging es wüst da drinnen zu. Alle miteinander, die Mama, Mathilde, Frauchen und ich, kamen in die Küche und knipsten das Licht an, um zu sehen, ob noch etwas von dir übrig sei. Cocki lag auf der Seite, du lagst auf seinem Bauch, und rundherum waren Dutzende von Pfützen, die du angelegt hattest. ›Luftaufnahme von Finnland!‹ sagte ich und schloß leise die Tür.«

Und dann, später, zeigte dir Cocki, wie man das Bein hebt und daß man sich seine Würstchen und Seen nicht für die Wohnung aufhebt und nicht einmal für den Garten, sondern sie draußen außerhalb des Gitters erledigt. Eines Tages machtest du mit Herrchen den ersten Spaziergang. Du warst noch immer nicht mehr als ein kleiner Punkt, und die Leute lachten, wenn sie unseren Vorbeimarsch sahen. Herrchen wollte ihnen wenigstens mit deiner Folgsamkeit imponieren, aber als er pfiff, ranntest du weg. Auch das hatte dir Cocki beigebracht. Ich möchte bloß wissen, was er dir damals erzählt hat. Wahrscheinlich: ›Wenn der lange Lulatsch diesen komischen Laut ausstößt, kümmere dich nicht darum. Er ist 'n ganz netter Kerl, aber er hat manchmal so blödsinnige Ideen: Bei Fuß gehen oder Vorsicht, Auto, du mußt das ignorieren, er kann nichts dafür.‹

Für Cocki hattest und hast du noch heute jenen ganz besonderen Blick, den du keinem von uns Menschen schenkst. Warum? Was ist das in dir? Die große Liebe? Das Schicksal? Beides vielleicht. Ach, Peterle, wir leben doch nun so eng miteinander, und was wissen wir im Grunde voneinander? Manchmal kommt's mir vor, als seist du ein Stück von mir, und manchmal wieder, als lebten wir auf ganz verschiedenen Planeten.

Aber du hast dich nie in deiner Liebe zum Dicken beirren lassen. Wenn ihr auch nur ein paar Stunden voneinander getrennt seid, dann ist es für dich, als sei die Sonne untergegangen, und wenn ihr euch dann wiedertrefft, fällst du ihm um den Hals, als wäret ihr Jahre getrennt gewesen. Siehst du denn gar nicht das unverschämte Gesicht dieses Kerls, diese gespielte Gleichgültigkeit, mit der er deine Liebkosungen hinnimmt?«

Gespielt? Ja, sie ist gespielt, diese Gleichgültigkeit! Wenn ich's mir jetzt überlege, weiß ich es ganz genau. Er liebt dich auch, wenn auch ganz anders, auf Diktatorenweise. Wenn er nach Hause kommt, und du bist mal nicht da, dann solltest du die gefurchte Stirn sehen, mit der er um sich blickt, als wollte er sagen: »Wo ist er denn, der Kerl, zum Donnerwetter!« Er watschelt durch alle Zimmer und in alle Gartenecken und sucht dich, und wenn du dann kommst und ihm um den Hals fällst und ihm die Ohren leckst und dich unter seinem Hals durchwindest und dich vor ihm niederwirfst und ihm deinen kahlen Bauch zeigst, dann hat er etwas in seinen Löwenaugen, etwas, das er gleich wieder versteckt, damit du nur ja nicht merkst, wie sehr auch sein Herz an dir hängt. Aber du merkst es natürlich. Und vielleicht ist das das Geheimnis: Die große Liebe. Vielleicht, daß ihr so das Gebot Gottes mehr erfüllt als wir Menschen, die wir eure Götter sind.

Während mir diese Gedanken durch den Kopf gingen, streichelte ich mechanisch Peterles Rücken. Nach einer Weile drehte er sich auf meinem Schoß um, steckte den Kopf zwischen die Pfoten und begann selig zu schmatzen. Meine Gedanken glitten allmählich von ihm ab und meinem neuen Werk zu. Plötzlich aber richtete er sich steil auf und versetzte mir einen stilechten Kinnhaken, daß ich schon dachte, ich hätte einen meiner wackligen Backenzähne auf der Zunge. Dann fuhr er keifend gegen die Scheibe. Was war denn los? Ach so, ein kleiner Junge war am Wagen stehengeblieben und hatte die Klinke angefaßt.

Ich betrachtete Peter halb erstaunt, halb amüsiert. So war er doch sonst nicht? Das tat doch nur Cocki! Und da, als er mich mit so einem ganz erwachsenen Blick voller Verantwortungsglück ansah, verstand ich ihn: Er war endlich einmal allein mit mir, der Alleinhund, der mit niemandem zu teilen brauchte. Ja, wirklich, solange ich zurückdenken konnte, hatte er kaum zwei-, dreimal einen Menschen für sich allein gehabt. Nun genoß er es, nun schwelgte er. Jetzt war er der Boß und für mich und mein Eigentum verantwortlich. Jetzt mußte er mir alle anderen ersetzen, vor allem Cocki. Er mußte mich bewachen, verteidigen und trösten. Ach, er hatte ja plötzlich so unheimlich vieles und Wichtiges zu tun! Und das mindeste, was ich von mir aus tun konnte, war, ihn dabei ernst zu nehmen: »Ja, ja, Peter«, sagte ich (ganz ernst ›Peter‹, nicht ›Fliegenbein‹ oder ›Affenauge‹ oder so was Ähnliches), »paß schön auf!«

Er war so gerührt, daß er mir die Pfote reichte, sprang dann sofort auf und machte noch einmal die Runde im Wagen. Glücklicherweise entdeckte er auch einen im Passantenstrom vorbeitrottenden Schäferhund, den er heftig zurechtweisen konnte. Der Schäferhund blieb stehen, schaute auf und stellte ein Ohr nach vorn. Peter erklärte ihm ungefähr: »Das hier ist unser Wagen, verstehst du, du dickes, vollgefressenes, albernes Riesenmöbel? Und wenn du nicht bald weitergehst, springe ich aus dem Fenster und reiße dir den Schwanz ab und das Ohr und sonst noch alles, was um deinen dicken Bauch herumhängt!«

Es gibt unter Hunden so etwas wie einen Ehrenkodex des Besitzes. Man versucht sehr selten, dem anderen sein Eigentum streitig zu machen, ob es sich nun um Haus, Garten, Schlafdecke oder Freßnapf handelt oder auch um das eigene Auto. So drehte denn der Schäferhund das Ohr wieder nach hinten und trottete mit hängender Rute weiter. Nur mit einem kurzen Blick schaute er auf das Wagenfenster zurück, hinter dem der rote Ziegenbart auf und nieder fuhr: »Ja, ja, weiß schon, reg dich nicht auf, Hanswurst!«

Die Ladentür! Da war sie – Frauchen! Peter hatte sie auch gleich entdeckt und schnellte hoch. Wir starrten ihr beide mit angehaltenem Atem entgegen. Was machte sie für ein Gesicht? Auf jeden Fall war es ernst. Aber nicht niedergeschlagen. Mein Herz klopfte. Als sie nach der Türklinke griff, lächelte sie mir zu.

»Was ist?« Meine eigene Stimme kam mir fremd vor.

»Alles in Ordnung!«

»Wann fängst du an?«

»Morgen. Grüß dich, mein Peterle! Denke mal, du brauchst nicht aus deinem Häuschen und aus deinem Garten. Du kannst weiter den Igel anbellen, und auf der Schwelle liegen und im Frühling, wenn es wieder Pusteblumen gibt, so ganz vorsichtig zwischen ihnen liegen, daß keine von ihnen eine einzige Locke verliert.«

»Dann fahr' ich uns nach Haus.«

»Ja, bitte.«

Sie hob Peter nach hinten, wobei er ihr schnell die Hand leckte, und setzte sich neben mich. Er baute sich hinter uns so auf, daß er zwischen unseren Köpfen nach vorn und gleichzeitig auch aus beiden Seitenfenstern sehen konnte. Ich fuhr an.

Wir fuhren schweigend, jeder mit seinen Gedanken beschäftigt. Also – die Atempause. Ich würde sie ausnutzen, weiß Gott, ich würde es! Arbeiten, arbeiten und noch mal arbeiten, bis ich den Laden wieder auf ebenem Kiel hatte.

Langsam ziehen die Geschäfte und der Menschenstrom der Hauptstraße an uns vorbei. Die Gesichter sind mir nun nicht mehr fremd und feindselig. Das Tageslicht scheint heller zu sein.

Da schreit Peter auf. Es ist ein wilder, stöhnender Laut äußerster Todesnot, wie ihn ein Hund nur ausstößt, wenn er in den Fängen eines stärkeren Gegners zu verenden droht. Ich werfe den Kopf nach links, und da sehe ich ihn auch, den Lastzug, der aus der Nebenstraße auf uns zurast – riesenhoch, donnernd, mit einem hin und her schlagenden Anhänger dran. So einfach nach dem Prinzip: Ich bin der Dickere, der andere wird schon bremsen.

Irgend etwas in mir, das schneller ist als jeder Gedanke, übernimmt das Kommando und läßt mich das Steuer nach links herumreißen: Auf Gegenkurs gehen, damit er uns nicht in der Seite faßt! Vielleicht kommen wir so noch aneinander vorbei. Jetzt haut auch der Große die Bremsen 'rein, meine Gefährtin schreit auf, ich fühle ihre Hand, die sich in meine Schulter krallt. Als sei mein Auge plötzlich auf Zeitlupentempo geschaltet, sehe ich, wie meine Kühlerfigur sich in der Schwenkung an den riesigen Vorderrädern des Lasters vorbeidreht. Das erste ist vorüber. Wir stehen schon ganz schräg – zweites Riesenrad vorbei – eine Hundertstelsekunde lang atme ich auf: ich liege jetzt tatsächlich auf Gegenkurs. Aber da kommt der Anhänger, er schleudert auf dem nassen Pflaster und rast von rechts auf uns zu wie eine Wand – ich drehe verzweifelt weiter, stehe nun schon schräg rückwärts – erstes Anhängerrad vorbei – aber da – da – Krach! Es schmettert rechts neben mir im Wagen. Ich spüre einen Schlag gegen die Brust, einen Schmerz im Knie, auch mein Kopf stößt irgendwo an. Dann ist der Spuk vorbei. Wir stehen. Pause. Einen Moment bleibe ich wie erstarrt und stiere nur dumpf auf das Stück des Steuerrades in meiner Hand. Ich lebe! Erstaunlicherweise lebe ich. Meine Gefährtin! Ich lasse das zerbrochene Steuerrad fallen und drehe mich zu ihr um. Gerade sinkt sie neben mir zusammen. Ihr Gesicht ist ganz klein und gelb. Ein großer Glassplitter, wie ein Dolch, steckt in ihrer Wange, kippt dann langsam nach vorn und gleitet über ihre Schulter aufs Polster. Ein Strom von Blut schießt hinterher. Auch aus ihrem Mundwinkel fließt Blut, und auch die rechte Hand, die lahm im Schoß liegt, ist blutig. Tot? Entsetzlicher Traum! Wann wache ich auf?

Da bringt mich der Schmerz im Knie wieder zu mir. Ringsherum Geschrei und nun viele Gesichter. Ich werfe mich mit der Schulter gegen die Tür. Sie klemmt, aber ich stemme sie auf. Etwas Schwarzes schießt einen Moment über meine Schulter weg an mir vorbei: Peter! Ihm ist nichts passiert. Hände packen mich am Arm, unter den Schultern. Ich stehe draußen zwischen vielen Menschen und wanke. Mir wird schlecht, grüne Nebel – aber ich drücke sie weg. Dann humple ich um den Wagen herum. Man hat die rechte Tür, die nur noch lose zerbrochen in den Angeln hängt, schon aufgerissen. Ich sehe, wie meine Gefährtin gleich einer Puppe, einer fürchterlichen Marionette herauskippt. Man faßt sie unter den Armen. »Vorsicht!« schreit jemand. »Nicht anrühren!« Ganz langsam läßt man sie auf das Pflaster gleiten, das voller Glasscherben und Holzsplitter liegt. Da schlägt sie die Augen wieder auf. Sie will mit der Hand nach mir greifen, aber sie kann es nicht. Nur die Finger bewegen sich ein bißchen. Ihre Lippen sind weiß bis auf das Blut, das daran herunterläuft. Sie flüstert: »Nicht hinlegen – ich will stehen!« Dann sinkt sie wieder in sich zusammen.

Polizeiuniformen. Wo ist denn der Lastzug? – Ach, da hinten, weit hinten in einer Nebenstraße. – Aber das ist ja auch alles egal. Ich beuge mich herunter und helfe, sie auf die Beine zu stellen. Sie reißt sich mit übermenschlicher Anstrengung zusammen und bleibt so eine Weile, von vielen Händen gehalten und langsam hin und her schwankend. Ihr Kleid hängt in Fetzen. »Mein Hut – meine Handtasche«, murmelt sie verwirrt. Jetzt klingelt es, die

Menschenhaufen weichen zur Seite, Bremsenquietschen, Ambulanz – und jetzt eine Sirene – Unfallkommando.

»Gleich um die Ecke ist das Krankenhaus!« sagt jemand. Wieder grüne Nebel.

Als ich zu mir komme, stehe ich in einem Raum mit gekachelten Wänden und glitzernden Instrumenten. Keine Ahnung, wie ich da hingekommen bin. Schwestern und Ärzte mit Tüchern vor dem Mund, Operationstisch, ein dunkles Bündel drauf. Braunes Haar, blutüberronnen. Eine Hand hängt herunter, wird von einer Schwester wieder heraufgehoben, festgehalten. Etwas wird an diesem Bündel gemacht, es bäumt sich auf, stöhnt.

»Was ist denn mit Ihnen?« Das ist ein anderer Arzt, ein junges gebräuntes Gesicht, schwarzes Kraushaar.

»Nichts – nur das Knie – aber nicht viel – was ist denn ...«

Das Gesicht des Arztes ist sehr ernst: »War sie ohnmächtig?«

»Ich glaube – einen Augenblick – aber was ist ...«

»Hat sie sich übergeben?«

»Ich weiß nicht – nein – aber ...«

»Wir werden sehen! Beruhigen Sie sich. Hier, trinken Sie mal!« Er reicht mir ein Gläschen mit einer milchigen Flüssigkeit, beobachtet mich, während ich schlucke. Mir wird etwas klarer. Das Bündel drüben ist ganz still. Der Arzt, der sich darüberbeugt, hat die Hand ausgestreckt, und eine der Schwestern steckt ihm etwas hinein.

»Wenn Sie sich dann danach fühlen«, sagt der junge Arzt zu mir, »gehen Sie lieber 'raus zum Wagen. Eine Schwester geht mit Ihnen und bringt Sie wieder zurück. Man braucht Sie da draußen.«

Zwischendurch setzt es immer für Sekunden bei mir aus. Da gehe ich schon die Stufen hinunter auf die Straße. Eine Hand ist an meinem Arm, eine Schwester, eine kleine dicke Blonde. Sie hat freundliche Augen und sieht entschlossen aus. »So, noch eine Stufe!« sagt sie.

Menschen – es sind noch viel mehr Menschen geworden, die halbe Straße voll, so weit man sehen kann. Wer spricht da mit mir? – Ach so, ein Polizist.

Die Menschen weichen zur Seite, einen Moment sehe ich Mukkelchen. Was von ihm übrig ist. Ein zerschlagenes, schauerliches Wrack, eine verbeulte Blechschachtel mit Blutflecken. Es hat das rechte Vorderrad unter dem Bauch, die Motorhaube ist zusammengeknüllt, als habe eine Riesenfaust hineingehauen. Da ist ein grüner Wagen mit blauen Scheinwerfern und Milchglasscheiben. Man hilft mir zwei Stufen hinauf. Drinnen ist ein richtiger Schreibtisch und ein Polizeibeamter dahinter. Er hilft seinem Kollegen, mich in einen Stuhl zu setzen. Ich soll – so gut es geht – erzählen, wie es kam. Ich starre ihn nur an. Da stellt er Fragen. Ich antworte mechanisch. Allmählich komme ich zu mir. Es tut mir wohl, wieder zur Sachlichkeit gezwungen zu werden. Ein Dritter im Hintergrund rattert auf der Schreibmaschine. Dann schiebt man mir ein Blatt Papier hin: »Bitte unterschreiben!« Ich tue es.

»Besser ist es, Sie stellen auch gleich Strafantrag gegen den schuldigen Fahrer! sagt der Wachtmeister.

Ich zögere. »Ich mache so was nicht gern.«

»Er hatte zwanzig Meter Bremsspur«, sagt der Beamte, »wahrscheinlich war er auch betrunken. Es ist besser, wenn Sie unterschreiben, wegen der Versicherung!«

Ich unterschreibe. Dann fällt mir etwas ein: »Wo ist Peter?«

»Wer?«

»Peter – ein Hund – ein kleiner schwarzer Hund.«

Der Beamte starrt mich besorgt an und wechselt einen kurzen Blick mit seinem Kollegen: »Es ist besser, Sie lassen sich auch untersuchen!«

Dann bin ich wieder in dem Operationssaal. Das Bündel sitzt jetzt aufrecht, der Kopf ist ein dickes weißes Paket. Nur die Augen schauen heraus, das eine ist ganz zugeschwollen, nur noch ein

Schlitz ist sichtbar. Eine Schwester steckt ihr das zerfetzte Kleid mit Sicherheitsnadeln zusammen. Frauchens Hand kommt auf mich zugekrochen. »Laß mich nicht hier!« flüstert es aus dem Verband. »Ich war doch nicht ohnmächtig – laß mich nicht hier –, ich habe mich auch nicht übergeben, nicht wahr? Sie denken, es ist Schädelbruch, aber ich habe mich doch nicht übergeben, laß mich nicht hier.« Die geflüsterten, kaum verständlichen Worte schnurren herunter wie ein Uhrwerk, immer wieder von neuem. Ich sehe mich nach dem Arzt um: »Sie hat solche Angst vor dem Krankenhaus. Geht es nicht, daß wir sie heimbringen, Doktor?«

Er zaudert, dann zuckt er die Schultern: »Auf Ihre Verantwortung!«

»Dann lassen Sie doch bitte ein Taxi rufen!«

»Na schön, aber derweilen werden wir Ihr Knie verbinden.«

Ich sehe an mir herunter, das linke Hosenbein ist zerfetzt, das Knie schaut heraus und ist blutig. Auch mein Hemd ist auf der Brust zerrissen. »Was ist denn das?« fragt der Arzt, während er das Knie verbindet.

»Ich weiß nicht – vielleicht die Steuersäule.« Man betastet mir das Brustbein. »Gebrochen ist nichts.«

»Nein, sicher nicht«, sage ich hastig, »ein blauer Fleck wahrscheinlich nur.« Ich will weg hier, heraus hier. – Wo ist Peter? Ich traue mich nicht noch einmal nach ihm zu fragen, sonst halten mich vielleicht auch die hier für verrückt.

Dann wieder draußen. Es hat aufgehört zu sprühen, noch immer viele Menschen. Auf der anderen Straßenseite flutet wieder der Verkehr. Auf dieser hier ziehen sie jetzt Kreidestriche und fotografieren. Ein Taxi. Während es sich mit uns durch die Menge zwängt, kommen wir an dem Lastwagen vorbei. Der Fahrer steht zwischen zwei Polizisten und gestikuliert. Meine Gefährtin lehnt schwer an meiner Schulter. Der verbundene Kopf ist nach vorn gesunken.

Dann das Haus. Ein Wagen steht davor, unser Hausarzt, Dr.

Nebelthau. Man hat wohl schon vom Krankenhaus aus nach ihm telefoniert. Mama und Mathilde am Zaun. Menschen aus der Nachbarschaft. Sie starren uns an. Die Mama ist weiß wie eine Wand und hat die Hand vor den Mund geschlagen. Jetzt ist sie bei uns, während man Frauchen aus dem Wagen hilft.

»Mein Junge – und mein armes Kind –, ich dachte schon so etwas, als Peter kam.«

»Peter?«

»Ja, er kam vor ein paar Minuten und hat sich gleich verkrochen. Wir haben ihn aus dem Keller geholt.«

Peter! – Jetzt sind wir in Frauchens Schlafzimmer. Dr. Nebelthau ist ein dicker, gemütlicher Mann, ein weiser Mann. Seine Gegenwart tröstet mich merkwürdig.

Mathilde räumt gerade die blutigen Kleider weg. Sie weint. Der Arzt steht über das Bett gebeugt. Etwas drängt mich zur Seite, ist dann mit einem Satz auf der Steppdecke – Cocki! Er stöhnt wild auf, leckt Frauchen über die Bandage, dann fährt er herum und faucht zähnefletschend den Arzt an. Ich packe Cocki am Kragen, er strampelt und will auch mich beißen. Der Arzt dreht sich zu mir um: »Lassen Sie mich bitte allein!«

Er sieht besorgt aus, während er sein Stethoskop auspackt.

Wir schleichen uns aus dem Zimmer, ich noch immer mit Cocki auf dem Arm, der jetzt still geworden ist und nur noch winselt. Er hat den Kopf nach hinten gedreht und starrt auf die Tür von Frauchens Zimmer. Während ich die Treppe zum Erdgeschoß hinunterhumpele, streichele ich ihn: »Es ist ja nichts«, sage ich, »es ist ja nichts, mein Dickerchen! Es wird ja alles wieder gut!«

Dann stehe ich unten im großen Gesellschaftszimmer. Mein Knie brennt. Es fällt mir jetzt auch schwer, das Bein zu bewegen. Draußen ist heller Sonnenschein. Da blüht ja noch die große rote Rose am Eingang – jetzt ist sie wie ein Klumpen Blut. Vor dem Zaun stehen noch immer die Nachbarn und starren nach unseren Fenstern. Merkwürdig ...

Jetzt wird mir aber doch wieder schlecht. Ich drehe mich um, lasse mich in einen Sessel fallen, Cocki rutscht aus meinen Armen und kratzt an der Tür.

Da sehe ich hinten auf dem Sofa etwas leuchten: Peterles Augen! Er liegt da, starrt mich an, zittert. Ich quäle mich noch einmal aus dem Sessel und setze mich neben ihn. Als ich ihn streichele, zittert er noch mehr. »Peterle«, höre ich mich sagen, »wie hast du denn bloß den Weg gefunden, Junge, mitten aus der Stadt bis hierher? Wie bist du bloß über die Dämme gekommen?«

Etwas kratzt an der Tür. Weffi. Die Tür wird von außen geöffnet. Mathildes Stimme sagt: »Na, geh hier 'rein – und du bleibst schön drin, Cocki!«

Dann kommen, tip-tip-tip, Weffchens Krallen über das Parkett. Er sieht mich aus seinen stillen braunen Augen an und springt auf meinen Schoß. Da faucht ihn Peter an wie eine Natter, daß er verdutzt wieder herunterspringt. Peter kriecht auf meinen Schoß. Er »besitzt« mich im wahrsten Sinne des Wortes. Jetzt ist er mein Hund, durch das, was wir gemeinsam erlebten, mit mir noch inniger verbunden, und er scheint entschlossen, dieses Vorrecht so lange wie möglich zu verteidigen.

Dann knarren schwere Tritte die Treppe hinunter: Dr. Nebelthau. Er setzt sich vor mich in den Sessel.

»Da rechts von Ihnen steht der Cognac«, sage ich zu ihm. Er nickt und gießt sich einen ein. Dann füllt er ein zweites Glas und bringt es mir herüber. »Sie können auch einen gebrauchen!«

»Was ist, Doktor?«

Er sieht an mir vorbei aus dem Fenster: »Tja – man muß sehen. Im ersten Augenblick kann man noch gar nichts sagen. Erst wenn der Schock abgeklungen ist.«

»Lebensgefahr?«

»Nein, das nicht, aber ...«

»Ich hätte sie vielleicht nicht herbringen dürfen?«

»Doch, ich glaube, es war richtig. In der gewohnten Umgebung läßt der Schock am schnellsten nach. Ich habe ihr eine Spritze gegeben, sie wird bald schlafen.«

Dann, als Dr. Nebelthau gegangen ist, sitze ich wieder an ihrem Bett. Das Morphium beginnt schon zu wirken.

»Ich werde ein verstümmeltes Gesicht haben«, flüstert sie.

»Unsinn! Selbst wenn eine kleine Narbe bleibt – so was bringt man heute ohne weiteres weg.«

»Aber meine Stellung – ich werde meine Stellung nicht antreten können.«

»Das wird uns die Versicherung ersetzen. Du lebst, und es ist nichts Ernstes. Sei dankbar.«

Das Auge, das eine Auge ist ihr zugefallen, aber das Lid flattert, hebt sich wieder: »Was ist mit – Peterchen?«

»Er ist hier, nach Haus gelaufen!«

»Nach – Haus . . .«, ihre Stimme wird lallend: »Wie – konnte – er – denn – finden?« Sie schläft.

Etwas streicht an meinem Bein vorbei, Cocki. Er quetscht sich unter das Bett, dreht sich ächzend um, und dann kommt seine dicke Schnauze mit den Tatzen wieder zum Vorschein. Seine Augen sehen mich vorwurfsvoll an. So, als ob ich Schuld hätte. Aber ich habe doch keine Schuld, ich habe doch alles versucht!

Mit einemmal bin ich müde, entsetzlich müde. Es ist, als ob die Decke auf mich herunterkommt. Das Knie. – Ich schleiche in mein Zimmer, lasse mich auf die Couch fallen. Etwas kringelt sich auf meinen Füßen zusammen. Ach, Peterle! – Jemand tritt mir aufs Gesicht und wirft sich neben mir auf das Kissen: Weffi.

Aber ich habe doch keine Schuld. »Zwanzig Meter Bremsspur – wollen Sie nicht Strafantrag stellen?« Keine Schuld. Was wird nun?

Dann weiß ich nichts mehr.

Als ich wieder aufwache, ist draußen schon tiefe Dämmerung.

Ich liege angezogen auf der Couch? Wieso denn, was war denn? Und nun kommt es über mich, als presse sich ein schwerer Stein auf mein Herz. Nach links drehen, links – links – geht denn das Steuer nicht weiter? – Erstes Rad – zweites Rad – Riesenrad – Peter schreit auf – und da – der Anhänger – der Glassplitter in Frauchens Gesicht, ganz langsam kippt er nach vorn – das rote Blut hinterher über das gelbe kleine Gesicht. Ich presse die Hände vor die Augen und fange mich wieder. Ich nehme die Hände wieder herunter und streichele die beiden Köpfchen, den weißen Kastenbart neben mir, der durch die Dämmerung des Zimmers schimmert, und die kleine Silberlocke dort in meinen Kniekehlen. Ein leises Geräusch rechts von mir, ich drehe mich um. Da sitzt die Mama an meinem Schreibtisch und legt sich in der halben Finsternis eine Patience.

»Mach doch das Licht an«, sage ich, »du wirst dir die Augen verderben.«

»Sparen«, sagt sie, »immer sparen.«

»Das hat jetzt doch keinen Zweck mehr, es ist eh schon egal.«

Ihre Hand mit einer Karte zwischen den Fingern bleibt in der Luft stehen: »Ist es so schlimm mit uns?«

»Ziemlich.«

Die Finger beginnen zu zittern, legen dann schnell die Karte hin.

»Möchtest du dich nicht ausziehen und zu Bett gehen?« fragt sie.

Ich sehe auf die offene Tür, die zu Frauchens Zimmer führt. »Hast du mal nachgeschaut?«

»Schläft noch. Geh nicht 'rein, sonst blökt Cocki, er liegt noch immer unter ihrem Bett. Willst du nun schlafen? Dann mache ich dir die Couch zurecht.«

Schlafen! Plötzlich wird alles um mich herum zu eng: »Nein, ich will noch mal mit den Hunden 'raus.«

»Das ist doch Unsinn, und mit deinem Bein vor allem.«

Aber ich bin schon aufgestanden. Der Verband am Knie ziept. Weffi verdreht die Augen und läßt ein halblautes Probe-Weff los. Ich packe ihn und hebe ihn hoch, damit er nicht weiter quäkt. Peterle ist schon an der Tür, er winkt mit dem Kopf. Nebenan ein Ächzen und Knarren. Cocki quält sich unter dem Bett vor. Da ist er auch schon.

Die Stufen tun meinem Knie lausig weh, so daß ich mich frage, ob es nicht wirklich Unsinn ist, noch mal hinauszugehen. Aber ich beiße die Zähne zusammen, angle mir den Stock der Mama aus dem Schirmständer und mache die Tür auf. Cocki und Peter schießen gegen die Gartenpforte. Mit einem halben Auge sehe ich, wie Mathilde mir aus dem Küchenfenster nachschaut.

Weffi strampelt wie wild, aber ich setze ihn erst draußen auf der Straße hin. Er rast den anderen nach, die schon an der Ecke mit ihrem Freund, dem Schäferhund Alf, hin und her toben. Peter scheint ja den Schock überwunden zu haben. Wenigstens er. Während ich ihnen langsam nachhinke, sehe ich mich um. Ich darf nichts von alldem hier versäumen: die Pappeln da neben der Kirche, die Rosen in den Gärten – nichts. Es wird ja sowieso bald alles vorbei sein, mit dem Haus, mit der Straße hier, mit unseren friedlichen Abendgängen. Und außerdem: jede Sekunde des Lebens sollte man genießen, auspressen bis zum letzten. Man sieht ja, wie schnell alles vorbei sein kann.

Ich bin die Straße hinuntergehinkt und stehe nun am Ende, wo das Feld beginnt. Die Getreidepuppen heben sich dunkel wie eine marschbereite schweigende Armee gegen den Himmel. Die Sonne ist schon versunken und hat ein Gewölbe schwerer Wolken in einem dunkelroten Brand hinterlassen, der schnell verglüht. Das Licht hier auf der Erde nimmt rasch ab, so daß ich meine drei auf dem Feld nur mit Mühe entdecken kann. Weffi gräbt anscheinend in einem Mauseloch, der Dicke bricht gerade aus einer Getreidepuppe, in der er herumgeschnüffelt hat, und Peterle steht ganz nah links von mir, die eine Pfote erhoben, und riecht in den Wind.

Nun ist am Himmel nur noch ein meergrüner Schein. Aus dem Wolkengeschiebe im Westen hat sich ein ungeheurer Gewitteramboß geformt, der schnell über unseren Köpfen heraufwächst. Ich starre ihn gebannt an und fühle, wie sich vor dieser Gewalt der Natur der Krampf in meiner Brust etwas löst. Das Wolkenmonstrum muß Tausende von Metern dick sein, denn sein höchster Gipfel leuchtet noch weiß mit einem ganz leichten rosa Schimmer. Jetzt wacht der Wind auf, ein böser Wind voll Elektrizität, der sich über das Feld hin anschleicht wie eine Katze. Nun springt er mit voller Kraft los, daß es mir den Atem verschlägt und die Büsche am Feldrand sich tief hintenüber legen. Alle drei Hunde sind plötzlich bei mir.

»Na, kommt«, sage ich.

Hinten über der Stadt beginnt es zu wetterleuchten. Weffi trabt als erster heim, der Dicke hinterher. Ich kann gerade noch erkennen, wie bei jedem Watschelschritt seine langen Ohren hin und her pendeln. Peter bleibt an meiner Seite, er sieht prüfend zu mir auf: »Na, geht's schon etwas besser?«

Ich bleibe stehen, beuge mich zu ihm hinunter und streiche über sein Köpfchen: »Ja, geht schon, wir werden's schon schaffen, Peterle!«

Oben hat die Mama meine Couch zurechtgemacht, ein Tablett mit Abendbrot steht auf dem Stuhl daneben. Ich schaue vorsichtig in Frauchens Zimmer. Die Mama hat die Nachttischlampe an die Erde gestellt. In ihrem halben Licht sehe ich den bandagierten Kopf. Sie schläft noch, murmelt mitunter vor sich hin. Es war alles wirklich geschehen – kein böser Traum. Ich schließe die Tür, ziehe mich aus und werfe mich auf die Couch, ohne das Essen anzurühren. Ich verteile es unter die drei. Dann kriecht der Dicke auf meinen Schreibtischsessel, und die beiden anderen beziehen ihre Posten auf der Couch.

Lange liege ich bei ausgelöschtem Licht und starre in die Finsternis. Der Sturm tobt in den Bäumen, und manchmal stößt er seine Faust durchs Fenster, daß sich die Vorhänge blähen. Ich fühle bis in die letzte Zelle, wie sich da hoch über uns das Wetter aufbaut, gleich einer riesigen dunklen Welle, die sich jeden Augenblick überschlagen kann. Symbol meiner Situation, dieser Tag. Heute morgen noch schien alles gesichert und voller Hoffnung. Und jetzt – das Schiff sinkt. Ich darf mir darüber nichts vormachen.

Hui – war das ein Blitz! Für eine Sekunde stehen die Scheiben des Bücherschrankes im blauen Licht – zwei – drei – vier – und jetzt der Donner, gleich einer riesigen Eisenkugel durch einen gewundenen Schacht herunterrollend und gegen die Wände krachend. Das ganze Haus zittert.

Im nächsten Augenblick habe ich alle Hände voll zu tun. Weffi ist neben mir hochgefahren, steht mit zitternden Hosen und eingeklemmtem Schwanz und starrt gegen das Fenster. Ich knipse schnell das Licht an, damit er die Blitze nicht so sieht. Aber der nächste Einschlag fegt ihn auf den Teppich. Dort bleibt er hechelnd und schlotternd stehen. Der Dicke fällt mit einem Plumps aus dem Schreibtischsessel und kratzt an Frauchens Tür. Auch er zittert und hat den langen, dicken Zungenlappen schlaff aus dem Maul hängen. Die Mama erscheint:

»Was ist mit den Hunden, soll ich einen nehmen?«

»Hat keinen Zweck, Mamachen, ich werde schon mit ihnen fertig. Ich schlafe sowieso nicht.«

»Na, glaubst du, ich schlafe?«

»Natürlich nicht, natürlich nicht, aber jetzt geh und – schlaf weiter!«

Sie verzieht sich gekränkt.

Ich lächle hinter ihr her. Dann wandere ich, unter immer neuen Einschlägen, mit den beiden Angsthasen herum. Nirgends ist es

sicher und finster genug, selbst im Heizungskeller nicht. Schließlich einige ich mich mit Cocki auf die leere Garage und mit Weffi
auf den großen Stollenschrank unten im Gesellschaftszimmer.
Dort kringelt er sich schlotternd auf Mamis alten Nählumpen. Ich
decke ihn mit einer durchlöcherten Tischdecke zu. Die Schranktür
lasse ich angelehnt, damit er wieder heraus kann.

Als ich wieder nach oben komme, sitzt Peter im Schreibtischsessel und starrt aus dem Fenster. Er allein hat keine Furcht und
folgt mit großen Geisteraugen den Blitzen. Das eine Ohr ist spitz
aufgereckt, das andere ergeben-verbindlich weggeknuckelt. Wahrscheinlich für den Fall, daß seine Furchtlosigkeit höheren Orts
doch übel vermerkt würde. –

Ich hebe ihn hoch und nehme ihn mit auf die Couch: »Mein
Dunkelmännchen«, sage ich, »mein Jenseitsauge!«

3

In den folgenden Tagen wurde mir sehr schnell klar, daß der
Pessimismus, die dunkle Schicksalsangst dieser Gewitternacht be-
rechtigt waren. Der schleudernde Anhänger des Lastzuges hatte
nicht nur das Muckelchen, sondern auch unser ganzes bisheriges
Leben zertrümmert.

Frauchens Verletzungen waren schwerer als ursprünglich angenommen. Der dicke Dr. Nebelthau wurde zunehmend besorgter.
Heimtückische Lähmungserscheinungen traten auf. Irgendwas
war kaputt, an der Wirbelsäule oder gar am Kopf. Spezialisten
wurden zugezogen, immer neue Röntgenaufnahmen, schmerz-
hafte Untersuchungen. Es war gar keine Rede mehr davon, daß sie
in absehbarer Zeit ihre Stellung antreten konnte. Statt dessen
zehrten Ärzte, Medikamente und Rechtsanwaltskosten an unseren Spargroschen. Nur mühsam und widerwillig ließ sich die geg-

nerische Versicherung das Allernotwendigste entreißen. Sie biß wütend um sich, schoß zurück mit einer ganzen Batterie gewiegter Anwälte, mit der Anforderung immer neuer Gutachten und Gegengutachten. Es war klar, daß ich das Haus nicht mehr halten konnte und mich in meinem Leben vollkommen umstellen mußte.

Der Gefährtin gegenüber mimte ich den Optimisten:

»Die Sache ist ganz einfach, du brauchst dich gar nicht aufzuregen. Du machst jetzt deine Badekur und bist für zwei Monate untergebracht, die die Versicherung bezahlt. Die Mama, Mathilde und ich lösen hier in aller Ruhe den Haushalt auf. Die Möbel werden im Speicher untergestellt, bis mein neues Buch angenommen ist. Die Mama und ich gehen aufs Dorf, irgendwohin, wo's ganz billig ist. Es wird großartig. Ich freue mich schon drauf. Wenn ich mir vorstelle, daß ich morgens die Augen aufmache, und die Hähne krähen, die Ferkel grunzen, die Kühe muhen. Es riecht nach – nach – na, eben nach Land. Man frühstückt in einer richtigen Bauernstube mit frischen Eiern und Kuckucksuhr und zahmen Tauben auf der Stuhllehne. Dann geht man aufs Herzelhäuschen und liest dabei im Lokalblatt, daß in Hintertupfingen Bullenmarkt ist und der Alois Oberhuber in Wöllershausen den ersten Preis im Schafkopfen gewonnen hat. Darauf geht man in den Kuhstall, die Schwalben fliegen 'raus und 'rein.«

»Die Schwalben sind bald fort«, sagte Frauchen, die derweil mit geschlossenen Augen auf der Couch lag. Ihr Gesicht ganz spitz und weiß, das einzig Rote darin die jetzt vernarbende Wunde. »Und was ist mit Mathilde?«

»Mathilde hat mir gestern selbst die Kündigung angeboten. Und weißt du, was sie mir sogar noch angeboten hat? Ihre Ersparnisse! Ich war so gerührt, daß ich beinahe geheult hätte. Na, ist das nicht sehr erfreulich, eine solche Treue? Sie war direkt beleidigt, als ich das Geld nicht nahm, es war ganz ernst gemeint. Sobald mein neues Buch angenommen ist, nehmen wir sie wieder!«

»Natürlich«, sagte Frauchen, »und was ist mit den Hunden?«

»Was mit den Hunden werden soll? Es wird urgemütlich, was sonst! Ich stelle es mir so vor: wenn jetzt der Winter kommt und es fällt Schnee – man sitzt hinter den Scheiben, womöglich gibt's gar Eiszapfen, das Öfchen bullert, ich schreibe, die Mama strickt, die Hunde liegen ringsherum und schnarchen – tiefer Friede. Was meinst du, was mir da alles einfällt!«

»Kein Mensch nimmt dich mit drei Hunden«, sagte sie.

»Du meinst nicht?«

»Ich weiß es.«

Ich wußte es natürlich auch oder fürchtete es wenigstens. Aber wie sie es jetzt so mit dieser Bestimmtheit sagte, wurde mir doch etwas flau um die Magengrube, und einen Moment hatte ich Angst, daß mein Innenleben aus dem Leim gehen würde. Aber ich riß mich zusammen:

»Hm – na, dann lassen wir eben den einen von ihnen bei Gutknechts oder Wesselys. Die werden sich nach ihnen reißen. Jedesmal, wenn sie hier waren, haben sie doch gesagt, sie wollten sie mal haben, und wenn's nur für ein paar Wochen wäre.«

Max Gutknecht machte von Zeit zu Zeit technische Erfindungen, ganz brauchbare sogar. Einmal war es ein neuartiges Antennenkabel für Fernseher, dann eine Autoantenne, die man nicht auszuziehen brauchte, oder ein Füllhalter mit besonders großem Reservoir. Durch meine Beziehungen zur Presse hatte ich ihm geholfen, so daß Besprechungen in jene Rubriken kamen, die ›Technik von heute‹ oder ›Wissen für alle‹ heißen. Er war ein kleines, schmales Männchen mit markantem Gesicht und dunklen, ziemlich harten Augen. Seine Frau Ottilie war ein riesiges Weib mit Doppelkinn, blaßblauen Augen, die vorstanden, und zwei sommersprossigen Oberschenkeln – Verzeihung, Oberarmen, die ihr rechts und links aus der Bluse hingen. Max und

Ottilie waren seit Jahren mindestens einmal in der Woche bei uns zu Gast und hatten dabei unsere Hunde über alle Maßen bewundert. Cocki und Weffi waren ihnen denn auch nicht von der Pelle gewichen, zumal sich diese Gutknechtsche Bewunderung in zahlreichen Häppchen äußerte. Sobald sich Max hinsetzte, hatte er einen halben Löwen auf den Knien, manchmal auch eine Tatze im Gesicht, und eine dicke Flappe mit Katerbart versuchte jeden Happen abzufangen, bevor dieser in die Gutknechtsche Speiseöffnung eingefahren wurde.

»Schmeiß den aufdringlichen Kerl doch 'runter, Max!« sagte ich. Aber da kam ich schön an!

»Wie kannst du so was sagen! Sieh doch diese Augen!«

»Ich sehe sie, aber er zerdrückt dir die ganze Hose und macht dein Jackett voller Haare.«

»Dafür gibt's ja schließlich eine Bürste.«

Ich hatte die Schultern gezuckt, mich aber innerlich doch sehr gefreut. Menschen, die sich vor Hunden graulen, waren mir stets unsympathisch und charakterlich verdächtig gewesen. Max graulte sich nicht. Max war in Ordnung.

Weffi saß derweilen auf dem Schoß Ottiliens. Auf diesem Schoß aber gab's auch was zu sitzen! Das war kein ungemütliches Gewackel wie auf meinen beiden Holzleisten, das war wie eine Roßhaarmatratze, aus einem Stück gearbeitet. Auf der ineinanderfließenden Doppelrundung der Ottilieschen Oberschenkel konnte er nicht nur unbesorgt seinen Fellpopo placieren, sondern sogar Männchen machen und die Hände ringen. Das rührte Ottilie jedesmal fast zu Tränen, und er wurde stürmisch an ihren gewaltigen Busen gepreßt.

»Ein Zauberwesen!« sagte sie mit ihrer Baßstimme und hängte die Augen noch weiter heraus: »So etwas müßten wir haben.«

»Gewiß, gewiß, Kind, aber wenn – dann Cocki! Übrigens, Hans, du kennst doch den Redakteur von der ›Technischen Umschau‹ – –
–«

Nur Peter hielt sich von den Gutknechts fern. Er wich ihren Händen elegant, aber entschieden aus. »Er ist immer so still«, sagte Ottilie, »ist er krank?«

»Ach wo«, meinte Frauchen, »er ist nur sehr eigenartig, immer für sich, schließt sich sehr schwer an.«

Max drehte sich nach ihm um und schoß unter nachdenklich gerunzelter Stirn einen harten Blick auf Peter: »Ja, sehr eigenartig.« Und dann spülte er seine Nachdenklichkeit mit einem Schluck Wein hinunter.

Wesselys, Stefan und Renate, waren ein Künstlerehepaar. Das heißt, er war ein Künstler, Maler, abstrakt und ziemlich erfolgreich. Mit seinen Dreiecken und Kringelchen riß er dem internationalen Verein hoffnungslos versnobter Zeitgenossen eine Menge Geld aus dem Leib. Renate brachte es mit atemberaubender Schnelligkeit durch. Nicht daß sie es irgendwie in Putz, Barbesuchen oder Liebhabern anlegte – sie hatte den Lernfimmel und kam dabei auf die sonderbarsten Einfälle. Das einemal nahm sie Reitunterricht. Nach drei Monaten wurde der Gaul stillgelegt, und sie lernte in kurzer Folge Florettfechten, Kunstblumenherstellung, Modezeichnen und Kraulen im Schmetterlingsstil.

Stefan war darüber tief gerührt. »Sieh mal«, sagte er mir einmal, als wir bei uns im Garten lagen, »das ist doch eigentlich – ich meine, dir gegenüber kann ich ja den Ausdruck gebrauchen – ergreifend. Findest du nicht auch? Andere Weiber kaufen sich Handtaschen für zweihundert Mark, qualmen den ganzen Tag und versaufen den Rest mit ihren Liebhabern. Sie lernt! Und sie lernt ja schließlich für mich, sie will sich vervollkommnen – für mich!«

»Aber Schmetterlingskraulen ...«

»Schön, ich gebe zu, was sie lernt, läßt sich nicht immer gleich in Geld umsetzen. Aber es kommt ja letztlich auf das Motiv an.

Psychoanalytisch betrachtet, liegt dem der Wunsch zugrunde, meine Last mitzutragen. Muß man sie nicht bewundern?«

»Ich bewundere vor allem dich.«

»Und was empfindest du für mich?« fragte Renate, die plötzlich hinter mir stand und ihren Garçonkopf an meine Wange legte.

»Komm mal mit hinters Gebüsch!« sagte ich.

»Ach, du alter Angeber. Komm her, Weffi, du bist ja so viel besser und netter und höflicher als dein doofes Herrchen. Hat dein Herrchen so ein süßes Bärtchen? Ich könnte Hundetrimmen lernen, extra ihm zuliebe!«

»Dann würdest du wenigstens endlich mal was verdienen«, sagte ich und bekam einen Tritt vors Schienbein.

Stefan betrachtete Weffi nachdenklich: »Er ist nicht so klug wie Peter, aber ist Peter überhaupt noch ein Hund?«

»Nein«, erklärte Renate entschieden, »Peter – vor seinen Augen würde ich mich genieren, wenn ich mich abends ausziehe oder wenn ich dich anschwindle. Aber Weffi – du mußt die beiden malen, Stefan!«

Stefan machte ein ernstes Gesicht: »Hm.« Dann kniff er die Augen zusammen und ließ sie von einem Hund zum anderen hin und her wandern. »Keine schlechte Idee, Renate. Nehmt doch mal den Peter und setzt ihn neben Weffi da vor das Gebüsch.«

Frauchen tat es. Kaum saß Peter (von ihr festgehalten) neben Weffi, als dieser ihm ein begeistertes »Weff« ins Ohr brüllte. Worauf Peter hilfesuchend die Augen verdrehte und wütend zu strampeln begann.

»Nein«, sagte Stefan, »nicht Gebüsch, der Hintergrund ist zu unruhig. Setzt sie mal beide da vor die Mauer – so – nein, den Peter mehr im Profil! Jetzt gebt mir mal Papier und Bleistift.«

Frauchen und Renate hielten die beiden Hunde fest, ich rannte nach Zeichenmaterial. Die nächste halbe Stunde lang durften wir nur flüstern und mußten uns bei den Hunden ablösen, weil uns die Hände lahm wurden. Endlich war der künstlerische Schöpfungsakt vorüber. Peter entfloh Frauchens Händen wie eine Rakete, rannte auf die Straße und blieb dort mit gehobenem Bein an einem Baum kleben. Es nahm überhaupt kein Ende.

Nach vierzehn Tagen brachte Stefan das Bild. In Farben. Er lehnte es oben in meinem Zimmer gegen die Wand: »Da hast du die beiden Strolche!« Ich hielt den Atem an. Weffi sah aus wie ein neurotischer Küchenstuhl und Peter wie ein notgeschlachteter Schornsteinfeger.

»Na??« fragte Stefan.

»Sehr eigenartig in der Auffassung«, murmelte ich.

»Ich bin, der ich bin!« erwiderte er bescheiden. »Und wie gesagt, wenn du mal einen von den Brüdern nicht mehr brauchst – am liebsten natürlich Weffi!«

In diesem Augenblick kam die Mama ins Zimmer. Sie konnte die Wesselys nicht sehr leiden und nannte sie »die Zigeuner«, hauptsächlich wohl, weil sie fürchtete, daß unser eigenes Lebenskuddelmuddel durch den Umgang mit ihnen noch vergrößert würde. Es hatte einiger sehr ernster Aussprachen bedurft, um sie wenigstens zu einer Art bewaffneter Neutralität zu bekehren. Als Dame alter Schule ließ sie sich von alledem nichts merken und wurde von Stefan und Renate mit ahnungsloser Familiarität behandelt.

Stefan nahm sie beim Arm: »Ah – die Mami – gleich mal herkommen – ansehen!« Er führte sie vor seine Schöpfung: »Na – was sagen Sie?«

Die Mama schluckte und warf um Stefans Brustkasten herum einen hilfesuchenden Blick auf mich.

»Sehr schön in den Farben«, sagte sie dann. »Nur ...«

»Nur?« Stefan schoß einen triumphierenden Blick zu mir herüber und preßte sie an sich.

»Nur«, stammelte die Mama, »die rechte Seite vom Haus ist – so etwas schief!«

Stefan drehte sie mit einem Ruck zu sich herum und bohrte
seinen Blick in ihre Augen: »Haus?«

»Ja – ist denn das nicht unser Haus?« fragte die Mama, nun
völlig verwirrt. Ich fiel in den Sessel und konnte mich nicht mehr
halten. Ich brüllte vor Lachen.

»Hör auf!« schrie mich Stefan an. »Das verdient sie nicht!«

Ich keuchte. Um ein Haar hätte ich gesagt: »Aber ich lache doch
über dich!« Doch das hätte ihn zu sehr gekränkt.

Stefan sah wieder die Mama an. Sein Blick war eine Mischung
aus zärtlicher Güte, Gram und Mitleid.

»Mama!« sagte er. »Sie sind eine großartige Frau, aber Sie
haben zwei schwere Fehler.« Er wies mit dem Daumen auf mich.
»Erstens haben Sie diesen blökenden Idioten in die Welt gesetzt.
Und außerdem – völliger Mangel an abstrakter Vorstellung. Ab-
so-lut gefangen im Gegenständlichen. Verschüttet. Schade,
Mami.«

Er wandte sich zu mir um: »Weffi!«

»Was ist mit Weffi?«

»Gib ihn mir bald, ehe er dir ähnlich wird.«

Ja, und dann war da noch Professor Paul Kluge, Chefarzt im Benediktinerkrankenhaus. Er trug sein fahlblondes Haar in der Mitte gescheitelt, eine altmodische, goldgerändete Brille und war für gewöhnlich nur im weißen Kittel sichtbar, gefolgt von einem Schwarm Schwestern und Assistenten. Er wirkte konzentriert, sachlich und extrem nüchtern. Seine Rauheit war bei den Studenten gefürchtet. In den wenigen Stunden aber, wo man ihn mal seiner chirurgischen Passion entreißen konnte, zeigte er überraschende Seiten. Es erwies sich, daß seine langen, sensitiven Hände nicht nur Blinddärme und Tumore beseitigen, sondern auch Klaviersonaten spielen konnten. Des weiteren liebte er gute alte Weine, kräftige Witze und war Junggeselle aus Überzeugung. »Die Ehe«, erklärte Paul, »ist eine Zwangsvorstellung!« Weswegen man ihn für einen Zyniker hielt. Ich bezweifelte stets, daß er es wirklich war, und vermutete statt dessen, daß sich hinter diesem Zynismus nur ein tief und unheilbar verwundetes Herz verschanzen wollte. Ich wußte, daß ihm eine über alles geliebte Verlobte, eine begnadete Pianistin, unter den Händen gestorben war, als er sie an einem Gehirntumor operierte. –

Eine weitere bemerkenswerte Eigenschaft an ihm war, daß man ihn, wenn man einmal seine Freundschaft errungen hatte, jederzeit und ohne Einschränkung in Anspruch nehmen konnte.

Nach einem Bummel bei ihm schlafen, weil einem der Nachhauseweg zu weit war? »Hau dich da auf die Couch. Hier, ein Pyjama, Rasierzeug im Bad, Schnarchen verboten.« Geld pumpen? »Wieviel?« Er war böse, wenn man sagte: »Ich gebe es dir in spätestens einer Woche zurück.«

Am meisten aber freute mich, daß er unsere Gastfreundschaft genauso selbstverständlich in Anspruch nahm, wie er die seine gab. Manchmal brauste er bei uns durch, ohne daß wir ihn überhaupt zu Gesicht bekamen. Dann kam er so über Mittag, wenn wir unterwegs waren, ließ sich von Mathilde, die ihn in sklavischer Verehrung anbetete (ich weiß wirklich nicht, warum zynische Junggesellen immer so besonders angebetet werden), etwas zu essen machen, tankte aus der Hausbar, steckte sich eine Handvoll von meinen Brasil ein und fuhr weiter. Mitunter nahm er sich auch ein neues Hemd von mir und Taschentücher. Manchmal sahen wir uns ein Vierteljahr nicht, aber wenn es dann endlich wieder mal klappte, war es, als seien wir erst gestern auseinandergegangen.

Seine im Augenblick wertvollste Eigenschaft aber bestand darin, daß er von allen drei Hunden Peterle am meisten liebte. Er pflegte ihn mit seinen Chirurgenhänden abzutasten wie einen Patienten: »Prachtvoll, der Kerl, wie aus Eisen! Man sollte systematisch nur Kreuzungen züchten, viel gesünder und in den Instinkten schärfer. Lümmel – wie siehst du mich wieder an!«

Peters Verhalten ihm gegenüber war zwiespältig. Einerseits schreckte ihn der Krankenhausgeruch ab, der nun einmal untilgbar in Pauls Kleidern hing. Andererseits spürte er die klare und starke Sympathie des Mannes. So zog er denn zwar das schwarze Rußnäschen kraus, rückte aber trotzdem immer näher an Kluge heran und reichte ihm gravitätisch die Pfote. Paul faßte ihn dann unter den rötlichen Klebebart und wandte sich lebhaft nach mir um:

»Verstehst du, was das bedeutet? Mein Gestank stört ihn, aber er weiß, daß ich ihn liebe, de profundis liebe. Kerl, weißt du eigentlich, wie wunderbar bizarr du bist? Ich glaube, er weiß sogar das! Himmelherrgott, wenn Peter sprechen könnte – dieses Wesen, halb Mensch, halb Elementargeist. – Du, Peter, hör mal, wenn sie dich hier nicht mehr wollen, kommst du zu mir, verstanden? Ich verwende dich als Gedankenleser bei Patienten, die durchaus nicht zahlen wollen, und wenn sie trotzdem nicht zahlen und alles nichts hilft, treten wir beide im Zirkus auf.«

All diese Chancen breitete ich vor meiner Gefährtin aus: »Du siehst, du kannst ganz beruhigt wegreisen. Wenn es gar nicht anders geht, können wir sie alle drei eine Zeitlang bei Menschen unterbringen, die sie lieben.«

»Ich bleibe, bis das Haus aufgelöst ist«, sagte sie darauf.

»Aber du kannst doch dabei gar nicht helfen!«

»Was soll das heißen? Bin ich ein Krüppel?«

»Nein, natürlich nicht. Aber ...«

»Ich bleibe.«

4

Ja, und so gingen wir an die Auflösung des Hauses. Über sieben Jahre hatten wir darin gelebt und gehofft, daß wir bis zum Lebensende darin bleiben könnten. Eine törichte Hoffnung, weil sie im Widerspruch steht zu den persönlichen Erfahrungen, die wir alle in den letzten Jahrzehnten gemacht haben. Aber der Mensch schlägt eben gern Wurzeln, und in jeden Winkel des Hauses, in jede Mauerritze und jeden Meter des Gartens hatten sich die Wurzeln unseres Gefühls tief gesenkt.

Vorher waren wir uns dessen gar nicht bewußt gewesen. Wenn jemand das Haus lobte, hatten wir gesagt: »Ach, es ist 'ne alte Bude, und dies und jenes müßte gemacht werden – nie wieder mieten wir so'n großes Haus.« Aber jetzt mußten alle diese Wurzeln, diese feinen, langen Herzenswurzeln herausgerissen werden, bis da nichts mehr blieb als ein leerer Steinwürfel und ein verwilderter Garten, der jetzt schon fremd aussah und sich gewissermaßen zurücknahm, noch bevor wir gegangen waren. Irgend etwas starb. Nicht das Haus (andere würden nach uns darin wohnen, und dieser Gedanke tat besonders weh), aber das, was uns mit dem

Haus verbunden hatte, jenes unerklärliche Dritte, das wie ein lebendiges Wesen war – es starb unter großen Schmerzen.

Wir hatten uns Kisten geliehen und packten die lockeren Sachen, Bücher, Wäsche, Geschirr, selbst. Es war billiger. Die Umzugfirma hatte dann nur die Kisten und Möbel aufzuladen. So begannen wir mit dem Ausräumen der Schränke und überhaupt mit dem großen Aufräumen und Sortieren. Was da nicht alles aus dem Sediment dieser Schränke und Truhen, Böden und Keller zum Vorschein kam! Zum Beispiel der Brieföffner aus Damaszenerstahl mit den eingelegten jagenden Pferden, der vor sieben Jahren verschwunden war. Wir hatten seinerzeit den Elektriker in Verdacht gehabt, weil er sich dafür interessiert hatte. Jetzt mußten wir es ihm tief innerlich und beschämt abbitten. Dann die beiden hölzernen Serviettenringe der Urgroßmutter. Ihr Verschwinden wurde seinerzeit zum Anlaß eines solennen Familienkrachs, bis dem die schweren Brocken wie ›Lieblosigkeit, Mangel an Familiensinn, Kluft zwischen den Generationen‹ nur so durch die Zimmer flogen. Wir fanden sie total zerknabbert in einer Kellerecke, in die sich Peterle in seiner ersten Zeit immer bei dicker Luft geflüchtet hatte.

Ferner tauchten auf: unzählige Medizinflaschen, kaputte Lampen, ein Kindernachttopf, auf dessen Herkunft sich kein Mensch mehr besinnen konnte, Gardinenringe, Mottenkugeln, Zinnsoldaten, eine Mundharmonika aus meiner Jugend, Haufen von Filmspulen, ausgebrannte Radioröhren, Zahnbürsten, Rasierapparate, ein vermotteter Tirolerhut, Muscheln und Steine von der Nordsee, alte Taschenmesser, angeklopfte Kaffeekannen, Kisten mit alten Modezeitschriften und mit Romanen, die ich zu schreiben begonnen und nie zu Ende gebracht hatte.

»Hänschens unvollendete Werke!« bemerkte die Mama und warf mir gute zwanzig Pfund dieser Kunstwerke herüber.

»Schmeiß sie gleich auf den Altpapierhaufen«, sagte die Gefährtin, die sich neben mir damit abquälte, alte Nägel mit einem Hammer geradezuklopfen.

»Ne, nicht doch«, meinte ich, »vielleicht ist doch das eine oder andere ...« Und ich begann mich an einem meiner Romanfragmente festzulesen.

»Du solltest lieber die Geschirrkiste zunageln«, sagte Frauchen, »und was machst du denn da, Mami?«

Die Mama war gerade dabei, einen Karton in eine bereits übervolle Kleiderkiste zu pressen.

»Die Erinnerungsschachtel!« erklärte sie feierlich.

Ich warf mein Fragment bedauernden Blickes auf den Altpapierstapel und half ihr pressen. Aber der Karton wollte absolut nicht hineinpassen.

»Könntest du nicht einiges davon wegschmeißen?« fragte ich sie schließlich.

»Aber ich bitte dich!«

»Zeig mal her – sei nicht albern, ich will ja nur mal nachsehen!« Ich entriß ihr den Karton und machte ihn auf. Es quoll mir entgegen und roch sachte nach Moder und Lavendel: zwei ganz verknautschte Babyschuhe, eine Babyhaube, ein vergilbtes Hemdchen, ein Kuvert mit einer blonden Locke, ein Gipswildschwein zwischen zwei Quarzkristallen: ›Erinnerung aus der Sächsischen Schweiz‹ und das Bild eines jungen Mannes mit Schafsgesicht und Zwicker, der an einer Säule lehnte.

»Bin ich das?« fragte ich entsetzt.

»Natürlich! Das Einsegnungsbild!« sagte sie vorwurfsvoll. »Es war der erste Anzug mit langen Hosen. Erinnerst du dich denn gar nicht?«

Ich klimperte mit den Augen und bemühte mich. Und da kam er wieder herauf, jener Einsegnungsmorgen Anno 1916. Erster Weltkrieg. Hunger und Verarmung der Daheimgebliebenen. Zur Feier dieses Tages hatte ich zwei neue Schuhe bekommen, mit Holzsohle, und zwar von der allerschlimmsten Sorte: aus einem

Stück gearbeitet. Als ich vor dem Geistlichen niederknien wollte und zu diesem Behufe erst das eine Knie beugte, brach mit Getöse die Holzsohle. Ich blieb erstarrt in dieser Stellung wie ein Auto mit Reifenpanne und fühlte mehrere hundert Augen gespannt auf mich gerichtet: Was wird er jetzt machen? Nach einer halben Minute räusperte sich der Geistliche, und mit Todesverachtung bog ich auch das zweite Knie. – Krach, brach auch die zweite Sohle durch. Der Schweiß tropfte mir von der Stirn, ich war puterrot, kriegte meinen Segen und schlich mich weg wie ein geprügelter Hund. Ein paar alberne Gänse kicherten, als ich auf meinen Bruchsohlen an ihnen vorbeiknirschte.

Ich wachte auf, als die Mama mir das Bild wegriß und schnell wieder einpackte: »Dafür wird ja wohl noch Platz sein! Wenn wir mal wieder ein eigenes Heim haben sollten, woran ich allerdings zweifle, denn es wird ja nichts gespart. Es werden ja, kaum daß ein bißchen Geld da ist, tausend Leute eingeladen und Autos und Mäntel gekauft und alles zum Schornstein hinausgejagt.«

»Pack nur alles in die Kiste, was du willst, Mamachen«, sagte ich hastig. Die Mama jedoch schien entschlossen, noch eine ganze Menge zum Theme ›Spare in der Zeit‹ zu sagen. Glücklicherweise erschien in diesem Augenblick Weffi, sein Bällchen im Maul. Er richtete sich an der Kleiderkiste auf, ließ den Ball hineinfallen, sprang dann nach, roch mit angewidertem Gesicht an den Mottenkugeln, rollte sich aber trotzdem auf den Kleidern zusammen: »Vergeßt mich nicht!«

Einen Moment sahen wir uns alle schweigend an. Da saßen wir zwischen unseren Kisten mit staubigen Händen und Gesichtern, mit Hämmern in den Händen. Die Mama richtete sich ächzend auf: »Ich hole mir jetzt einen Cognac.«

»Mir auch!« sagte Frauchen.

»Mir auch!« sagte ich. »Weffi, geh da 'raus, du kommst ja mit.« Als ich den Cognac 'runter hatte, erklärte ich, ich müßte mal in die Garage. In der Diele sah ich ein Stück Cocki unter der Kommode vorschauen: die dicken Tatzen mit dem Kopf darauf. Er folgte mir nicht in den Garten wie sonst, hob nicht einmal den Kopf, als ich vorüberging. Nur seine blutunterlaufenen traurigen Säuferaugen folgten mir, als wolle er sagen: »Ich kann leider nicht mit, sonst klaut man mir die Kommode!«

Auf den Stufen vor dem Haus saß Mathilde. Sie hatte Peter auf dem Schoß, mit den Beinen nach oben wie einen Säugling, flüsterte mit ihm und heulte. Als ich kam, stand sie schnell auf und setzte ihn auf die Erde: »Die Bohnen – ich habe ja die Bohnen auf dem Feuer.«

Sie wischte sich mit der Schürze über die Augen und rannte an mir vorbei.

Ich blieb mit Peterle allein. Er sah zu mir auf mit den Augen des alten jüdischen Propheten und zitterte. Dann klemmte er das Schwänzchen ein und steckte mir den Kopf zwischen die Knie.

»Jetzt fang du auch noch an!« sagte ich wütend. Er zog den Kopf aus meinen Knien, richtete sich an mir hoch, seine kleinen schwarzen Krallen kratzten meinen Overall. Er weinte. Ich beugte mich hinunter und küßte ihn auf die Rußnase: »Na ja, eines Tages werden wir wieder ein Häuschen haben und einen Garten.«

Ich richtete mich auf. Meine Augen gingen durch den Garten. Oben in den Apfelbäumen hingen noch ein paar Rotbacken, die Mathilde und ich nicht erwischt hatten. Diese letzten Äpfel hatte ich sonst immer mit Steinen heruntergeworfen, und Peter hatte sie mir angeschleppt, und wir hatten Ball damit gespielt. Diesmal würden sie wohl oben bleiben. Drüben die jetzt leeren Himbeersträucher, die ich selbst gepflanzt hatte. Der Wasserhahn am Bassin, der seit sieben Jahren repariert werden sollte und noch immer tropfte. Man hätte einfach eine Gummischeibe ... aber dazu war es jetzt auch zu spät.

»Komm«, sagte ich zu Peterle, »wir gehen in die Garage.« Er tippelte neben mir her, rannte schnell zum Bassin und schlappte ein paar durstige Züge aus dem schwarz funkelnden Wasser, auf dem sich ein paar erste gelbe Herbstblätter um sich selber drehten. Als ich an den Fenstern des großen Zimmers vorbeikam, hörte ich von drinnen Hammerschläge – als ob man einen Sarg zunagelte. Peterchen war schon wieder neben mir. Er hatte sich einen Zweig mitgebracht und warf ihn mir vor die Füße: »Bißchen spielen, vielleicht wird uns dann besser!« Ich warf ihm den Zweig, er rannte hinterher, ließ ihn aber schon auf dem halben Rückweg aus der Schnauze fallen. »Hat keinen Zweck«, sagten seine Augen.

Jetzt waren wir in der Garage. Schauerlich leer – eine Gruft. Beklemmend deutlich sah ich wieder Muckelchen vor mir, das zerschlagene, zerbeulte Muckelchen, das da irgendwo im Winkel einer Reparaturwerkstatt lag, bis die Versicherungen sich untereinander über die Schadenszahlung ausgerauft hatten.

Hier bei uns war jetzt nur noch ein dunkler Ölfleck auf dem Betonboden. Immer hatte die eine Manschette an der Hinterachse durchgelassen. Gerade wollte ich sie erneuern lassen. Aber auch das war jetzt nicht mehr nötig. Peterle roch mit hochgezogenem Vorderbein an der Öllache und sah mich dann jammervoll an. Ja – was wollte ich eigentlich hier? Ach so, da waren also noch ein Wagenheber, die alten Felgen, eine Reservezündspule, Signalhorn und ein Reifen mit dem halben Profil drauf. Zusammenpacken und verkaufen: zwanzig, dreißig Mark würde ich schon noch dafür bekommen.

Der Kies der Einfahrt knirschte. Etwas Breites, Schwarzes, silbern Blinkendes schob sich herein: Pauls Kabriolett. Nanu? Josef, der Chauffeur, stieg aus und grüßte freundlich. Im gleichen Augenblick ertönten Cockis wildes Gebell und Weffis Trompete. An seinen Kniekehlen vorbei stürzten sie in den Wagen, so daß der gute Josef beinahe umfiel. Auf der anderen Seite stieg Paul aus, unter seinem Arm durch flog Peter in den Wagen.

»Da schau«, sagte Paul, »ich denke, der war mit beim Unfall?« Wir schüttelten uns die Hand. »Ja«, sagte ich, »es ist merkwürdig, vor Personenwagen hat er keine Angst, nur vor Lastwagen. Als so einer gestern die Kisten brachte, hat er sich verkrochen. Es sind wohl besonders die großen Räder, vor denen er sich fürchtet.«

Ich klopfte Pauls Wagen auf die lange Haube. Es war ein schweres Kabriolett, das er sich vor drei Jahren nach eigenen Angaben hatte bauen lassen, mit Klimaanlage, Radio, drei Fanfaren, vielen Aschenbechern und ähnlichem Schnokes. Besonders stolz war Paul auf die Vordersitze, die man mit einem Hebelzug zurückklappen und damit den Wagen in eine Doppelcouch verwandeln konnte.

»Ja, wenn man Junggeselle ist«, hatte die Gefährtin spitz bemerkt, als er es ihr vorführte.

»Goldkind, benimm dich!« hatte Paul augenzwinkernd gesagt.

»Ich meine ja nur den Preis, den Preis, den sie dir dafür abgenommen haben!«

»Ach so.«

Ich löste meine Hand seufzend von dem Prachtstück: »Schöner Kerl!« Wir gingen beide in die Garage. Paul sah sich um: »Scheußlich leer hier. Vermißt Peterle eigentlich das Muckelchen?«

»Ja. Er hatte eben noch ganz traurig an der Ölpfütze gerochen. Du hättest ihn sehen sollen.«

»Nichts von der Versicherung gehört?«

»Gehört schon. Augenblicklich streiten wir uns um den Preis für Muckelchen. Sie haben mir ein ganz lächerliches Angebot gemacht.«

»Wieviel denn?«

»Zwei. Aber mein Rechtsanwalt hat einen Gegenvorschlag gemacht. Ich denke, wir werden uns auf zwei-fünf einigen. Willst du nicht ins Haus? Es wird allerdings wild genagelt.«

»Nein, ich bleibe lieber bei dir.« Er nahm eine Zange von der Werkzeugkiste und setzte sich. »Tja«, sagte er nach einer Weile des Schweigens, »wenn du einen alten Wagen verkaufen willst, ist er plötzlich nichts mehr wert. Das habe ich jetzt gerade erfahren.«

»Wieso? Du willst doch nicht etwa . . .«

Er grinste mich an: »Doch. Ich habe sogar schon einen neuen.«

»Was denn?«

»Den Dreihunderter.«

»Na, und der hier, dein Prachtstück?«

Er zog sorgfältig seine Bügelfalte gerade: »Deswegen komme ich ja gerade her. Weißt du – ich habe mich derartig über die Kerls geärgert. Sie haben mir kaum mehr als den Schrottpreis geboten, als ich ihn jetzt in Zahlung geben wollte. Dabei habe ich erst vor einem halben Jahr eine neue Maschine hineingetan, und Josef pflegt ihn doch wirklich gut!«

»Das kann man wohl sagen. Er sieht aus wie neu.«

Paul räusperte sich: »Hm – ehe ich ihn diesen Halunken für einen solchen Preis in den Hals werfe, gebe ich ihn lieber dir.«

»Aber . . .«

»Gar kein Aber. Du zahlst mir dafür das, was sie dir für Mukkelchen geben. Dabei mache ich ein glänzendes Geschäft, es ist immerhin ein Mehrfaches des Schrottpreises.«

»Aber . . .«

»Du sollst mich nicht ständig unterbrechen, hörst du? Du brauchst einen Wagen. Du mußt deine Rundfunkgesellschaften und deine Verleger besuchen. Du mußt dir ein neues Heim suchen, und dabei mußt du wenigstens die notwendigsten Klamotten und außerdem die Mama und die Hunde mit dir 'rumschleppen können.«

»Aber . . .«

»Willst du mich jetzt ausreden lassen oder nicht? Ich weiß selbstverständlich, daß du das, was du jetzt von der Versicherung kriegst, für dringendere Sachen brauchst. Du sollst es mir ja auch gar nicht sofort zahlen. Nach einem Jahr – würde ich vorschlagen.« Er warf mir einen strengen Blick zu: »Mit fünf Prozent Zinsen natürlich!«

»Und wenn ich nach einem Jahr noch immer Pech habe?«

Er gab sich ungeheuer vergnügt und gerieben: »Na, großartig, dann zahlst du noch mal fünf Prozent, besser kann ich mein Geld nicht anlegen. Im übrigen, du Hammel, du blöder, du weißt doch selbst, was du kannst. Schön – Pech hat jeder mal. Aber wer was kann, der hat auch wieder mal Glück. Ich gehe jede Wette mit dir ein, daß du in einem Jahr spätestens wieder obenauf bist, wahrscheinlich schon nach einem halben.«

Er stand auf: »Im übrigen ist der Wagen noch für ein halbes Jahr versichert und versteuert. Das schmeiße ich mit 'rein. Na, ist das ein Angebot?«

Mir schwindelte der Kopf. Da stand es, das silbern-schwarz blinkende Ungeheuer, und sah mich über die mächtige Stoßstange hinweg mit seinen Scheinwerferaugen an. Mir gehören – es war ja nicht auszudenken. Ich versuchte noch einen letzten Widerstand: »Ich glaube dir kein Wort von der Sache mit dem Schrottpreis, Paul«, sagte ich schwach.

»Jetzt wirst du beleidigend, das verbitte ich mir.« Er griff in seine Tasche und holte ein Papier heraus: »Hier, der Vertrag. Du brauchst bloß zu unterschreiben, dann fahre ich gleich mit Josef weg und besorge die Umschreibung, und am Nachmittag kannst du die Karre schon vor der Tür haben.«

»Paul – ich – ich meine – ich müßte doch erst mal mit – meiner – Teuren ...«

»Schlappschwanz! Brauchst du eine Amme, um deinen Namen hier drunterzuhauen?«

»Na schön.« Ich unterschrieb. Sein Gesicht löste sich, er zwinkerte mir zu: »Willst du nicht durchlesen, was drinsteht?«

»Dazu bin ich viel zu aufgeregt.«

»Auch gut.« Er faltete das Papier zusammen und steckte es weg.

In diesem Augenblick kam die Teure, den Hammer in der Hand: »Ja, wo bleibst du denn? Die Bretter für den einen Kistendeckel sind alle zu lang. Tag, Paul. Du bist doch Chirurg – könntest du sie nicht mal schnell kürzer sägen?«

Er nahm sein Taschentuch und wischte ihr einen Schmutzfleck von der Nase: »Leider keine Zeit, laß das den Lulatsch hier machen.«

»Er hat mir seinen Wagen verkauft!« sagte ich.

Sie sah erschrocken mich und dann hilfesuchend Paul an, offenbar hielt sie mich für geistesgestört.

»Ja, ja«, sagte er, »stimmt schon, laß es dir von ihm erklären. Also, Kinderchen, ich muß weiter.« Mit einem Satz war er im Wagen: »Schnell, Josef, 'raus, weg!«

»Was ist das?« fragte sie und starrte ihm mit offenem Mund nach.

»Er hat alle drei Hunde drin«, sagte ich. »Na, die wird Josef schon nachmittags wieder abliefern, wenn er den Wagen bringt.«

»Also, ich verstehe das überhaupt nicht. Seid ihr alle verrückt?«

Ich erzählte ihr, was sich abgespielt hatte. »Du hast recht«, schloß ich, »wahrscheinlich bin ich wirklich verrückt.«

Sie sah an mir vorbei auf die Straße, von der Paul verschwunden war: »Ein Freund – ein wirklicher Freund! – Daß es so etwas gibt.«

Sie drehte sich zu mir um, und ich sah, daß ihre Augen feucht waren: »Vielleicht ist das der Wendepunkt, das Ende deiner Pechsträhne. Ich wünsche es dir, alter Junge!«

Noch immer kopfschüttelnd ging sie ins Haus: »Ein Freund . . .«

Am späten Nachmittag brachte Josef den Wagen. Obwohl ich noch einen Kronleuchter und sieben Gardinenstangen abzunehmen hatte, stand ich unter dem Vorwand, Luft zu schnappen, schon seit einer Stunde an der Ecke der großen Ausfallstraße. Endlich kam ›er‹ dann. Es waren doch vorher schon viele Wagen gekommen, aber diesmal wußte ich mit Bestimmtheit: er ist es! Ich drückte mich gegen den Zaun und ließ ihn an mir vorbeigleiten: ein langgestrecktes, breites Ungeheuer, die Wucht eines Rhinozerosses kombiniert mit der Grazie einer fliehenden Gazelle. Vollkommen lautlos schwenkte er ein, nur der Kies der Seitenstraße knirschte leise unter seinen mächtigen Rädern. Innen saß Weffi mit langem Hals auf Josefs Schoß, der mit einem Lächeln in den Augenwinkeln um ihn herum steuerte. Cocki pennte zusammengerollt auf dem Vordersitz und richtete sich jetzt gerade auf, weil er fühlte, daß die heimatliche Höhle in Sicht kam. Peter stand mit den Hinterbeinen auf den Rücksitzen und mit den Vorderbeinen auf den Lehnen der Vordersitze. Da in dem großen Wagen beides sehr weit voneinander entfernt war, mußte er sich entsprechend ausrecken und ähnelte einer eisernen Messerbank, die ich mal als kleiner Junge gehabt hatte. Er hatte mich sofort entdeckt, drehte sich um, und während der Wagen entrollte und mich zurückließ, sah ich Peterles kleines Affengesicht, beide Öhrchen ergeben weggeknuckelt, im Rückfenster hin und her tanzen.

Ich wanderte langsam hinterdrein. Auf halbem Wege schon kam mir Peter entgegengerast, Weffi hinterher. Peter sprang mir aus dem Stand bis über den Kopf, während Weffi meinen rechten Senkel abmontierte. Dann kam eilig der Dicke hinterdreigewakkelt. Erstaunlich, was für ein Tempo er entfalten konnte, trotz seiner Schwere, seiner großen Schuhnummer und seiner krummen Watschelpfoten. Er schien ein ausgesprochen schlechtes Gewissen zu haben, denn er machte einen hohen Buckel und hielt mir den Po hin, während er den Zungenlappen neckisch aus dem Maul hängen ließ. Ich knudelte alle drei ab, und dann marschierten wir selbdritt dem Hause zu.

Als ich an der Küche vorüberging, sah ich drinnen Josef am Tisch sitzen, umringt von Kaffee, Kuchen und Mathilde. Josef war ein gemütlicher, älterer Mann, Junggeselle wie sein Chef. Die silbernen Schläfen standen gut zu seinem braunen Gesicht. Er könnte doch Mathilde heiraten, schoß ein flüchtiger Gedanke durch mein Hirn, mit der wäre er bestimmt nicht angeschmiert.

Der Wagen stand noch in der Garageneinfahrt. Cocki schnellte mir voraus, versuchte zunächst hineinzuspringen, gab es aber auf, da die Fenster hochgekurbelt waren, kroch daraufhin unter den Wagen und blökte mich von dort her an.

»Aber sonst geht's dir gut!« sagte ich.

Etwas tippte mich an mein Hosenbein. Es war Peterle, der Männchen machte. Er hatte seine vergnügtesten Murmelaugen und winkte damit gegen die Wagentür. Weffi erschien, ganz geschäftsmäßig mit dem Ball in der Schnauze: »Los, Abfahrt!«

»So!« sagte ich. »Ihr Opportunisten, ihr habt ihn schon völlig annektiert, was? Und das gute Muckelchen vergessen, he?«

Josef kam zur Einfahrt: »Die sind ja zum Brüllen!« sagte er.

»Wann haben Sie denn gemerkt, daß die drei noch im Wagen waren?«

»Als mir Peter plötzlich von hinten um den Hals fiel. Ich hab' mich richtig erschreckt. Mittag haben sie schon zweimal bekommen, einmal beim Herrn Professor und einmal bei mir. Ich bin nämlich schnell mal zu mir nach Hause gefahren, um die drei meiner Wirtin zu zeigen.«

»Na, und was hat die Wirtin zu drei Hunden gesagt?« fragte ich, plötzlich interessiert.

»Joldig, janz joldig, aber haben – nee.«

»Ich fahre Sie bis zur Autobushaltestelle«, sagte ich, »dabei können Sie mir gleich noch ein bißchen den Wagen erklären. Und ihr drei bleibt hier, verstanden?«

Josef überreichte mir feierlich die Schlüssel, beugte sich dann herunter, bekam Cocki am Halsband und streichelte ihn: »Na, nu sei mal schön brav, das nächstemal kommst du ja wieder mit, Dicker!«

Ich ging um den Wagen herum, schloß andächtig die Tür auf und setzte mich hinter das Steuer. Die lange, schimmernde Haube! Hinter mir rülpste etwas. Ich fuhr herum. Da saß der Dicke, offensichtlich mit der inneren Verarbeitung des doppelten Mittagessens beschäftigt, und draußen stand Josef mit dem leeren Halsband in der Hand.

»Na, der is jut, der kann so bleiben!« sagte er.

Ich mußte lachen: »Ich hätte Sie auf seinen Jiu-Jitsu-Trick vorbereiten sollen. Morgens, wenn man ihm das Halsband umbindet, bläht er nämlich seinen Hals ganz dick auf und erreicht damit, daß es ganz weit gesteckt werden muß. Wenn man ihn dann an die Leine nimmt, kann er sich mit irgend so einem ganz besonderen Ruck im Nu 'rausdrehen!«

»Na ja«, sagte Josef, »die Polster müssen Sie ja sowieso wieder sauber machen.«

Er setzte sich neben mich, und bevor er sich noch in den Sitz zurückfallen lassen konnte, waren die beiden anderen auch drin.

Ich hatte den Wagen schon mehrfach gefahren, aber jetzt, da er mir gehörte, war es doch ein ganz anderes Gefühl, besonders, nachdem ich Josef abgesetzt hatte und nun allein mit ihm war. Der unhörbar weiche Lauf der Maschine, der rapide, rucklose Anzug des schweren Sechs-Zylinders, die Weichheit der Bremsen, der viele Raum innen – prächtig. »Weißt du was«, sagte ich zu ihm, »ich werde dich ›Prächtig‹ nennen.«

Als ich wieder in der Garageneinfahrt hielt, geruhten die drei Herren hinter mir endlich auszusteigen und verstreuten sich in der Gegend. Ich holte das Leder und säuberte die Hintersitze. Dann ging ich ins Haus und lud die Gefährtin und die Mama zu einer Probefahrt ein.

»Na??« fragte ich, als wir wieder zu Hause waren.

»Ich fühle mich wie neugeboren«, seufzte Frauchen.

»Und du, Mami?«

»Wie eine Hochstaplerin.«

Dann montierte ich den Kronleuchter und die Gardinenstangen ab. Es wurde dunkel darüber. Dauernd mußte ich an Prächtig denken. Es war grotesk – verrückt, das Ganze. Aber es tat gut. Nach dem Abendessen schlich ich mich wieder in die Garage. Ich strich über die Haube, sie war noch warm. Neben mir ein Geräusch. Peterle. Er verfolgte aufmerksam meine Hantierungen, als könne er meine Gedanken lesen. Dabei hatte er jenen Blick, mit dem er sonst über unsere Köpfe hinweg die Elementargeister sah. Ich strich über die Positionslichter, die in schweren, spitz zulaufenden Chromhülsen steckten. »Fein, was?« sagte ich zu ihm. Er hob das Bein und machte an den Reifen. »Na also«, sagte ich, »Taufe.«

5

Am nächsten Morgen kamen die Möbelleute, fünf Mann hoch mit blauen Schürzen und Gurten. Cocki brüllte sie an, blieb aber dann verdutzt stehen, weil es so viele waren, die sich in das Haus ergossen. Zunächst legten sie auf der hinteren Veranda ein Depot von Bierflaschen, Wurst und Frühstücksbroten an. Als sie sich dann zu einer ersten Besichtigungstour durch das Haus verstreuten, schlich ich mich schnell hinaus und legte alles Eßbare oben auf den Gartentisch. Cocki war schon in der Nähe und hatte interessiert die Stirn gefurcht. Als ich ihm zuvorkam, warf er mir seinen berühmten alten Säuferblick zu und watschelte weg. Noch sein Hinterteil drückte gekränkte Unschuld aus: »Hattest du etwa gedacht, daß . . . ?«

Unter den Händen der Professionals begannen sich Schränke in einzelne Bretter aufzulösen, Sessel wanderten die Treppen hinunter. Leuchter wurden auseinandergeschraubt, unser ganzes Innenleben kam in Bewegung und schwankte zur Tür hinaus. Cocki hatte seinen Beobachtungsposten unter der Kommode bezogen. Weffi legte den Männern abwechselnd sein Bällchen hin und bekam es auch ab und zu geworfen. Peterchen war verschwunden. Ich fand ihn in der allerhintersten Gartenhecke, dort, wo im Frühjahr immer ein paar von mir sehr bewunderte wilde Erdbeeren wuchsen. Er lag dort, zierlich und jämmerlich zugleich, wie ein frischgeworfenes Kitz. Als ich ihn aufstöberte, leckte er sich die Pfoten, als wolle er sagen: »Habe mich zurückgezogen – bißchen Maniküre!« Aber wir brauchten uns beide nichts vorzumachen.

Nach einer knappen Stunde war bereits die Frühstückspause gekommen, die ja von Umzugsleuten mit dem feierlichen Zeremoniell einer japanischen Teestunde begangen wird. Sie setzten sich in der schon etwas dünnen Herbstsonne auf die hintere Veranda, stülpten die Bierflaschen in den Mund und packten das Frühstück aus, das sie mit Taschenmessern in Würfel schnitten. Cocki graste mit dem Ausdruck eines verhungerten Waisenknaben Mann für Mann gewissenhaft ab, schlang mit Todesverachtung Brothäppchen und schielte dabei nach den Wurststücken, die sie sich genüßlich in den Mund schoben, ganz offensichtlich ohne daran zu denken, daß ein Hund auch Wurst frißt.

Ich ging, von Weffi begleitet, nach oben und fand Frauchen, die ihre Koffer packte. Mathilde und die Mama klapperten in der Küche. Dann ging ich schnell zu Prächtig in die Garage, um mich moralisch aufzufrischen. Schließlich wanderte ich wieder nach hinten zur Veranda. Der Himmel war blaßblaue Seide, mit langgeschwungenen Föhnfahnen darin. Aber ich sah ihn nur wie durch eine dicke Glasscheibe. Die Dahlien auf den Beeten – hinten die Rotbuche –, alles wie in einem Traum. Jetzt war auf der Veranda das Frühstück zu Ende. Die Männer standen auf und stampften gewichtig ins Haus zurück. Nur einer blieb zurück und suchte etwas: »Ja mei – da war doch noch die Wurscht –, habt's ihr die Wurscht nöt g'seh'n?« Er erhielt keine Antwort und folgte kopfschüttelnd den anderen. Hinter mir hörte ich es schlappen. Cocki stand am Bassin und soff. Die Wurst schien ziemlich gepfeffert gewesen zu sein.

Jetzt kam auch Peter aus seiner Ecke und steckte neben Cocki seine kleine dunkelrote Zunge in das Wasser. Auch Weffi kam angetrabt, ließ sein Bällchen ins Wasser fallen, wo es hin und her schaukelte, und trank. Die beiden anderen sahen ihn mißbilligend an und drehten ab. Ich blieb noch eine Weile stehen und sah mich um. Am liebsten hätte ich das alles in mein Herz einbrennen mögen. Die letzte Rose, die aussah wie Blut, war nun auch verschwunden. In meinen Eingeweiden fühlte ich mich ganz leer und leicht. Ich ging ins Haus zurück.

Eben kamen die Umzugsmänner aus der oberen Etage, wo sie mit dem Ausräumen fertig waren, in die Diele herunter.

»Gleich mal die Kommode hier!« sagte ihr Anführer, ein Mensch mit Schultern wie ein Berg und einem traurigen Seehundsbart. In diesem Augenblick, wie durch Telepathie herbeigerufen, schoß Cocki aus der Küche, schlidderte unter die Kommode und fuhr von dort mit gefletschten Zähnen gegen die Stiefel der Leute. Der Seehund sah mich an: »Beißt er?«

Ich konnte den Mann nicht leiden in diesem Augenblick. Mich hatte schon den ganzen Morgen die gleichgültige Geschäftsmäßigkeit geärgert, mit der dieser Verein mein Leben auseinandernahm und in eine fahrbare Kiste steckte. Als ob man ein ganzes Leben, ein Leben von sieben Jahren, so einfach wegpacken könnte! Und dann diese flaschenbiersaufende Frühstücksfröhlichkeit inmitten meiner Ruinen. –

»Wenn Sie 'runterfassen, beißt er natürlich!« sagte ich spitz. Aber dann riß ich mich zusammen: Was erwartest du eigentlich, Idiot? Daß sie in Tränen ausbrechen, wenn sie deine Klamotten schleppen? Ich räusperte mich: »Aber Sie brauchen bloß die Kommode anzuheben. Sobald er nichts mehr über sich hat, ist er friedlich.«

Der Große grinste: »Seine Höhle, was?«

»Woher wissen Sie das? Haben Sie auch Hunde?«

»Einen, 'nen Schäferspitz. Nich so 'nen echten, aber treu! Und klug is der, kann ich Ihnen sagen!«

Plötzlich wurde mir der Seehund sympathisch. Er und ein kleiner Dünner mit einem Glasauge hoben die Kommode vorsichtig an. Cockis Gebrüll steigerte sich zur Raserei. Er hatte Schaum vor dem Maul. Noch nie war er so wütend gewesen, und er hatte mir doch schon allerhand Wutanfälle vorgeführt.

Die Männer schwenkten die Kommode herum, und mit einem Ruck war Cocki still. Wo eben noch seine Höhle stand, gab's jetzt nur noch Luft und einen hellen Fleck an der Wand. Zwei verschimmelte Knochen lagen kahl und unmotiviert an der Fußleiste zwischen grauen Staubflocken. Cocki ließ die gesträubten Stirnhaare herunter, legte die Ohren nach hinten und roch an den Knochen. Dann wandte er sich um und warf mir einen halb ratlosen, halb verachtenden Blick zu: »Und das hast du erlaubt!« Er watschelte in die Küche zurück. Ich starrte ihm lange nach. Ja, so ging es, wenn man stürzte. Der eigene Hund verachtete mich.

Die Männer begannen jetzt das Gesellschaftszimmer auszuräumen. Die Gefährtin rief mich: »Sieh zu, daß sie die Bilder richtig in den Wagen stellen und daß nichts Schweres auf meinen Toilettentisch kommt, sonst bricht die Glasplatte.«

Ich ging hinaus zum Wagen. Innen drin waren sie mit dem Verstauen nicht ganz mitgekommen. Mehrere Möbel standen noch auf der Straße, darunter das große schwarze Sofa aus dem Gesellschaftszimmer. Und auf dem Sofa – auf seinem Sofa –, ganz zusammengekringelt, mit jammervollen Negeraugen: Peterchen.

»Warum bist du denn nicht hinten im Garten geblieben?« fragte ich ihn. Er seufzte nur, ganz schwer, aus der letzten Falte seines Herzens.

»So«, sagte der Große, »weiter, das Sofa hier!« Er sah Peterchen. »Ja, du mußt aber hier 'runter, Kleiner!« Peter rührte sich nicht, preßte sich nur noch fester in seine Ecke. Da beugte sich der Große nieder, packte ihn mit seinen beiden Bratpfannenhänden ganz vorsichtig wie eine zerbrechliche Vase, hob ihn hoch und setzte ihn sanft auf die Erde. Peter war so verdutzt, daß er zu strampeln und zu fauchen vergaß, was er sonst bei der Berührung durch einen Fremden unweigerlich tat. Er setzte sich neben meinen Fuß und duldete es sogar, daß der Große ihm über die Locke strich.

Ich räusperte mich: »Ach – kommen Sie doch bitte mal 'n Augenblick herein!«

Der Große folgte mir sichtlich verwundert. Drin holte ich die Cognacflasche aus der Ecke, und da verstand er sofort. Wir bliesen gemeinsam das letzte Viertel aus. Er wischte sich über den Seehundsbart und seufzte: »Guter Stoff!« Dann sah er sich in dem leeren Zimmer um und steckte mir die rechte Bratpfanne hin: »Na, dann wünsche ich Ihnen, daß Sie bald wieder so was finden, schon wegen der Hundchen!«

»Danke.«

»In zehn Minuten sind wir fertig.«

»Gut.«

Kurz vor dem Mittagessen waren wir allein. Gedeckt wurde auf einer großen Kiste, um die wir auf jenen alten, eisernen Gartenstühlen saßen, die schon der Vormieter voller Verachtung im Keller hatte stehenlassen. Peterle hatte sich wieder in seine Gartenecke verkrochen. Ich brachte ihm seinen Napf dorthin, aber er wich angewidert davor zurück. Cocki hatte seinen großen Tag. Nach dem Motto: »Weiß ich, was ich in mei' Schmerz tu?« leerte er nach seinem eigenen auch noch Peterles Napf und den halben von Weffi, der ebenfalls wenig Appetit zeigte und darauf bestand, dauernd meinen Schoß zu verzieren. Wir unterhielten uns krampfhaft über die Dinge, die zunächst getan werden mußten.

»Hast du fertig gepackt, Frauchen?«

»Ja.«

»Auch wirklich alles? Der Zug fährt in fünfzig Minuten.«

»Ja, natürlich. Wo werdet ihr schlafen?«

»Mathilde in der Küche auf der Matratze, die Mama und ich auf den Klappbetten.«

»Und was wird mit den Hunden? Wir wissen noch immer nicht, was wir mit ihnen machen sollen!«

»Ich werde versuchen, auf alle Fälle Cocki bei den Gutknechts zu parken. Er ist der schwierigste, aber innerlich am robustesten.«

»Dann würde ich jetzt Gutknechts anrufen. Ich kann dann beruhigter fahren, wenn ich weiß, daß sie ihn nehmen.«

Ich dachte einen Moment nach: »Ich weiß nicht recht . . . Nein, das werde ich nicht machen. Die Leute haben oft merkwürdige Hemmungen, wenn sie sich zu etwas entschließen sollen. Ich überrumple sie einfach, fahre morgen bei ihnen vorbei und nehme den Dicken gleich mit.«

Frauchen stocherte in den Resten der drei Fleischstückchen herum, die sie sich anstandshalber auf den Teller gelegt hatte. »Wie du meinst. Sie haben sich übrigens gar nicht gemeldet in den letzten Tagen.«

»Sicher aus Delikatesse. Stell dir vor, sie wären in unserer Situation, dann würden wir auch nicht dauernd bei ihnen herumwimmeln.«

»Quatsch!« sagte plötzlich die Mama. »Sie sind ja im Anfang immer hergekommen, solange es noch was zu erben gab. Allein die Einmachgläser! Ihr werdet ja sehen, was sie euch erzählen, wenn ihr jetzt mal was von ihnen wollt.«

Frauchen verstaute ihr Stück Fleisch in Weffis Kastenmaul, wo es umständlich herumgeworfen wurde, als sei es aus Eisenbeton. »Du bist ungerecht, Mami. Bisher können wir uns wirklich nicht beklagen, denke an Paul.«

»Der spinnt. Alle Junggesellen spinnen. Aber nicht die Gutknechts.«

»Ich glaube, du mußt dich jetzt fertigmachen«, sagte ich zu
Frauchen.

Wie auf Kommando sahen wir uns in dem Raum um. Überall
jetzt die hellen Flecken auf der Tapete. Das Eßzimmer, in dem wir
saßen, und das Gesellschaftszimmer nebenan sahen noch größer
aus als sonst. In der einen Ecke stand noch die Leiter zum Abneh-
men der Gardinen, eine Schachtel mit Nägeln und ein Hammer
daneben. Überall Papierfetzen und Holzwolle. Der Garten draußen versank plötzlich in Schatten, als ob ein Vorhang fiele. Eine
Wolke zog wohl vor die Sonne. Sie stand auf: »Mathilde muß
dann noch alles saubermachen.«

»Natürlich«, sagte die Mama, die auch aufgestanden war. Dann
fiel sie ihr um den Hals und schluchzte: »Mein armes Kind!«

»Hör auf, bitte!« sagte die Gefährtin und weinte auch.

Ich rannte schnell aus dem Zimmer und fuhr Prächtig vor.
Schon beim Anlassen hatte ich alle drei Hunde hinten drin. Dann
ging ich ins Haus und holte Frauchens Koffer. Sie nahm gerade
Abschied von Mathilde. Auch die heulte. Als ich heraufkam, ging
sie taktvoll aus dem Zimmer. Frauchen und ich standen uns in
ihrem Schlafzimmer gegenüber. Ich nahm sie um die Schultern,
und wir standen und starrten einen Augenblick lang, der einer
Ewigkeit glich, auf ihren Balkon. Dort wurden die Blätter des
wilden Weins schon bunt. Dann wandte sie sich zu mir um: »Vergiß nicht, ein sauberes Hemd anzuziehen, wenn du morgen zu
Gutknechts fährst.«

»Nein.«

»Und pack die langen Unterhosen gleich obenauf, wenn ihr
fahrt. Es wird kühl sein im Gebirge.«

»Ja.«

»Du schreibst mir gleich?«

»Natürlich. Aber ängstige dich nicht, wenn du mal keine Post bekommst, du weißt, wie das ist.«

»Laß uns jetzt ganz schnell fahren.«

»Ja.«

Sie strich über die Zentralheizung, das einzig Möbelähnliche, das in dem leeren Raum noch geblieben war, nahm ihren Handkoffer und rannte die Treppe hinunter, als sei der Teufel hinter ihr her.

Ich brachte sie zum Zug. Sie bestand darauf, daß ich wegging, ehe er abfuhr. Als ich zum Wagen zurückkam, sahen mich sechs Augen – vier braune und zwei goldene – befremdet und vorwurfsvoll an. »Ja, ihr müßt euch mal eine Weile mit Herrchen allein begnügen«, sagte ich. Aber die Augen blieben unverwandt auf mir. Ich setzte mich hinter dem Steuer zurecht. Warum war denn die Scheibe so trüb? Ich schnaubte mich und wischte mir schnell über die Augen. Da war sie wieder klar.

Plötzlich fiel mir etwas ein: Ich konnte ja auch ebensogut jetzt gleich zu den Gutknechts fahren. So gewann ich Zeit, und es drängte sich nicht alles auf den letzten Tag zusammen. Ich fuhr langsam und beklommen. Die Gefährtin war nicht mehr da. Sie war ein Schild gewesen vor der Welt, selbst als sie da lag, bandagiert und hilflos. Die Stadt erschien mir plötzlich wieder fremd und feindselig. Sie hatte mich zur Strecke gebracht und stieß mich jetzt aus. Nichts hatte sie mir gelassen als mein rollendes Häuschen und die drei Lümmel. Ich tat mir ungeheuer leid, und das wiederum tat mir so wohl, daß ich fast getröstet war, als ich vor Gutknechts Haus parkte. Dann aber überlegte ich es mir anders: Lieber in der Nebenstraße parken, damit er meinen neuen Wagen nicht sieht. Weffi und Peter unten lassen, um ihn nicht zu verwirren. – Die beiden waren natürlich kreuzunglücklich. Als ich mich noch mal umwandte, starrten sie mir durch die Scheibe nach, Kopf an Kopf, schwarz und weiß.

Ich klingelte, Max öffnete. Er sah klein, grau und verbissen aus.

»Ach, du bist es«, sagte er ziemlich trocken. Vielleicht hatte er gerade sein Mittagsschläfchen gehalten – daran hätte ich natürlich denken sollen.

»Prost Neujahr!« sagte ich ungeheuer fröhlich. »Cocki, gib Onkel die Hand! Ottilie auch da?«

Sie erschien in diesem Moment, rauschte mir tragisch entgegen wie eine Wagner-Sängerin: »Wie geht's euch denn?«

»Na danke, gemischt. Wir haben heute vormittag die letzten Brocken in Richtung Speicher verfrachtet, und eben habe ich die Meine in den Zug gesetzt.«

»Möchtest du nicht 'n bißchen 'reinkommen?« fragte Max. (Bißchen? Hm.) Laut sagte ich: »Was sonst? Dachtest du, wir sind gekommen, um deinen Flur anzusehen? Hast du, zum Donnerwetter, 'ne Tasse Kaffee für 'nen alten Obdachlosen?«

Ich nahm ihn um die Schulter, Ottilie unter den Arm, und so gingen wir ins Speisezimmer. Cocki war derweilen wie immer in die Küche gewandert. Bisher, wenn ich ihn zu Max mitnahm, war er dort von der Maid namens Christine maßlos verwöhnt worden. Jetzt jedoch, als wir uns ins Speisezimmer wälzten, öffnete sich die Küchentür, und Cocki wurde gewissermaßen pneumatisch herausbefördert, mit Christines Schuhsohle an seinem Schwanzfragment.

In mir schoß plötzlich heiße Wut hoch: »Nanu? Christine, schlechte Laune heute?«

»Sie hatte wohl gerade die Küche sauber«, meinte Ottilie hastig.

»Deshalb braucht sie ihn nicht zu treten. Bisher hat sie ihn verwöhnt. Er kann doch nicht ahnen, daß es plötzlich anders ist.«

»Du kennst doch die Frauen«, schaltete sich Max ein. »Außerdem hat es viel zu tun, das Mädel.«

»Ja wirklich, sehr viel zu tun, das arme Mädel«, echote Ottilie. Sie blickte an mir vorbei und schnaufte durch die Nase. Ich folgte ihrem Blick und sah den Dicken, der es sich wie immer in dem Ledersessel mit den Stickkissen gemütlich gemacht hatte. Er lag da, majestätisch hingegossen, mehr denn je einem kleinen Löwen ähnlich, und ließ die Augen über den Tisch hin und her wandern. Dann blickte er mich an: »Sorge dafür, daß die Bande bald mit dem Kuchen 'rüberkommt!«

»Möchtest du dich nicht setzen? Cocki hat sich's ja schon bequem gemacht«, sagte Ottilie. (Sonst pflegte sie sich mit knarrendem Fischbeingerüst vor dem Sessel niederzuknien und Cockis Seidentatzen zärtlich an ihr Doppelkinn zu legen.)

»Stammgastmanieren«, sagte ich kurz. »Aber hört mal, Kinder, vielleicht kommen wir euch nicht recht? Dann sagt's!«

»Aber keineswegs«, meinte Max ohne jede Überzeugung.

»Vielleicht habe ich dich gerade beim Mittagschlaf gestört?«

»Ach wo, wo denkst du denn hin, lieber Hans, ich habe ja soviel zu tun!«

»Ja, soviel zu tun!« echote Ottilie.

»Hier, setz dich, lieber Hans«, sagte Max, »auf deinen gewohnten Platz! Der Kaffee kommt gleich, und Kuchen haben wir auch.«

»Noch von gestern«, meinte Ottilie.

Etwas plumpste auf die Erde, daß das Kristall auf dem Büfett klirrte. Cocki hatte was von Kuchen gehört. Wir produzierten einen solchen Unterhaltungskrampf, daß mir die Kinnbacken weh taten. (›Lieber Hans!‹ Sonst hatten wir den Old-boy-Ton unter uns kultiviert. Er pflegte mir auf die Schulter zu hauen: »Na, du alter Tintenkuli, du verrückter, kaufen sie dir noch immer deinen Schund ab?«, und ich pflegte darauf zu erwidern: »Na, noch nicht im Zuchthaus, alter Roßtäuscher?« ›Lieber Hans!‹ Als ob ich die Krätze hätte oder fünfhundert Mark von ihnen gepumpt und um Prolongation bäte!)

Endlich erschien Christine mit Kaffee und Kuchen. Ich faßte sie scharf ins Auge, und sie errötete. Wenigstens noch ein Mensch,

82

der sich schämen konnte in diesem Laden. Der Kaffee schmeckte mir wie Abwaschwasser und der Kuchen wie Galle. Ach, Cocki, was tue ich nicht für dich! Er richtete sich gerade an Max hoch, kratzte in altbewährtem Vertrauen sein Hosenbein und leckte sich erwartungsvoll die Katerborsten.

»Nein, das geht aber nicht, Cocki!« sagte Max, packte die Tatzen und warf sie weg. Ja – er warf sie weg, wie man einen Schmutz wegwirft. Cocki saß einen Augenblick verdutzt auf dem Hinterteil. Dann trat ein ganz seltsamer Ausdruck in seine Augen, die er unverwandt auf Max geheftet hielt. Ich kann diesen Ausdruck nicht beschreiben, aber er war so, daß ich hoch über mir die Räder der himmlischen Registrierkasse klicken und eine große Minussumme auf Maxens Konto buchen hörte.

»Wir haben dauernd an euch denken müssen«, sagte Ottilie schnell. Offenbar hatte sie Angst, es ganz mit mir zu verderben – falls doch noch mal ein Propagandaartikel für ihren Wasserzwerg nötig war. Und mit so was hatten wir unter unserer Linde bei einem alten Rotwein gesessen und über Buddha und das Atomzeitalter gesprochen! –

»Besonders wegen der Hundchen!« hörte ich ganz von fern Ottilies Stimme. Mit einem Ruck war ich wieder bei mir. Wegen der Hundchen. Vielleicht hatte ich mich doch getäuscht! Man redet sich so leicht in Wut und Enttäuschung hinein, wenn man nicht in Form ist.

»Ja, und besonders wegen Cocki!« sagte Max. »Die beiden anderen sind ja leicht unterzubringen, aber unser lieber Schwerenöter hier ...« Er streichelte den Kopf des Löwen, der sich an meinen Stuhl gepreßt hatte. Der Dicke sah ihn erstaunt an und kniff dann neckisch ein Auge gegen ihn zu. In mir löste es sich. Gott sei Dank, da hatte ich mir also alles eingebildet. Meine verdammte Phantasie, Arm in Arm mit dem mütterlichen Pessimismus, war wieder mal mit mir durchgegangen.

»Ja«, sagte ich, »Cocki ist das Problem. Aber ihr wißt ja, wie goldig er ist, wenn man Humor hat und ihn versteht.«

»Eben – eben«, sagte Max abwesend und suchte in seinen Taschen. »Wo habe ich denn das hingelegt, Ottilie, du hast doch den Schreibtisch sauber gemacht?«

Sie versicherte, daß sie das niemals wagen würde, auch nur so am Rande herumzuwischen: »Ich weiß doch, wie du dich damit hast.«

Schließlich fand er es in der Brieftasche, ein kleines Stück Papier, setzte sich die Brille auf, studierte es ehrfürchtig, wie eine Kostbarkeit, und reichte es mir dann herüber: »Ich glaube, lieber Hans, das löst das Problem. Ich habe es extra für dich ausgeschnitten. Na – was sagst du?«

Ich starrte verblüfft auf das Papier. Es war ein Zeitungsausschnitt. Ein Inserat:

Wo bleibt dein Hund?

Müller am Thal. Die erstklassige Hundepension für beliebige Zeitdauer. Pensionspreis von 1.50 bis 5.– DM. Einzel- und Gemeinschaftskäfige. Großer Auslauf. Sachverständige Behandlung. Ärztliche Betreuung.

Als ich wieder zu mir kam, merkte ich, daß ich während der ganzen Zeit, in der mein Seelenschubfach mit der Aufschrift ›Gutknecht‹ endgültig in Stücke ging, Cockis Kopf gestreichelt hatte.

Ich faltete das Papier zusammen: »Auf jeden Fall werde ich das mal behalten. Als Erinnerungsstütze – sozusagen.«

Was war in meinem Gesicht, daß die beiden plötzlich so erschraken?

Ich sah auf die Uhr: »Also Kinder, ich danke für die diversen Genüsse – und Aufschlüsse – reimt sich sogar. Wir müssen jetzt weiter.« Ich stand auf.

»Hier, Cocki«, sagte Max, »noch 'n Stückchen Kuchen auf den Weg.«

Ich hielt seine Hand fest: »Bitte nicht, er hat schon zweimal heute Mittag gefressen.«

»Du schreibst doch?« fragte Ottilie, als ich die Klinke in der Hand hatte.

»Natürlich«, sagte ich, »– Bücher hoffentlich.«

Max schüttelte meine Hand: »Hahaha – dein Humor – dein goldener Humor!«

Ich feixte ebenso pseudo-herzlich zurück, während alles in mir danach schrie, diese Pesthöhle der geschminkten Herzlosigkeit hinter mich zu bringen: »Golden? Na, sagen wir – Doublé – im Augenblick.«

Ich hatte noch nicht drei Stufen hinter mir, da schloß sich oben die Tür, und die Kette wurde vorgehängt. Sie hatte sich in ihrer Plüschburg verschanzt, die Bande. Ich ging noch den Treppenabsatz zu Ende hinunter und setzte mich dann hin. Cocki war mir unwillig gefolgt und hatte mehrmals zwischen der geschlossenen Tür und mir hin und her geblickt: »Haben wir nicht was vergessen? Ein gewisses Stück Kuchen zum Beispiel?«

Jetzt stand er auf der Stufe über mir. Ich zog seinen Kopf an mein Gesicht: Hundepension! Mein Löwe! Sachverständige Behandlung! Wie behandelt man Seidenlöwen mit Diktatorenherzen sachverständig? Indem man ihnen das Löwenherz bricht? Kommt nicht in Frage!

Es kam jemand die Treppe herauf. Ich stand schnell auf. Mein Rücken schmerzte, und meine Knie waren weich.

6

Als ich mit Cocki wieder vor der Haustür stand, war mir übel. Es war, so stellte ich durch Selbstanalyse fest, Menschenekel und – noch mehr – Angst vor der Zukunft. Bisher war ich immer gerade noch so weggekommen. Wenn eine Sache nicht mehr zog, stellte sich stets rechtzeitig die nächste ein und trug mich ein Stück weiter.

Ein Ruck brachte mich zur Besinnung. Cocki, des Angeleintseins völlig ungewohnt, betrachtete mich als lästiges Anhängsel, das man mit Brachialgewalt zu all den aufregend riechenden Plätzen ringsum schleppen mußte. Da war zum Beispiel gleich dieser Stein am nächsten Hauseingang. –

»Komm, Dicker«, sagte ich, »wir müssen weiter, die beiden anderen warten im Wagen auf uns.«

Er sah nicht mal auf. Die massive Nase an den Steinpfosten geklebt, blieb er in einem Riechen.

»Hör zu«, sagte ich, »wir wollen in unser Haus, in unsere Höhle! Herrchen will in seine Höhle! Auch wenn sie leer ist und wir sie nur noch eine Nacht haben!«

Er kratzte mit der Tatze am Stein, was mich mit Hoffnung erfüllte. Gewöhnlich war dies das vorletzte Stadium der Zeremonie. Tatsächlich hob er auch das Bein, um das Genossene zu quittieren. Dann aber fing er mit dem Gerieche von vorn an.

»Also jetzt ist Schluß!« erklärte ich und zerrte an der Leine. Er stemmte sich dagegen, drehte den Kopf mit einem Ruck aus dem Halsband und roch weiter. Ich legte ihm das Halsband wieder an, diesmal zwei Löcher enger. Dann warf ich mich ins Geschirr wie ein Wolgaschiffer. Als er merkte, daß er den Kopf nicht herausbekam, schmiß er sich hin und ließ sich wie ein ungezogenes Kind über das Pflaster schleifen.

»Sie! Das ist Tierquälerei!« sagte eine Stimme neben mir. Es war eine entschlossen aussehende Dame mit gewaltigem Busen, flachem Hut und noch flacheren Absätzen.

»Kümmern Sie sich um Ihre eigenen Sachen!« entgegnete ich wütend.

Ihr Busen wuchs mir bedrohlich entgegen: »Ich bin im Tierschutzverein!«

»Ich auch.« Damit beugte ich mich nieder, lud mir achtundvierzig Pfund Springer-Cocker auf den Arm und wankte damit um die Ecke zum Wagen. Nach zwanzig Schritten taten mir die Arme so weh, daß sie ganz steif waren, und je steifer sie wurden, desto glitschiger wurde der Dicke. Wenn er nicht auf dem Arm bleiben wollte – und das wollte er nie –, konnte er seine Knochen auf mysteriöse Weise in Gallert verwandeln. Er war eine einzige seidenweiche, schlüpfrige Masse, die einem überall heraus- und herunterfloß.

Ich blieb pustend stehen: »Wenn du jetzt nicht artig bist, Lümmel!«

Er hatte die dicke Schnute ganz breit gequetscht auf der weißseidenen Zottelbrust und blickte mich mit scheinheiligem Vorwurf an: »Was willst du denn? Mache ich irgendwas?«

Die Knudelpfoten hingen ihm vorn herunter, und die langen goldenen Ohren flossen über meinen Arm. Da übermannte es mich, und ich knutschte ihn direkt auf die dicke Flappe: »Scheißkerl!«

Jemand tippte mich auf den Arm: »Sie – davon bekommen Sie Würmer!« Es war ein kleiner, dürrer Mann mit spitzer Nase und einem breitkrempigen Hut, der seine Ohren umbog.

»Das weiß ich«, sagte ich, »aber die brauche ich zum Angeln.«

Dem Mann fiel der Unterkiefer herunter. Ich packte mein Fellbündel wieder auf Schulterhöhe und wankte weiter. Gerade, als ich am Wagen ankam, floß mir der Dicke aus den völlig erstarrten Armen. Sobald ich die Wagentür öffnete, schoß Weffi wie ein Blitz heraus. Er stellte seine Belle an, daß mir sämtliche Gedanken entschwanden, und biß mich in die Schuhe. Dann sah er einen Rehpinscher im Schlepptau einer alten Dame mit Schirm. Der Rehpinscher hatte ein Halsband mit Glöckchen um und eine blaue Decke auf dem Rücken. Weffi roch ihm in die Schnauze, worauf der Rehpinscher stehenblieb, die Augen herausdrehte und zu zittern begann. Weffi beschnupperte erstaunt seine Decke, roch ihm am Gegenteil, das postgelb gefärbt war, und klemmte ihn sich dann entschlossen unter. Der Rehpinscher schrie wie am Spieß. Auch die Dame schrie: »Wirst du wohl ...« Und damit schwang sie den Schirm. Weffi floh, von Panik erfaßt, wild in die Gegend, prallte gegen die Schienbeine eines Herrn, der seine Aktentasche fallen ließ, und raste dann auf den Damm. Ein Lieferwagen bremste mit quietschenden Reifen. Der Chauffeur gebrauchte eine große Anzahl volkstümlicher Ausdrücke. Ich raste hinterher, Weffi floh in meine Arme, er zitterte, der Chauffeur schimpfte noch lauter, Leute sammelten sich an.

»Wir leben sonst auf dem Lande«, sagte ich ziemlich lahm.

»Da gehörst du auch hin, Depp, blöder!« erklärte abschließend der Chauffeur und fuhr weiter. Ich stopfte Weffi in den Wagen, wischte mir den Schweiß von der Stirn und schaute mich dann nach dem Rest meines Zoos um.

Das erste, was ich sah, war Cocki, der gerade an der Kartoffelkiste eines Gemüseladens das Bein hob. Während er es tat, fixierte er sehr interessiert eine Markttasche, die jemand neben der Kiste abgestellt hatte. Gerade als ich hinkam, war er mit der Kartoffelbewässerung fertig und steckte den Kopf in die Tasche. Ich hob ihn hoch, er knurrte. Da flog er schon aufs Wagenpolster. Das Polster sah aus! Als ich die Tür zuwarf, brüllte er wütend hinter mir her. Weffi – wie üblich völlig ahnungslos – kläffte sicherheitshalber mit. Wo war denn nun Peter?

Er saß zehn Meter weiter auf dem Bürgersteig und machte ein Würstchen. Dabei sah er wie gewöhnlich besonders jämmerlich aus. Während ich mich bückte, um ihn an die Leine zu legen, sagte ein wohlwollend aussehender dicker Herr: »Lassen Sie das nicht den Polizisten sehen.«

Ich zerrte die auf den Hinterbeinen rutschende Jammergestalt auf den Damm. Während die Prozedur dort weiterging, tauchte tatsächlich das Auge des Gesetzes auf. Es musterte streng den Vorgang, räusperte sich dann und sagte: »Das ist Verkehrsbehinderung!«

»Aber, wo soll er denn? Auf dem Bürgersteig darf er nicht, auf dem Damm ist's Verkehrsbehinderung – wofür zahle ich eigentlich Hundesteuer?«

»Ziehen Sie ihn mehr an den Rand!«

Noch mal ziehen! Ich blickte auf das schwarze Fragezeichen, das mich seinerseits mit gequälten Augen ansah. Außerdem war es auch noch eine schwierige Sache, bei der ihm die dürftigen Hosen zitterten, während er am Kopfende angestrengt hechelte. Ich zog, er sperrte sich. Da kam ein Lastwagen vorbei. Und im Augenblick, da die großen Räder an ihm vorüberdröhnten, schrie er vor Entsetzen auf, warf den ganzen Ballast mit einem Ruck ab und zerrte mich winselnd in Richtung Wagen.

Das Auge des Gesetzes musterte das vollendete Werk und schien im Zweifel, ob es nicht sein Notizbuch zücken sollte. Peter und ich krochen schnell in den Wagen, ich ließ an und fuhr los. Nur weg von hier!

Zwei Straßen weiter hielt ich und legte erst mal einen Moment den Kopf aufs Steuer, um meine Seelenknochen zu sammeln. Dann drehte ich mich um. Weffi sprang zu mir nach vorn und schlotterte mit den Vorderbeinen.

Weffi! Ich zog ihn an mich: »Jetzt müssen wir's eben mit dir versuchen, mein Holzpferdchen, mein geliebtes. So geht's eben nicht mit euch dreien, das mußt du doch einsehen! Und du bist so'n kleines Schäfchen, das zu jedem lieb ist. Vielleicht ist es leichter mit dir als mit Cocki. Wer nimmt schon so'nen wilden Mann! Und es ist ja auch bloß für kurze Zeit. Die Wesselys werden dich nehmen. Aber die werde ich nicht überraschen, sondern Renate vorher anrufen. Die gute Tante Renate, weißt du, die dich so liebt!«

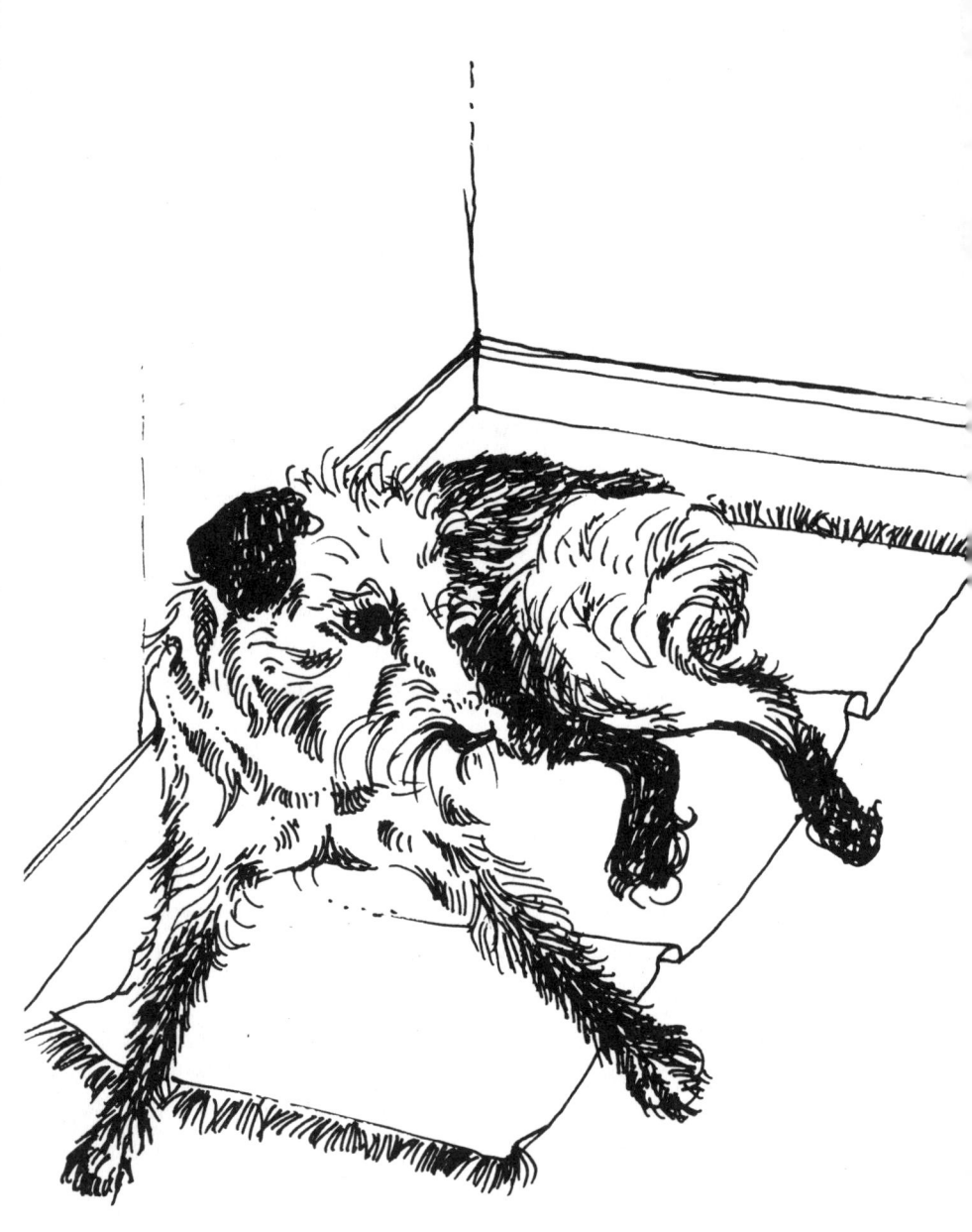

Da war ja auch gerade eine Telefonzelle. Ich stieg aus, fing Weffi ab, der hinter mir herschießen wollte, und ging dann in die Zelle. Renate war am Apparat: »Das ist aber nett, Hannes, daß du anrufst! Wir haben gerade gestern von dir gesprochen!«

Wie mir die Wärme ihres Tones guttat. »Das ist lieb von dir, Renatchen, hör mal zu ...«

»Du, Hannes, behalte mal, was du sagen wolltest. Ach, du mußt unbedingt herkommen, gleich, ja?«

»Gewiß, aber – ich meine ...«

»Du – ach, ich muß es dir gleich sagen. Eigentlich sollte es ja 'ne Überraschung sein. ›Was wird der Hannes nur für Augen machen!‹ hab' ich zu Stefan gesagt. Du – wir haben einen Hund!«

»Einen ...« Ich fühlte, wie mir wieder übel wurde.

»Ja, seit drei Tagen schon. Einen Pudel! Willibald heißt er! Der süßeste Pudel, den du dir denken kannst! Anderthalb Jahre, ein Mordskerl! Was macht denn die Deine?«

»Ich habe sie eben zur Bahn gebracht.«

»Ach Gott, ihr zieht ja morgen! Daran habe ich gar nicht gedacht! Armer Kerl! Jetzt mußt du aber gleich herkommen – gleich, ich muß dich trösten!«

»Gut, ich bin in zehn Minuten bei dir. Hör mal, sperr doch den Willibald ein, wenn ich komme. Ich habe Weffi bei mir.«

»Weffi, der süße – wo läßt du ihn denn?«

»Darüber wollte ich ja eben mit dir reden – also bis gleich!«

Ich hängte schnell auf. Als ich wieder im Wagen war, nahm ich Weffi auf den Schoß: »Also, mein kleines Holzpferdchen, da ist schon wieder 'ne Komplikation! Aber du wirst dich mit Willibald vertragen, nicht wahr? An dir wird's nicht liegen, das weiß ich. Und wenn ihr euch anfreundet und du für die Zeit, wo Herrchen nicht bei dir ist, einen Kameraden hättest – wär das nicht fein?«

Bei ›fein‹ spitzte er die Ohren und sah mich mit glänzenden Augen an.

Renate öffnete, beugte sich zu Weffi nieder und nahm ihn auf den Arm: »Ach, mein süßer Struppeldipubbel!« Weffi leckte sie am Ohr und hechelte vergnügt. Dann legte er den Kopf schief, denn hinter der Tür zum Bad tobte Willibald. Er kratzte, weinte und bellte abwechselnd. Weffi sprang von Renates Arm und beschnüffelte den Türritz. Renate gab mir einen Kuß: »Na, Strohwitwer? Was machst du denn für'n Beerdigungsgesicht? Ich dachte, du kommst hier an mit 'm Hut im Genick und 'ner Stichflamme! Na, komm mal 'rein, du siehst aus, als ob du einen Cognac brauchst!«

»Das ist das erlösende Wort!«

»Na also. Meinst du, ich kann Willibald 'rauslassen?«

»Probieren wir's. Wenn's was gibt, stürzt sich jeder auf seinen. Außerdem – warte mal –, füll auf jeden Fall einen Eimer mit Wasser.«

»Warum denn?«

»Zum Rübergießen, wenn wir sie anders nicht auseinanderbekommen.«

Wir füllten gemeinsam den Wassereimer, dann machte Renate die Badezimmertür auf. Etwas Großes, Schwarzes mit langen Hosen und einer ganz hohen Stirn schoß daraus hervor, sprang an Frauchen hoch und stutzte dann, als es Weffi sah.

»Schön artig, Willibald«, sagte Renate beschwörend, »schön artig!«

»Laß mal – sei ganz still. Wir wollen so tun, als ob wir sie gar nicht beachten.«

»Na gut, verlegen wir den Kriegsschauplatz ins Zimmer, setz dich auf die Couch, ich hole den Cognac.«

»Einverstanden.«

Auf dem Teppich vor uns beschnüffelten sich die beiden Hunde mit aufgestellten Schwänzen. Weffi schlotterte dabei mit den Vorderbeinen, während mich seine stillen braunen Augen fragend ansahen: »Was ist denn das für 'ne Veranstaltung?«

Wir nahmen den Cognac in Angriff und stießen die Schalen gegeneinander. »Ist er nicht bildschön?« fragte Renate.

»Ja, ein Prachtkerl! Seine Augen erinnern mich an Peterchen. Nicht locken, Renate, sonst gibt's Eifersucht. Wir wollen uns unterhalten. Wo ist Stefan?«

»In der Galerie. Ich hoffe, er kommt bald. Du bleibst doch?«

»Lange nicht, mein Kind, ich muß die Mama trösten.«

»Also, zunächst erzähle mal, was los ist!«

Da erzählte ich ihr alles, was ich auf dem Herzen hatte. Es tat mir wohl, und Renate verstand es. Sie und Stefan hatten ebensolche Zeiten des Auf und Ab mitgemacht.

»Gräm dich nicht über die Gutknechts«, sagte sie, »je eher man entdeckt, welche Leute man abschreiben muß, desto besser. Und mach dir keine Sorgen wegen Weffi. Wenn sie sich einigermaßen vertragen, behalte ich ihn, bis du ihn wieder abholst. Es ist überhaupt keine Last für mich. Im Gegenteil – wenn ich mir vorstelle, daß ich mit zwei so Süßen spazierengehe –, da, sieh mal!«

Willibald roch Weffi umständlich an der Schnauze. Dann legte er ihm den Kopf auf den Rücken: »Ich bin der Herr hier!« Weffi wedelte verbindlich: »Ich erkenne dich als Herrn an!«

»Scheint ja zu klappen!« meinte Renate. »Jetzt werde ich dir Kaffee machen. Kommst du mit in die Küche?«

»Meinst du, man kann sie schon allein lassen? An sich habe ich ja schon Kaffee getrunken.«

»Das war Gutknechtscher, der zählt nicht. Wir lassen die Tür auf, komm.«

Weffi kam mit, sah uns eine Weile zu und trippelte dann wieder zu Willibald ins Zimmer.

»Du mußt darauf achten«, sagte ich zu Renate, »daß sie beim Fressen getrennt sind, wenigstens am Anfang. Ich bringe dir morgen den Napf. Viel Gemüse für beide, geriebene rohe Mohrrüben, morgens und abends die Äugelchen auswissen, fleißig bürsten und kämmen. Ich bring' dir auch Puder und Salbe, wenn einer mal'n Ekzem hat.«

In diesem Augenblick hörten wir ein Geräusch aus dem Zimmer, ein Knurren. Dann ein Wutröcheln. »Schnell – Renate!«

Wir stürzten aus der Küche, aber es war schon zu spät. Ich weiß nicht, weshalb der Kampf ausgebrochen war. Jedenfalls wälzte sich ein fauchendes, beißendes schwarzweißes Bündel auf dem Teppich. Ich packte die beiden am Genick und riß sie auseinander. Dann aber entschlüpfte mir Willibald und biß sich an Weffis Schenkel fest, den ich hochgerissen hatte. Weffi schrie auf, Renate stand da, die Hand vor den Mund geschlagen, unfähig, sich zu bewegen. So mußte ich Weffi wieder loslassen, damit er sich verteidigen konnte.

»Schnell den Eimer!« schrie ich. Das brachte sie zur Besinnung, und sie rannte in die Küche. Derweilen hatte Willibald Weffi unter sich und grub seine Zähne in sein Genick. Weffi warf sich herum, kam wieder auf die Beine und packte Willibald am Ohr. Der schüttelte ihn ab, sprang nach und warf Weffi abermals um. Der aber packte ihn von unten her am Vorderbein. Jetzt schrie Willibald auf. Ich tanzte hilflos um die beiden herum wie ein Indianer am Lagerfeuer. Schließlich warf ich mich auf die Knie, um sie besser fassen zu können. In diesem Augenblick ging eine eiskalte Sturzflut nieder, hauptsächlich auf mich. Aber es blieb noch genug für die Hunde übrig. Sie keuchten, gurgelten und ließen sich los. Ich packte Weffi und sauste mit ihm ins Bad. Er zitterte, schluckte und geiferte. »Ist ja gut«, krächzte ich, noch ganz außer Atem, »ist ja gut!«

Dann untersuchte ich ihn: eine Schramme am Hinterschenkel und ein Loch im Nackenfell. Aber da waren ja plötzlich überall Blutflecken – im Fell – und da – und da auch! Schließlich merkte ich, daß es meine Hand war. Zwei Finger klafften ganz ordentlich, und jetzt tat's auch weh. Draußen schloß es. Irgend jemand kam, Renate sagte etwas.

»Hast du Verbandszeug?« rief ich durch die Tür. Sie öffnete sich, es war Stefan.

»Schnell – mach zu«, schrie ich, »daß Willibald nicht 'reinkommt!«

»Zu Befehl!« sagte Stefan und schloß die Tür. Dann setzte er sich auf den Thron, sah mich an und lachte schallend: »'ne Wasserleiche! Sieh doch mal in den Spiegel, Mensch! Geht's dir immer so, wenn du mit Renate allein bist?«

»Gib mir lieber Verbandszeug, dummes Luder!«

»Zu Befehl. Hier hast du Wasserstoff – und da ist Pflaster – hahaha!«

Jetzt kam auch Renate: »Mein Gott, wie siehst du aus! Entschuldige bitte, es war meine Premiere im Wassergießen! Stefan, hol ihm ein anderes Hemd – zeig mal deine Hand!«

»Was ist mit Willibald?« fragte ich.

»Gar nichts. Bißchen an der Pfote. Er steht hinter der Ateliertür und will weiterraufen.«

Stefan erschien mit strengem Gesicht und einem Hemd in der Hand. »Hier«, sagte er und blickte Renate finster an, »zwei Knöpfe fehlen!«

»Dann hol eben eins von den anderen!«

»An den anderen fehlen mindestens drei Knöpfe.«

»Du weißt, daß ich in Knöpfen ausgesprochen schwach bin.«

Er grinste: »Nur darin?«

»Ich mache jetzt das Hemd fertig. Hilf Hans derweile.«

Er tat es und sah dabei auf Weffi, der zitternd in der Ecke neben dem Thron saß: »Dem ist's aber ganz schön in die Glieder gefahren.«

»Mir auch.«

Er sah mich an, und sein Gesicht wurde ernst: »Ja – Pech, Alter.«

»Ich habe nur noch Pech in letzter Zeit.«

»Man könnte es ja vielleicht noch mal versuchen. Vielleicht raufen sie sich zusammen.«

»Nett von dir, aber lassen wir's. Ich werde schon sehen.«

Renate erschien mit dem Hemd: »So, ich habe dir die beiden Knöpfe angenäht.«

Stefan schlug die Hände vor die Brust: »Ein Wunder! Ein leibhaftiges Wunder! Sonst findest du doch nie die Reserveknöpfe!«

»Habe ich auch jetzt nicht«, erklärte sie stolz, »ich habe einfach zwei von unten abgetrennt und oben angenäht.«

»Oben hui, unten pfui«, verkündete Stefan. »Hoffentlich holst du dir keinen Schnupfen, mein Junge.«

»Der Kaffee ist fertig«, erklärte Renate, »macht jetzt endlich. Bring Weffi mit, Hannes, Willibald ist im Atelier und leckt sich die Pfote.«

»Hans meint, es wird nichts mit den beiden!« sagte Stefan.

Sie sah mich zaudernd an: »Ja – sieht fast so aus –, aber was willst du jetzt machen?«

»Ich könnte es noch mit Peter versuchen. Professor Kluge würde ihn sicher nehmen. Er hat ihn sehr gern und hat keinen Hund. Nur, gerade Peter!«

»Einer muß es ja schließlich sein«, sagte Renate. »Ruf den Kluge gleich nachher mal an. Aber erst kommt zum Kaffee.«

Weffi saß bei uns und zitterte. Er nahm keinen Kuchen, ging immer wieder zur Flurtür und winkte mir von dort her mit dem Kopf: »Komm 'raus, hier ist's nicht geheuer!«

Von nebenan hörte man Willibald schimpfen und kratzen. »Der arme Kerl!« sagte ich.

Stefans Antwort kam etwas undeutlich aus dem vollen Mund: »Der soll erst mal Manieren lernen!«

»Du auch«, sagte Renate, »ich habe dich schon besser mit vollem Mund reden hören.«

»Er war im Recht«, sagte ich.

»Wer, Stefan?«

»Nein, Willibald.«

»Hast du immer recht bekommen, wenn du im Recht warst?« fragte Stefan. »Na also!«

Es klingelte. Er stand auf und ging 'raus. Draußen war eine aufgeregte Männerstimme. »Der Portier!« flüsterte Renate.

»Ist bei Ihnen ein Wasserrohrbruch?« hörte ich eine schnauzige Stimme. »Es kommt bei Möllers unten durch die Decke.«

»Nein«, sagte Stefan ernst, »ich habe nur meinen Kanarienvogel gebadet. Das nächstemal lege ich 'nen Schwamm unter.« Er schloß die Tür.

Ich sah auf die Uhr: »Gleich sechs – na, da werde ich mal anrufen.«

Renate nickte: »Tue das.« Sie ging taktvoll in die Küche. Stefan verzog sich ins Atelier.

Ich wählte. »Benediktinerkrankenhaus? Kann ich Professor Kluge sprechen? Danke. Tag, Paul! Ja, ich mache ganz schnell. Du warst so nett zu mir mit dem Wagen, und jetzt hast du noch den Undank davon, denn ich muß dich noch um etwas bitten: Könntest du für 'n paar Wochen das Peterle nehmen?«

Am Apparat war eine kurze Pause: »Natürlich kann ich das. Hast du es schon mit den beiden anderen versucht?«

»Ja, alles schiefgegangen. Aber wenn du auch nur im geringsten . . .«

»Unsinn. Es ist nur – du weißt, ich bin fast nie daheim, und das Kerlchen braucht doch Gesellschaft.«

»Und was ist mit Agathe?« (Seine Wirtschafterin.)

»Versuch's. Wenn du mit dem Drachen fertig wirst – mir ist es recht.«

»Ich fahr' gleich hin.«

»Viel Glück.«

Wie üblich machte Agathe die Tür erst mal auf, ohne die Sicherheitskette auszuhaken, und blinzelte mißtrauisch über ihre Augensäcke. Dann verklärte sich ihr Gesicht: »Ach, der Herr Doktor!« (Für sie waren alle Leute mit schwarzen Brillen Doktoren.) Die Kette klirrte, und die Festung öffnete sich: »Ach, und das liebe Peterchen!«

Peter, den ich mitgenommen hatte, wedelte sie unverbindlich an und ging dann mit steifen Beinen gegen das große Tigerfell mit dem fletschenden Kopf zu, das in der Diele hing. Er sträubte die Nackenhaare und knurrte tief wie ein Bernhardiner.

»Der Professor hat schon telefoniert«, sagte Agathe, »das Abendbrot ist fertig.«

»Aber ich möchte eigentlich mit der Mama . . .«

Ihre altersblassen Augen sahen mich an: »Sie werden mir doch das nicht antun, Herr Doktor! Nur ein kleiner Imbiß.«

Sie wollte mir aus dem Mantel helfen, ich wehrte ab: »Nein, danke, erst nach dem ersten Schlaganfall!«

Sie kicherte: »Das hat lange Zeit!«

An einem Löwenfell und einem Arrangement von Zuluspeeren entlang gingen wir in die Bibliothek. Eichengetäfelte Decke, Bücher bis obenhin, deren goldbeschriftete Rücken im Rampenlicht blinkten. Vor dem Kamin ein niedriger Tisch, Damasttuch, schweres Silber, eine alte staubige Rotweinflasche im Körbchen, Hummersalat, kaltes Huhn, Importen und Hennessy auf einem Tischchen nebenan.

»Agathe«, sagte ich, »wollen Sie mich verführen?«

Sie kicherte wieder mit ihren drei Zähnen: »Ich weiß, daß die Liebe durch den Magen geht!«

»Dann müßten Sie ja Paul längst verführt haben.«

Sie seufzte: »Ach, der Professor merkt ja gar nichts. Er ißt mit dem Buch auf dem Schoß, wenn er überhaupt nach Hause kommt.«

»Hm!«

»Wie war denn der Hummer?«

»Wunderbar, Agathe. Aber von dem Huhn nehme ich nichts. Ich muß mit der Mama essen.«

»Dann nehmen Sie wenigstens eine Zigarre. Für den kleinen habe ich Schabefleisch besorgt.«

Sie holte vom Kaminbord ein Näpfchen und stellte es Peter hin. Der hatte sich inzwischen mit dem Eisbärfell unterhalten, das vor dem Kamin lag. Erst war er vor dem Riesenkopf mit den Glasaugen und den gewaltigen Hauern zurückgewichen. Dann hatte er sich – ein Fliegenbein vorsichtig vor das andere setzend – angepirscht, ihn berochen und ihm schließlich in die Nase gebissen. Darauf kriegte er eine Niestour. Der alte Kerl haarte sicher. Als Agathe Peterchen jetzt das Näpfchen hinstellte, fraß er es gierig leer, immer wieder kurz aufblickend und den Kopf mit den Glasaugen herausfordernd anknurrend. Zwischendurch sah er mich, Anerkennung heischend, an. Es war ein Spiel. Er wußte ganz genau, daß der da tot war. Aber ich sollte ihn loben. Schließlich leckte er den Napf sauber und sprang anschließend Agathe auf den Schoß. Sie streichelte ihn mit feuchten Augen: »Na, so ein liebes Kerlchen und so klug!«

Ich lehnte mich zurück und zündete mir die Zigarre an: »Wollen Sie hin hierbehalten für 'n paar Wochen?«

Sie seufzte: »Der Professor hat's mir schon gesagt ...«

»Na, und wie ist das, Agathe? Sie würden mir einen großen Gefallen tun!«

Sie seufzte wieder: »Ich tät's gewiß gern, von Herzen gern, Herr Doktor. Aber sehen Sie – ich bin 'ne alte Frau – und die große Wohnung – und so schlecht auf den Beinen.«

»Warum nehmen Sie sich denn dann nicht 'ne junge Hilfe?«

Ihre Augen funkelten: »So 'n junges Ding – das könnte mir fehlen! Das nur mit dem Steiß wackelt und um den Professor herumgirrt! Weiberwirtschaft – hier im Haus!«

»Na ja, Agathe, wenn das so ist ...«

Sie neigte sich zu mir vor und legte mir die Hand auf den Arm: »Und sehen Sie, vor allem eins, lieber Herr Doktor! So'n Seelchen wie der Peter braucht Liebe. Der will die ganze Liebe von 'nem Menschen für sich. Und ich habe doch mein Lorchen, und – ich kann nicht teilen! Und Peter würde das merken, glauben Sie nicht?«

»Ja«, sagte ich, »Agathe, ich glaube es.« Ich sah mich um. Die Lampe brannte still. Die tausend Gesichter der Bücher, der schwere Danziger Barocktisch mit dem Fries tanzender Bauern, die dunkelroten Vorhänge – ein Heim, ein schönes, ruhiges, eigenes Heim.

»Tja – Agathe, dann werden wir so allmählich wieder aufbrechen.«

»Aber wohin wollen Sie denn mit den drei kleinen Kerlchen und der alten Mama?«

Ich stand auf: »Irgendwohin, Agathe, irgendwohin. Komm, mein Peterle!«

7

Es war schon dunkel, als wir zu Hause ankamen. Zu Hause!

Alle anderen Häuser hatten schon Licht. Nur unseres lag dunkel. Was war denn los? Ach so, man hatte ja schon alle Lampen abmontiert!

Aus der Küche drang ein schwachrötlicher Schein. Ich schlich mich ans Fenster. Da saß Mathilde bei einer Petroleumlampe vor einer dicken Kaffeetasse und las einen Fünfzig-Pfennig-Schmöker. Ich trat leise zurück und blickte zu den Bäumen auf, die groß unter silbernen Mondwolken rauschten. Was mochte Frauchen jetzt machen? Vor zwei Stunden war sie angekommen und ging vielleicht gerade in den Speisesaal hinunter. Plötzlich hatte ich wieder Hunger. Auf was Solides, Schnitzel à la Holstein mit einem ordentlichen Schluck Bier zum Runterspülen. Wo waren eigentlich meine drei? Aha: Getöse vom Ende der Straße. Cocki und Weffi rasten mit Schäferhund Alf (sie draußen, Alf drinnen) am Zaun entlang und spielten ›furchtbar böse‹. Und Peter? Vom Bassin her kam ein Schlapfen. Dann tip-tip-tip seine Schritte über die Fliesen. Ich sah seinen Schatten undeutlich im Mondlicht. Jetzt blieb er stehen und roch an einer Aster.

»Komm, mein kleiner Sonderling«, sagte ich. »Sehen wir, was hier innen los ist!«

Er richtete sich mit eingezogenem Schwänzchen an mir hoch. Ich streichelte ihn. Dann pfiff ich den beiden anderen und schloß auf.

Als ich in die Diele trat, blieb ich überwältigt stehen: auf der Treppe zum ersten Stock brannte als einzige Beleuchtung eine Stearinkerze. Das gesamte Mobiliar der Diele bestand aus einem Besen, einer Müllschaufel und den drei Hundedecken, die in verschiedenen Ecken lagen. Mathilde kam aus der Küche, Peterle, der genauso erstarrt war wie ich, kroch auf sie zu und schmiegte sich an ihre Knie. »Mein armer, kleiner Kerl!« sagte sie und nahm ihn auf den Arm. Und dann streng zu mir: »Das Haus ist besenrein!«

»Aha!« sagte ich ziemlich dumm. »Und wo ist die Mama?«

»Im Speisezimmer.«

Hinter mir kratzte es an der Tür: Weffi. Ich machte auf. Er sprang mit Weff-weff herein und blieb dann auch verdutzt stehen. Auch Cocki kam angewatschelt, einen Zweig hinter dem Ohr und einen gewaltigen Knochen im Maul, offenbar eine Kalbshaxe. Er knurrte mich sicherheitshalber an und steuerte dann die Stelle an, wo sonst seine Kommode stand. Dort fiel ihm vor Erschütterung die Haxe aus dem Maul. Er drehte sich um und sah mich befehlend an: »Bring mir mal meine Höhle, damit ich meinen Knochen gegen dich verteidigen kann!«

Ich holte tief Atem: »Na, dann mal los, Kerls«, sagte ich munter, »Abendessen!«

Ich machte die Tür zum Eßzimmer auf und war abermals überwältigt: die Mama saß in dem leeren Raum auf einem Gartenstuhl. Vor ihr standen zwei Kerzen auf einer Kiste. Auf der Kiste zwei Teller mit je zwei Bratheringen und je einer Käseschnitte. Sie hatte eine uralte schwarze Schürze an, und über ihr hingen die Kabel des abmontierten Kronleuchters aus der Decke, als griffen die Fühler irgendeines scheußlichen Tieres nach ihrem Kopf.

»Du kommst spät!« sagte sie düster. Der flackernde Lichtschein fuhr über ihr Gesicht, so daß die Runen ihres Alters noch tiefer wurden.

»Na, Servus!« sagte ich. »Was wird hier eigentlich gespielt? Gorkis Nachtasyl?«

»Für dich ist der Klappstuhl da. Ich habe dir auch eine Flasche Bier besorgt. Wo warst du denn so lange?«

Ich setzte mich vorsichtig auf den Klappstuhl und nahm ein Lorbeerblatt und eine schwarze Kaper von einem Brathering. Er sah dadurch noch bösartiger aus: »Ich war bei Gutknechts, Wesselys und Kluge.«

Sie zog die Gräte aus ihrem ersten Hering und hielt sie Cocki hin, der die Nase krauszog und empört in die Diele watschelte: »Na – und?«

»Es geht bei allen dreien nicht.«

»Das wußte ich! Und was soll nun werden?«

Ihre blaßblauen Augen sahen mich mit einer Art makabren Triumphes an. Die ganzen Jahre, in denen wir hier im Hause unser munteres Treiben entfalteten, mit vielen Gästen und noch viel mehr Flaschen, hatte sie ein schlimmes Ende prophezeit. Sie traute meinem Glück ebensowenig wie Lätitia, die Mutter Napoleons, dem Stern des Hauses Bonaparte. Jetzt war die Pleite da und mit ihr die große Stunde ihrer Tragik.

Plötzlich mußte ich lachen, immer mehr lachen.

»Hör auf«, sagte sie, »ich kann das gar nicht hören! Es gellt hier so. Außerdem kann ich nicht finden, was es so Komisches gibt.«

»Dich«, keuchte ich, »dich, mein liebes, altes, gutes Pessimunkelchen!«

Ich streckte den Bratheringen die Zunge heraus, stand auf und küßte sie (die Mutter) auf den Scheitel und dann auf beide Augen. Sie stemmte mich mit den Händen von sich ab: »Geh weg, verrückter Kerl!« Aber um ihren Mund war ein Lächeln, der Geist eines Lächelns. Ich setzte mich vor ihr auf den Boden, interessiert berochen von Peter und Weffi.

»Du wirst dir die Hose dreckig machen!« sagte die Mama. »Wir können sie vorläufig nicht reinigen lassen.«

»Das Haus ist besenrein!« gab ich zu bedenken. »Weißt du, was wir jetzt machen?«

»Bei dir bin ich auf alles gefaßt.«

»Schöner Zug von dir. Also – du ziehst diesen traurigen Sack aus, mit dem du dich da dekoriert hast, und dann gehen wir in den ›Hirschen‹.«

»Du bist verrückt. Ich denke gar nicht daran.«

»Bist du noch nicht umgezogen?«

»Wir haben doch kein Geld mehr!«

»Wer sagt dir das? Momentane Verklammung. Ich nehme Vorschuß bei meiner sonnigen Zukunft.«

Sie stand auf und zog die Trauerschürze aus: »Unverbesserlich. Ich möchte wirklich mal wissen, wann ihr erwachsen werdet.« Sie drehte plötzlich wieder um: »Nein, geh allein, wenn dir das hier nicht gut genug ist. In dieser Situation! Ich hätte gar keinen Appetit. Der Bissen würde mir im Munde quellen.«

»Das macht nichts. Bist du noch immer nicht fertig?«

»Und die Hunde?« fragte sie schwach.

»Nehmen wir mit.«

Wir gingen zum ›Hirschen‹, und es wurde ein glorioser Abend. Ich aß Holsteiner Schnitzel und wusch es mit drei großen Bier herunter. Der Mama bestellte ich Bouillon mit Mark und hinterher ihr Lieblingsgericht: Hirn mit Ei. Dazu flößte ich ihr zwei Viertel Tiroler Spezial ein. »Wie ist das«, fragte sie dann, »möchtest du nicht noch eine Käseplatte in deinem Mund quellen lassen?«

»Kann ich sehr empfehlen, gnädige Frau!« sagte der Ober hinter ihrem Stuhl.

Sie kicherte und drohte ihm mit dem Finger. Dabei fiel ihr die Gabel herunter. Dann erschrak sie wieder über ihre eigene gute Laune und versuchte mich streng anzusehen: »So viel Geld! Ich zahle meinen Anteil.«

»Nächstens, Mulleken, nächstens.« Ich winkte dem Ober. Er verschwand in Richtung Küche.

»Wo sind denn die Kinder?« Sie rückte mit dem Stuhl ab und warf nunmehr das Messer herunter. Ich sah mich um: Weffi saß bei einer Dame am Nachbartisch auf dem Schoß und wurde mit Schinkenbrot gefüttert. Peter machte bei einem Dicken mit ganz kahlem Kopf Männchen und erntete eine halbe Weißwurst. Cocki wurde gerade von der Wirtin mit einem fleischbehangenen Kotelettknochen aus der Küche gelockt. »Du siehst, alles in Ordnung.«

Die Mama trank mit einem Ruck ihr Glas leer und griff dann über den Tisch nach meiner Hand: »Erzähle mir doch noch mal den Witz von dem Betrunkenen, der seiner Schwiegermutter fünf Mark in die Hand drückt.«

Als wir in unseren Bunker heimkehrten, gab es Schwierigkeiten mit dem Schloß. Die Mama hatte ihren Hut etwas schief auf und nahm ihn auch nicht ab, als sie sich auf den Gartenstuhl setzte und die Bratheringe aß, ›damit nichts umkommt‹.

Ich brachte Cocki und Weffi zur Ruhe, nahm dann meine Kerze und zuckelte nach oben. Wo, zum Teufel, war denn nun Peter?

Ich fand ihn in Frauchens Zimmer. Er kam mir eilig entgegen-
gerannt, kehrt wieder um und machte Männchen vor der Stelle,
wo sonst der Schrank stand. Er wollte sein Gute-Nacht-Plätzchen.
Ich sah mir das, während es mir kalt über den Rücken lief, an.
Dann setzte ich das Licht auf den Boden und zog ihn vorsichtig an
mich: »Ach, mein Äffchen, mein Jenseits-Auge, es ist doch kein
Schrank mehr da – und kein Frauchen, du Dummchen!«

Er sah mich ernst an, und da wußte ich: Es war nicht Dumm-
heit. Es war Magie. Mit seiner Beschwörung wollte er die geliebten Dinge wieder ins Haus zurückbringen. Ins leere Haus.

Ich kraulte seine Brust. Er winselte leise.

»Nutzt nichts, Fliegenbein«, flüsterte ich, »kein Zauber hilft.
Komm, wir schlafen beide auf dem Klappbett.« Es war lausig hart
aber es war – ein letztesmal – im alten Haus.

Zwei Lausejungen

Ich öffne die Tür zum Garten und der junge Tag kommt herein mit dem süßen Duft des frsichen Grases und der feuchten Blätter. Die Morgensonne funkelt im grün-verschlammten Wasserbassin, und im blaßblauen Himmel lösen sich die Wolkenballen auf und treiben schnell über die Wipfel der Birken hinweg von dannen.

Vor der Tür sitzen sie, die beiden Kerle, taunaß und mit schlechtem Gewissen: Cocki und Peti. Cocki stark wie eine Bulldogge, die langen Ohren zerzaust mit Kletten darin, in den großen goldenen Augen den Blick eines alten Mannes, der nun demütig abbittet, weil man ihn beim Saufen ertappt hat. Daneben Peterchen, kohlschwarz, mit engstehenden wachen Affenaugen. Das Bärtchen verklebt, das neue rote Halsband schmutzverkrustet. Er hat den kümmerlichen Schwanz zwischen die Fellhosen geklemmt und zittert. Die rechte Pfote zaghaft in der Luft haltend.

Die ganze lange Nacht waren sie wieder auf Brautschau. Immer, wenn ich nach unruhigem Schlaf aufwachte, hörte ich sie in der Ferne bellen und malte mir aus, daß der mit Recht tobsüchtig gewordene Besitzer der Hündin sie einfach mit einem dicken Knüppel totschlüge. Ich sah mich in diesen schwarzen Stunden die ›Ferne‹ suchen, sie dann endlich findend und sie mit einem Schubkarren abholen und heimkehren. Sah mich dann im Garten eine Grube aushebend für diese beiden Geschöpfe, an denen mein Herz hängt.

Ich schäme mich oft, weil ich so sehr an ihnen hänge. Es ist vielleicht eine Schwäche, sein Herz so sehr an Tiere zu hängen, an

Wesen, die neben uns herlaufen, aber doch auf einem andern Planeten leben und ich frage mich: liebst Du sie nur so sehr, weil Du mit Deinen Mitmenschen schwer fertig wirst? Du mußt Dich mit den Menschen arrangieren, dann wirst Du das Tier eben nur als Tier sehen. Aber, so verteidige ich mich: ich werde mit den Menschen nicht fertig, denn immer wieder werde ich von ihnen so verwundet, daß ich mich zum Tier, zu seiner Falschlosigkeit, seiner unbedingten Liebe flüchte.

»Ihr Viecher!« schimpfe ich, »und Du, Cocki ganz besonders! Jetzt nimmst Du doch schon wirklich den Kleinen mit und verdirbst ihn! Schämst Du Dich nicht? Die Jacke sollte man Dir vollhauen, daß Du nicht mehr kriechen kannst!«

Peterchen bezieht das Gedröhn meiner Stimme auf sich, nimmt die bittende Pfote herunter und krümmt sich zitternd zusammen wie ein Kätzchen. Unglücklich steht er dann auf und tritt mit seinen dünnen Beinchen hin und her. Den Kopf hat er vorsorglich eingezogen und die Augen blinzelnd zu mir aufwärts gedreht.

Cocki dagegen seufzt einmal laut und tief durch die große Nase, kommt näher und reicht mir dann überaus würdevoll eine seiner dicken Gummipfoten mit den langen Fellfransen darüber. Er tut dies lässig und konventionell: das kleine Luder weiß ganz genau, daß ich es gar nicht so ernst meine. Als ich stumm bleibe, marschieren sie an mir vorbei – Richtung Küche. Dort werden sie erst mal erkunden, was sich einkassieren läßt, sich dann auf ihre Decken werfen und ihren Rausch ausschlafen.

Ein merkwürdiges, ein ulkiges Paar! Das Leben hat sie so ganz nebenbei an unsern Strand geschwemmt. Zuerst kam Cocki. Das sind nun auch schon wieder einige Jahre her. Mein Wagen hatte einen Kühlerdefekt und ich mußte in einer Vorstadt anhalten. Auf der Suche nach Wasser stieß ich auf eine halbverfallene, elende Holzbaracke zwischen Häuser-Ruinen. Auf einem Pappschild stand ›Hunde-Handlung‹ und neben der windschiefen Tür, an ei-

nen dicken Strick angebunden, im strömendem Regen, ein Hund. Klatschnaß die langen Ohren, die Augen todestraurig auf mich gerichtet. Cocki!

Ich rief, und als sich nichts rührte, bückte ich mich und trat durch die Tür ins Innere der Bude. Eine zahnlose Alte, ein mürrischer, gebeugter Mann, schmutzige Teller mit angetrockneten Speiseresten, räudige Hundegespenster an Tisch- und Stuhlbeinen angebunden, ein wahnwitziger Gestank – das Ganze sah aus wie eine Szenerie von Edgar Allan Poe.

Ich zeigte auf den Hund im Freien und fragte:

»Seit wann haben Sie ihn?«

»Erst seit heute Morgen. Er hat einen großartigen Stammbaum!«

*

Ich kaufte ihn. Nicht wegen des Stammbaums, sondern wegen seiner Augen. Wir säuberten ihn, wir pflegten ihn, es zeigten sich Reste einer strengen Erziehung – die aber schnell verlorengingen. Wir ließen ihm seinen Stammbaum-Namen: Cocki, und so war er schnell bei uns heimisch. Mit einem massiven Egoismus nahm er sein Eigenleben auf, und dieses Eigenleben drehte sich um drei Pole: Liebe – Fressen – Frauchen. Ich, der ihn gerettet, gekauft und heimgeführt hatte, wurde von Anfang an nur als notwendiges Übel behandelt, als eine Art Portier, der nur dazu da war, ihm die Tür auf- und wieder zuzumachen.

In der Liebe ist Cocki ein ausgesprochener Don Juan. Der Ort wimmelt von seinen Kindern. Er springt nicht nur wie eine Gemse über den höchsten Zaun, er springt auch in offene Fenster, wenn es sich darum handelt, eine seiner zahllosen Erwählten zu besuchen. Er bezieht Prügel, er wird mit Wasser begossen, er wird von Rivalen gebissen, aber er betrachtet das alles als guten Sport und im wesentlichen ist ihm niemand ernsthaft böse. Ich habe lange Gespräche mit seinen menschlichen Schwiegermüttern geführt und sie alle stimmen darin überein, daß ein Blick aus seinen großen goldenen Augen jedes Herz bricht. Manche behalten ihn sogar nachts in Kost und Logis und was man ihm nicht freiwillig gibt, klaut er einfach.

Und damit wären wir beim Fressen!

Vor einigen Wochen ging ich Bierholen im ›Schwarzen Adler‹. Cocki latschte mit.

»Ja, da bist Du ja, Cocki!« begrüßte ihn die Wirtin.

»Wieso? Kennen Sie ihn?« fragte ich.

Sie seufzte:

»Kennen? Er kommt doch immer in unsere Küche. Neulich haben wir für einen Augenblick den Kühlschrank aufgelassen und als er wegging, war der Rinderbraten auch weg. Zuerst waren wir natürlich sauer, aber er ist halt ein so lieber Kerl, daß man ihm nicht lange böse sein kann. Das Dumme war nur, daß wir den Rinderbraten schon auf der Speisekarte hatten und ihn dann streichen mußten.«

»Sie hätten ihm einen Denkzettel versetzen sollen, damit er sich's merkt das nächste Mal –«

Und als ich sah, wie ihre Hand ihn liebevoll streichelte, fügte ich hinzu: »Cocki gehört zu jener Sorte von Männern, die alles durch die Frauen erreichen.«

Die Frauen in der Küche lachten mit der Wirtin schallend und ich schimpfte ihn: »Weiberknecht!«

Als wir draußen waren, sah er mich flüchtig an und hob das Bein. Dabei fiel ihm etwas aus der Schnauze: es war ein Hasenlauf, den er sich schnell aus dem Müllkasten geangelt hatte. Er hob ihn wieder auf und das fellbezogene Bein ragte aus der weichen Flappe rechts und links heraus. Das alles aber, Beinheben und geklauter Hasenlauf beeinträchtigen, so finde ich, in keiner

Weise seine Würde, die von ihm ausstrahlt. Immer wieder sage ich mir: diese langen majestätischen Ohren, die wie eine Allongeperücke aus der Zeit des Großen Kurfürsten aussehen, diese riesigen goldenen Augen, die so rührend und so liebevoll-weise blikken, dieser Gang und Rythmus, der an einen kleinen Löwen erinnert, all das sind nur Dekorationen der Natur, er kann nichts dafür, es hat mit seinem wirklichen Wesen nichts zu tun. In Wirklichkeit ist er ein Hund wie jeder andere und alles andere, was darüber hinaus geht, lege ich in ihn hinein, es existiert nur in meiner Phantasie. Aber auch das vielleicht ist nicht wahr. Zufall? Es gibt keinen Zufall! Hier ist ein Wesen, so unsterblich und so sterblich wie wir alle es sind. Es ist auch eingetaucht in die Welt der Materie, in die Form, die es angenommen hat in unserer Welt und entspricht wahrscheinlich seinem Wesentlichen. Genau so, wie auch mein eigenes Körperliche Ausdruck meines Wesentlichen in der materiellen Welt ist, daß die Linien in meiner Hand in ganz bestimmten Runen laufen, daß ich zu lange Beine und zu schwache Augen habe, ein Ausdruck meiner fehlerhaften Wesentlichkeit – –?

Und dann: Frauchen. Sie ist das einzige menschliche Wesen, bei dem er Spuren von seelischer Bewegtheit zeigt. Sein Lieblingsplatz ist unter ihrem Bett. Es ist sehr breit und niedrig und für ihn jedesmal ein akrobatisches Kunststück darunter zu kriechen und wieder rauszurobben. Von diesem Platz aus blafft er jeden an, der sich zu nähern wagt. Einmal wurde Frauchen ohnmächtig. Wir trugen sie aufs Bett. Er, der Schwere, war mit einem katzenähnlichem Schwung oben und legte sich auf ihre Brust. Von dort her verteidigte er, mit seinen 38 Pfund Schwere nicht gerade zur Wiederbelebung beitragend, sein Frauchen. Er entwickelte sich dort zähnefletschend in eine zornglühende Urbestie, so daß wir alle zurückwichen und ihr nicht helfen konnten. Er trampelte mit der ganzen Ungeniertheit eines Säuglings auf ihr herum und gab derart an, daß sie auf diese Weise wieder ins Leben zurückkehrte.

Sie fragte: »Was war denn?«

»Gar nichts«, sagte ich beleidigt, »Du warst nur ein bißchen ohnmächtig, ich wollte schon den Arzt anrufen, aber Dein Hund genügte –«

Offenbar in diesem Augenblick beschloß meine Frau, auch mir

einen Hund zu verschaffen. Bei einer Züchterin wurde ein Zwerg-
pudel nach Maß bestellt und bezahlt, bevor er geboren war. Die
Geburt fand planmäßig statt und wir holten ihn nach sechs Wochen ab. Dieses neue Geschöpf in unserem Hause bestand aus
einer kohlrabenschwarzen Handvoll, die sich beharrlich weigerte,
ihre Geschäfte in dem tiefen Schnee zu erledigen, der den Garten
inzwischen bedeckt hatte. Außerdem war er ein Sammler. Er legte
große Speicher von faulen Heringsköpfen, Käserinden und Knochen hinter Schränken und Sofas an. Dazu legte er dann Erzeug-

nisse eigener Produktion, die im Vergleich zu seiner Winzigkeit von erstaunlicher Größe waren und ihm seinen ersten Spitznamen »Minenleger« eintrugen. Er spezialisierte sich auch auf die Herstellung von Pfützen an Stuhlbeinen. Ein Freund, der seine Tätigkeit längere Zeit tiefsinnig beobachtet hatte, sagte eines Tages:

»Nunmehr wird auch die letzte Teppichecke zur Berieselung freigegeben!«

Doch auch das gab sich und ging allmählich in Ordnung. Nicht in Ordnung ging Peterchens Pudelnatur. Sein Haar weigerte sich hartnäckig kraus zu werden. Alle vier Wochen fragte mich meine Frau, ob ich nicht fände, daß es sich nun kräusle.

»Im Gegenteil«, sagte ich, »es wird immer glatter!«

Und schließlich ergriffen wir ihn und fuhren zur Züchterin. Die zeigte sich schuldbewußt.

»Ich weiß, ich weiß! Den ganzen übrigen Wurf habe ich schon zurück erhalten und vergiften lassen – bitte, entschuldigen Sie! Ein Drahthaarfoxl ist dem Pudelvater einen Tag zuvorgekommen. Er war sehr alt und blind, aber so weit hat es auch bei ihm noch gereicht –«

Die Züchterin wollte Peterchen aus dem Arm meiner Frau nehmen und sagte: »Sie bekommen Ersatz – «

Ich erwachte aus meiner Erstarrung und sagte:

»Alt und blind, sagten Sie? Nun, wenn ich so eine Terriernase wie ein Foxl hätte, brauchte ich dazu auch keine Augen! Aber, im übrigen: mein Peterchen vergiften? Kommt überhaupt nicht in Frage!«

»Aber ich kann Ihnen keinen Stammbaum für ihn – –«

»Ich pfeife auf Rasse und Stammbaum! Rasse ist Einbildung, das Herz entscheidet. Und vor allem: was würde Cocki sagen?«

Cocki und Peterchen waren inzwischen unzertrennliche Brüder geworden, sehr ungleich zwar, aber umso inniger, absoluter. Cocki der unbestrittene Herrscher, er schreitet wie ein König durch sein Revier. Peter hatte von Anfang an die Rolle des Zweiten übernommen und er leidet nicht darunter. Er ist der liebende Vasall des Löwen.

Einmal kamen drei ausgewachsene und stabile Männer zu mir, die etwas gegen mich hatten. Es war eine sehr unangenehme und laute Unterhaltung. Doch mittendrin tauchten die beiden Lausejungen auf und führten ihre Glanz-Nummer, den sogenannten Vorhangkampf auf. Zwischen meinem Arbeitszimmer und dem Nebenraum hängt ein schwerer Velourvorhang. Jeder von den Beiden stellte sich auf eine Seite, und dann bissen sie sich durch den Vorhang, ohne sich zu sehen. Eine Weile versuchten die drei Männer noch ernsthaft zu bleiben, aber dann zog es ihre Mundwinkel unwiderstehlich herunter und schließlich brachen sie in ein fürchterliches Gelächter aus. Als wir uns die Tränen aus den Augen gewischt hatten und uns wieder ansahen, fanden wir, daß alles nur halb so wild sei und wir uns einigen würden.

Die beiden sind die unerzogensten und frechsten Tölen, die mir in meinem Leben bisher vorgekommen sind, aber es imponiert mir, wie sie sich gegenseitig verteidigen und beschützen. Einmal wurde Cocki von einem Wolfshund angefallen. Der kleine Peter, obwohl zitternd vor Angst, stürzte sich auf den Schäferhund und biß sich in seinem Schwanz fest. Der Wolfshund versuchte diesen Peiniger abzuschütteln, aber der Kleine ließ sich nicht abschütteln! Der Wolfshund entfloh. Cocki legte sich auf die Erde und Peter leckte seine Wunden. Dann erhob sich der kleine Löwe, watschelte langsam heimwärts, den kleinen Vasallen getreu neben sich.

Das rührt mich tief und ich habe schon wieder vergessen, daß mich ihre Liebesfahrt schon wieder eine Nachtruhe gekostet hat. Ich schaue auf die beiden neben mir und beneide sie. Bin ich nicht ein Leben lang auf der Suche nach solch einem Freund, einem Freund, der mich in der Not verteidigt, obwohl er sich vor Angst in die Hosen macht? Einem wirklichen Helden also? Nach einem

Freund, der mir die Wunden leckt und dem es ganz egal ist, wie ich aussehe und ob ich erfolgreich bin?

Ich bleibe stehen, recke die Arme hoch über meinen Kopf. Meine Brust atmet freier, die Sonne ist nun schon ganz heraus. Im Spinnennetz vom Himbeerstrauch funkeln Tropfen wie Diamanten und ich werde ins Haus gehen und erst mal diese Geschichte schreiben, die Geschichte von meinen beiden geliebten Strolchen, den unvergleichlichen Lausejungen: Cocki und Peti!

Tommy

Ich träumte, daß wieder Krieg sei. Irgendwo stand ich auf einem Turm hinter einem vergitterten Fenster, unter mir das Häusermeer der verdunkelten Stadt, wie geduckt in der Erwartung des Furchtbaren. Und dann kamen die Bomber, niedrig fliegende Riesenvögel. Mein ganzes Zimmer bebte unter dem Dröhnen ihrer Motoren. Ich mußte die dort unten warnen – aber ich blieb wie festgeschmiedet in der typischen Lähmung des Angsttraumes. Und dann kamen die Bomben: blaue und gelbe Blitze, ohrenbetäubendes Krachen, Toben, Dröhnen, der Boden wankte – und ich war erwacht.

Aber wo? Ein fremdes Bett, ein schmales Fenster mit einer Eisenstange in der Mitte. Und jetzt – ein blendendblauer Blitz, schmetternder Donner. Wo war ich? Ich saß aufrecht und versuchte meine Gedanken zu sammeln. Ach Gott – ja – Ralphs Blockhaus! Er hatte mich eingeladen, war am Nachmittag weggefahren, kam morgen wieder. Meine Gedanken waren noch verwirrt vom Traum – aber inmitten dieser Verwirrung hörte ich nebenan ein Geräusch: splitterndes Glas. Jemand hatte die Fensterscheibe eingeschlagen! Und jetzt ein Keuchen, ein Zerreißen, Krachen, Knacken von Holz – Einbrecher! Ausgerechnet das mußte mir passieren!

Einen Moment tastete ich nach dem Lichtschalter – nein, nur kein Licht machen, vielleicht war er bewaffnet? Wollte wohl durchs Fenster, spürte den Eisenstab, versuchte jetzt den Rahmen herauszubrechen oder das Schloß aus der Tür. Es gab nur eine

Chance. Ich schwang mich aus dem Bett, sah mich um. Vor dem Bett stand ein Bauernschemel, ich legte ihn vorsichtig um und richtete mit aller Kraft ein Bein los. Der Schweiß rann mir von der Stirn, und außerdem hatte ich ziemliche Angst. Nie wieder eine so gottverlassene Blockhütte! Wenn der nun drin war, ehe ich das Bein los hatte, und selbst wenn ich es los hatte – Endlich!

Vorsichtig öffnete ich die Tür zum Nebenzimmer, natürlich knarrte sie. Aber im Schein eines neuen Blitzes sah ich, daß das Zimmer wenigstens noch leer war, die Tür verschlossen. Unter dem Fenster neben der Tür hatten für eine Sekunde die Scherben aufgeblinkt. Jetzt wackelte der Holzrahmen. Ich schlich mich so weit heran, wie ich es konnte, ohne mir die Füße an den Scherben zu schneiden, riskierte es dann, mich einen Moment aufzurichten und heraus zu schauen. Prasselnder Regen. Jetzt wieder ein Blitz – ich erstarrte. Das war ja gar kein Mensch da vor dem Fenster! Ein Ungeheuer, mit glühenden Augen und offenem Rachen, weiße, starrende Zähne! Und jetzt schob sich eine große schwarze Tatze durch die zerbrochene Scheibe herein – und plötzlich mußte ich laut lachen! Tommy – mein Gott! Zu viel Schnaps getrunken! Tommy!

Jetzt erst fiel mir der Rest der Geschichte ein: Wie mich Ralph am Nachmittag empfing, mir erklärte, er müsse für einen Tag verreisen, und wie mich, während er noch mit mir sprach, etwas von hinten anstieß, daß mir fast die Knie einsanken. Wie ich mich umwandte und einen riesigen, schwarzen Neufundländer sah, eine Kreuzung zwischen einem Bechsteinflügel und einem Grisly- bären, der sich an mir rieb, vergnügt wedelte, als ich ihn ansah und hinter den Ohren kraulte, und dann meine Hand spielerisch in seine gewaltigen Fänge nahm.

»Wo hast du denn dieses Möbel her?« fragte ich Ralph.

Er lachte: »Das ist Tommy, er ist noch nicht alt, fünf Jahre – und noch viel jünger von Gemüt. Kümmere dich 'n bißchen um ihn, er braucht viel Liebe. Der Schnaps steht unten links im Schreibtisch, Zigarren im Mittelfach, und jetzt muß ich weg; auf Wiedersehen morgen abend!«

Ich schob den Riegel vor der Tür zurück: »Ja Tommy, bist du denn verrückt?«

Er stürzte herein, daß ich fast zu Boden fiel, sauste ins Nebenzimmer. Ich drückte mit Mühe die Tür wieder zu, um Sturm und Regen auszusperren, stopfte ein Kissen in das zertrümmerte Fenster. Dann machte ich Licht, ging nach nebenan. Kein Tommy. Doch! Da kam eine Wasserlache unter dem Bett vor! Und gleichzeitig fuhr am Fußende zwischen den beiden Bettpfosten etwas hin und her: ein verlegen wedelnder Schwanz. Ich sah nach der Uhr: Drei Uhr morgens. Am Abend hatte er nicht mit mir im Zimmer bleiben wollen, war ihm wohl zu heiß. Ich tat ihm den Willen, ließ ihn hinaus. Wahrscheinlich war er gewohnt, draußen zu schlafen. Aber was war das jetzt? Angst vor dem Gewitter? Das ganze Bett wackelte, so zitterte das Tier. Merkwürdig! Hätte ich ihm gar nicht zugetraut.

»Komm doch vor, Tommy«, sagte ich, »sei nicht blöd!«

Er kroch vor. Kurz darauf ein Donnerschlag, aber schon ziemlich in der Ferne. Trotzdem durchlief ihn ein neues, konvulsivisches Zucken. Das Riesenvieh versuchte mir auf den Schoß zu kriechen, legte mir die Tatzen um den Hals und schmiegte den Kopf an mich. Ich spürte seinen heißen, hechelnden Atem an meinem Ohr, mein Pyjama wurde quietschnaß von dem aus seinem Fell abrinnenden Regen. Einen Moment packte mich wieder die Furcht: Mit solch einem Tier allein in der Nacht – wenn er nun überschnappte oder toll wurde? Ich nahm seinen Kopf von meiner Schulter, sah ihm in die Augen. Ach, keine Rede von toll. Das waren die Augen eines kleinen, furchtsamen Negerjungen, die mich da flehend ansahen! Ich zog ihn wieder an mich, der Pyjama war ja sowieso erledigt.

»Tommychen«, sagte ich – ein Genick hatte der Kerl, wie ein
Bulle! – »Tommychen, was ist denn, mein Kind, sei friedlich! Sieh
mal, es hört doch schon auf! Seit wann hat ein Bechsteinflügel vor
Gewitter Angst, ein Grislybär, ein Ungeheuer! Schäm dich was!«
Ich sprach noch eine halbe Stunde mit ihm, allmählich wurde
ich wieder müde, das Gewitter verklang in der Ferne. Er zitterte
nicht mehr, wurde aber wieder unruhig, wogte zur Tür, dann
wieder zurück zu mir, stieß mich mit dem Kopf, wieder zur Tür,
zerrte an der Klinke.

»Wieder 'raus? Na, meinetwegen. Aber komm mir nicht wieder 'rein, du, ich will nämlich auch 'n bißchen schlafen!« Ich öffnete die Tür, er wedelte kurz, sah mich dankbar an und verschwand in der Dunkelheit. Ich zog mich aus, trocknete mich ab, buddelte dann einen frischen Pyjama aus Ralphs Kommode und legte mich wieder hin. Als ich das Licht ausgelöscht hatte, hörte ich ein Heulen. Es kam droben aus dem Bergwald, der hinter dem Haus anstieg: der traurige Klageruf eines einsamen Wolfes. Aber ich wußte, daß es Tommy war. Seltsames Tier – meine Sinne verwirrten sich, und ich schlief wieder ein.

Am nächsten Morgen schien alles vergessen. Die Sonne schien. Ich rasierte mich gerade, da kratzte es an der Tür. Tommy. Er wedelte mich an, hatte eine Brombeerranke um den Kopf geschlungen wie einen Jungfernkranz, und aus dem Hinterteil ragten ihm ein paar ausgerissene Zweige.

»Komm 'rein, du Unband«, sagte ich. »Sieh dir das mal an, meine ganze Brust zerkratzt, und da hinten – mein Pyjama!«

Er setzte sich und gab mir die Pfote. Eine dicke Angelegenheit aus fünf Gummikissen mit langen Krallen. Es war unmöglich, ihr zu widerstehen.

»Na ja – ist gut«, sagte ich, »wir sind alle 'n bißchen verrückt, warum nicht auch du! Komm, frühstücken!«

Wir teilten die Wurst und die Milch, und während ich mich fertig anzog, hatte er sich unter dem Tisch zusammengekringelt und sofort zu schnarchen begonnen. Es klang wie eine alte Baumsäge, die an einem Knorpel gekommen war. Dann ging ich hinaus, er war sofort wach und hinter mir. Ich schloß das Haus ab und stieg zum Wald hinauf. Er immer mit mir, meist ein paar Schritte voraus, blieb dann stehen, wedelte, lachte mich an.

Dann aber, an einer Wegkreuzung, als ich geradeaus wollte, packte er meinen Fuß. Dann trottete er ein paar Schritte in den Seitenweg hinein, sah sich um, kam wieder zurück, stieß mich an.

»Da lang? Na, meinetwegen.«

Es ging einen steilen Abhang hinauf, er immer vornweg, sich dauernd umsehend. Jetzt links eine Lichtung mit einem großen Hof darauf.

»Dorthin?«

Nein, er wollte am Rande des Waldes bleiben. Jetzt waren wir oberhalb des Hofes. Brombeergestrüpp, eine Lichtung mit großen Baumstümpfen, Erdbeeren, Himbeeren, Schmetterlingen. Er steuerte auf eine Stelle zu, hob den Kopf schnüffelnd in die Luft, roch dann am Boden, scharrte mit den Pfoten. Ein Fuchsloch? Ein Kaninchenbau? Wildlosung? Nein, nur Moos. Aber dieses Moos war schon verdorrt, war wohl schon früher zu Seite gescharrt worden. Er roch herum, sah mich ratlos an, scharrte weiter, legte sich schließlich nieder, mitten in die pralle Sonne. Ich stieß ihn mit dem Fuß an: »Komm! Ist dir ja viel zu heiß! Was soll denn das?«

Aber er wich nicht, und immer dieser flehende Blick, schweres Hecheln: Verstehst du mich denn nicht?

Schließlich ging ich schulterzuckend weg. Er folgte nicht. Erst als ich nach einer Stunde schon fast wieder am Haus war, brach er plötzlich neben mir aus dem Dickicht, ganz erschöpft. Unten soff er den halben See aus, legte sich dann zu meinen Füßen. Merkwürdig, alles sehr merkwürdig. Irgendein Geheimnis mochte dahinter sein, diese panische Angst vor dem Gewitter, das seltsame Scharren auf dem Platz dort oben im Wald –

Als Ralph abends zurückkam und wir über einem Cognac zusammensaßen, erzählte ich ihm das Vorgefallene. Er schüttelte lächelnd den Kopf: »Ich hätte dich darauf vorbereiten sollen, aber ich hab's tatsächlich vergessen, entschuldige bitte!«

Er lehnte sich zurück, zündete sich eine schwarze Brasil an: »Ja – es steckt tatsächlich etwas dahinter, und etwas sehr Seltsames sogar. Es ist eigentlich das, was mich bestimmte, Tommy zu mir zu nehmen.

122

Aufgewachsen ist er droben auf dem Hof, den du gesehen hast. Huber vom Berg heißt der Bauer, und da es ein Einödhof ist und weil es vor Jahren noch sehr unsicher war rundum, mit allerhand zweifelhaftem Volk in den Wäldern, hielt er sich immer große Hunde. Als Tommy dort einrollte, drei Monate alt, ein schlaksiges, schwarzes Knäuel, wie ein junger Bär anzuschauen, war da schon ein Hund, ein wunderbarer Schäferhund: Hannibal. Ich entsinne mich noch ganz genau an ihn. Es war jene Art von Schäferhundrüden, die etwas von einem Löwen an sich haben, ein wahrhaft königliches Tier. Hannibal beroch erst dieses weiche, dunkle Bündel, das da auf ihn zuwogte und ihn mit spitzen Zähnen am Fell zauste. Er stieß es einmal mit der Pfote an, und da lag es schon auf dem Rücken und präsentierte ihm, mit allen vier Pfoten in der Luft, einen kugelrunden Kinderbauch. Ich war gerade droben auf dem Hof, als sich das abspielte. Ich streichelte Hannibal über den riesigen schmalen Schädel und sagte: ›Ist ja dein Brüderchen, sei lieb zu ihm! Sieh mal, er ist so dumm, und er braucht dich so! Mußt nett zu ihm sein!‹ Und ich streichelte auch das Wollknäuel, das sich daraufhin in meinen Finger verbiß und an ihm zu nuckeln begann, und sagte noch einmal nachdrücklich: ›Brüderchen!‹

Hannibal hörte sich das mit schiefgeneigtem Kopf und hechelnder Zunge an. Seine flammenden Augen gingen zwischen mir und Tommy hin und her, als überlege er sich meine Worte. Dann beroch er sich noch einmal den Neuling, gab ihm einen Stups mit der Nase und ging zu seiner Hütte. Tommy wackelte hinterher.

Dort an der Hütte enterte Tommy Hannibals Freßnapf. Er stieg ihm sozusagen mit allen vieren ins Mittagessen und schnurchelte darin herum. Das war etwas, was jeder andere Hund mit dem Tode gebüßt hätte. Hannibal zog einen Moment drohend die Lefzen hoch, dann sah er mich an, lachte, hob das strampelnde Knäuel aus dem Napf und begann ihm das Fett aus dem Fell zu lecken.

Von diesem Tage an waren die beiden unzertrennlich. Hannibal wurde Tommys strenger Lehrmeister. Er zeigte ihm, wie man nachts rund ums Gehöft auf Wache ging, wie man Kater und Fuchs verjagte, die Kuhherde zusammenhielt, Fremdlinge stellte, daß sie sich nicht vom Fleck zu rühren wagten. Aber er zeigte ihm auch, wie man gelegentlich einen Abstecher in den Wald machte und sich dort verbotenerweise einen jungen Hasen griff.

Tommy betete Hannibal dafür an, obwohl dieser, wie gesagt, ein strenger Lehrmeister war und ihm nichts durchgehen ließ. Es gab Ohrfeigen mit der Pfote, Knuffe und gelegentlich auch einen kräftigen Biß, wenn man mal gar nicht begreifen wollte. Wenn es zum Fressen ging, hatte man bescheiden im Hintergrund zu warten, bis der Herr und Meister sein Teil empfangen hatte, dann erst kam man an die Reihe. Wenn Herrchen guter Laune war, war es selbstverständlich Hannibal, der seine Liebkosungen zuerst einheimste. Dann erst durfte Tommy ein Streicheln über den Kopf und ein kräftiges Klopfen auf die Hinterkeulen kassieren. Sehr oft, wenn ich abends beim Huber auf Besuch war und heimging, konnte ich die beiden beim Kontrollgang beobachten. Vorauf Hannibal. Er hob kurz die Nase gegen mich und bekundete durch ein flüchtiges Wedeln, daß ich in Ordnung sei und er mich hiermit begrüße. Dann richtete er sich auf, drückte mit der Pfote die Klinke des Gartentors auf und ging durch.

Hinter ihm in ehrfürchtigem Drei-Schritt-Abstand wogte die Riesengestalt Tommys, der nun schon voll ausgewachsen war: anderthalb Jahre. Mit angelegten Ohren wanderte er seinem Meister nach und wagte vor lauter Pflichteifer nicht, mich zu begrüßen. Tat er es einmal doch, kam er zu mir und steckte mir den dicken Kopf zwischen die Knie, dann war einen Augenblick später Hannibal neben uns: Wau-wau-wuwu dröhnte er mit erhobenem Kopf. Das galt sowohl mir wie Tommy, und beide waren wir schuldbewußt. Tommy kauerte sich nieder, Hannibal trat über ihn und: Wau-wau-wuwu mit der Löwenstimme, packte ihn am Ohr und stieß seinen Kopf fünf-, sechsmal gegen die Erde. Dann ging Hannibal weiter auf seinem Rundgang. Tommy hinter ihm her. Hannibal wandte sich noch einmal zu mir um, ein kurzes Wau: Du darfst den Kerl nicht ablenken, er ist sowieso so dumm und faul!

Eines ist mir übrigens in all der Zeit nicht gelungen: mit beiden zusammen spazierenzugehen. Wenn ich mal beim Huber war und es versuchte, ging es nur ein paar hundert Schritte. Dann blieb

Hannibal stehen und sagte mit gewaltig dröhnendem Wu-wu dem Schwarzen seine Meinung. Der kauerte sich nieder und sah mich aus seinen Negeraugen kläglich an: ›Siehst du – so ist er!‹ Wir gingen allein weiter, Hannibal und ich, und wenn Tommy manchmal versuchte, sich heimlich hinterherzuschleichen, kehrte Hannibal um, packte ihn am Ohr und stieß ihn mit der Schnauze kräftig auf die Erde: ›Du bleibst daheim, verstehst du?‹

Ob es Eifersucht war oder ob er wollte, daß der Hof bewacht wurde – ich weiß es nicht.

Andererseits konnte ich oft beobachten, wie Hannibal über dem schwarzen Fellhaufen stand und ihm mit den Riesenzähnen zärtlich im Fell knackerte, als sei er noch drei Monate alt und er müsse ihm nicht nur den Vater, sondern auch die Mutter ersetzen. Tommy derweilen fegte, ganz hingerissen von Dankbarkeit und Wohlbehagen, mit der buschigen Rute den Boden.

Die Jahre verrannen. Vier Jahre. Hannibal war nun schon zwölf, ein hohes Alter für einen Landhund, der nicht so wie ein Tier in der Stadt vor der Witterung bewahrt ist. Die vielen kalten Nächte machten sich bemerkbar. Der Rheumatismus hatte seine Hinterhand schon fast gelähmt, und der Huber begann davon zu murmeln, daß man sich wohl demnächst von ihm trennen und ihm den Gnadenschuß geben müsse.

›Tu das nicht, Huber‹, sagte ich, ›noch macht ihm das Leben Spaß und das Fressen Freude! Und er ist ein so treues Tier!‹

›Das wohl‹, knurrte der Huber, ›hatte nie 'nen besseren.‹

Und gerade um diese Zeit ereignete sich etwas, das so wirkte, als habe Hannibal unsere Unterhaltung gehört und wolle beweisen, was noch in ihm steckte. Tommy war inzwischen zum Mann geworden, viel größer und stärker als Hannibal, dem er aber nach wie vor in Treue anhing. Freilich ging er nun doch schon oft seine eigenen Wege, besonders wenn Hannibal, gekrümmt von Gicht, an das Feuer kroch und sich nur noch mit größter Anstrengung für kurze Augenblicke ins Freie schleppen konnte. Dann wühlte Tommy sich förmlich in den Schnee ein. Bei zwanzig Grad Kälte und noch mehr blieb er draußen, und oft fand man morgens vor der Tür einen Schneehügel, der sich plötzlich hob, schüttelte – und er war es Tommy, quietschvergnügt!

An einem solchen frostklirrenden Wintertag war es auch, daß er durch den tiefen Schnee hinunter zum Xaver am See stampfte, du siehst das Haus dahinten am Ufer, der kleine graue Turm zwischen den Pappeln. Dort wohnte eine seiner zahlreichen Freundinnen. Aber als er ankam, fand er einen Rivalen, einen riesenhaften gelben Bastard. Ajax vom Oberwirt, den schlimmsten Raufbold des Dorfes. Der mochte wohl ohnehin ärgerlich sein über die Kälte, oder war es einfach Eifersucht – jedenfalls war er mit einem Satz Tommy im Genick. Der schüttelte ihn wohl mit seiner Riesenkraft ab, daß er zwei Meter weit flog und sich im Schnee überschlug, aber da saß Ajax ihm schon wieder in den Hinterbeinen. Der langsamere und friedfertige Tommy hatte keine Chance. Der Feind war überall. Kaum daß er ihm ein, zwei Bisse versetzen konnte – zwanzig heimste er dafür ein. Der Schnee rötete sich von Blut, ausgerissene scharze Haarbüschel lagen herum. Bös zerzaust und mit vielen Wunden schleppte sich Tommy heim. Er kam so jammervoll an, daß der Huber zum Telefon ging und den Tierarzt anrief, der möchte schnell kommen und die schlimmsten Risse im Fell nähen. Tommy derweilen war zu Hannibal gekrochen, der sich steifbeinig vom Ofen bis an die Tür geschleppt hatte. Hannibal – das hat mir der Huber nachher alles genau erzählt – besah sich die Wunden und leckte sie. Und dabei ging es zwischen den beiden hin und her, direkt eine Unterhaltung mit Wuff und Wau – und Knurren und Hecheln. Und plötzlich waren beide weg. Hannibal voraus, immer wieder stolpernd und das steife Hinterteil halb nachschleifend, hinterdrein Tommy. Genau auf Tommys Spur gingen sie hinunter zum Xa-

ver, wo Ajax stolz im Schnee saß und der Geliebten gerade im schönsten Wolfsgeheul eine Arie sang.

Der Xaver hat mir dann die Fortsetzung erzählt:

»Ich stand gerade am Fenster, da sah ich, wie die beiden ankamen. Der alte Hannibal konnte plötzlich wieder laufen, in einem richtigen Wolfstrott kam er auf Ajax zu, der herumfuhr und ihm die Zähne zeigte. Aber es nutzte ihm nichts, denn mit einer schattenhaften Schnelligkeit sprang ihn Hannibal an, und mit dem geübten Griff des alten Kämpen schloß er seinen Wolfsrachen um den Unterkiefer des Ajax. Der machte eine wilde Bewegung, und Hannibal knickte hinten ein – aber er hielt fest. Und dann war auch schon Tommy heran. Mit der ganzen Wucht seiner anderthalb Zentner krachte er auf Ajax nieder und grub ihm seine Zähne in die Seite. Fünf Minuten lang dauerte das Getobe. Ajax schrie in Todesnot, so daß ich schließlich den Stock nahm und hinausging. Hannibal duckte sich nicht vor dem Stock, aber er ließ Ajax los und wandte sich ruhig ab, als wollte er sagen: ›Da – den Rest kannste haben!‹ Und es war wirklich kaum mehr als ein Rest, ein blutendes, zerrissenes Bündel, was da vor mir im Schnee lag und noch von ein paar Minuten der stolze Ajax war. Der Tierarzt, der zum Huber gekommen war, konnte gleich weiter zum Xaver fahren und den Ajax zusammenflicken. Der blieb am Leben, aber seitdem machte er einen weiten Bogen um die Hunde von Einödhof.

Noch bis in das Frühjahr hinein blieben die beiden zusammen. Nichts schreckte und nichts erschütterte sie, kein Donner der Frühjahrsgewitter, kein Schuß, gar nichts.

Aber dann, als der Sommer sich näherte, ging es nicht mehr mit dem alten Hannibal. Der Huber telefonierte nun doch mit dem Förster, Hannibal bekam noch mal eine gute Mahlzeit, und dann führte ihn der Förster hinauf, dort auf den Schlag bei den Himbeeren, und erlöste ihn. Aber – er hatte nicht bemerkt, daß Tommy mitgeschlichen war und im Unterholz kauerte, als der Schuß fiel.

Der Huber kam mit dem Spaten, streichelte noch einmal den treuen Gefährten und grub ihn ein. Drei schwere Steine wälzte er auf sein Grab, damit die Füchse nicht seine ewige Ruhe störten.

Als der Huber heimkam, war Tommy verschwunden. Er suchte ihn überall. Nichts. Schließlich, am nächsten Tag, als er noch mal die Suche aufnahm, kam er auch an Hannibals Grab. Er sah einen schwarzen Schatten weghuschen, die Steine waren zur Seite gewälzt, und der tote Hannibal lag herausgezerrt in der Sonne. Den Huber grauste es, aber er holte den Spaten Und grub ihn wieder ein. In der Nacht hörte er es heulen vom Schlag. Er wußte, was es war. Tommy, der seinem Freund die Totenklage sang. Am nächsten Morgen ging der Huber wieder hinauf. Wieder waren die Steine weggewälzt, und wieder huschte der große schwarze Schatten vor ihm weg ins Gestrüpp. So ging es vierzehn Tage lang, bis der Huber mich rief:

›Ich schenk dir den Tommy‹, sagte er, ›sieh zu, daß du ihn dir einfängst.‹

Ich machte mich auf und fand ihn im Gebüsch. Neben ihm lag die schon halbverweste Leiche seines Gefährten, er selbst war zum Skelett abgemagert. Ich brachte ihm Fressen. Erst nahm er es nicht, aber schließlich, als ich ihn immer wieder streichelte, ihm gut zuredete, fraß er es gierig auf. Dann folgte er mir zögernd, sich viele Male umwendend.

Ich brachte Tommy nach Hause, pflegte ihn, sperrte ihn ein, nahm einen Wagen, schaffte Hannibals Reste weit fort und bettete ihn nochmals zur ewigen Ruhe.

Tommy wurde mein Gefährte. Aber zweierlei hat er behalten: die Angst vor jedem scharfen Geräusch, ob es nun ein Schuß ist oder ein Donnerschlag oder auch nur – wenn ich im Wirtshaus bin – ein Faß, das man den Flur entlangrollt. Immer wieder bricht dann wohl jener furchtbare Moment in ihm auf, als die Flinte des Försters sich entlud und nach Donner und Blitz der große Hannibal reglos und blutend lag, auf geheimnisvolle Weise ihm entrissen und doch noch da. Und immer wieder auch treibt es ihn an jene Stelle, wo einmal Hannibals Grab war. Dort sucht er ihn, denn es ist doch einfach nicht möglich, daß er, der Große, der Herrliche, der Starke, der besser und klüger und heldenmütiger als alle anderen – daß er nicht mehr ist. Vielleicht kommt er doch zurück, vielleicht steigt er aus der Erde oder tritt aus dem Schatten des Waldes: Wau-wau-wuwu – komm, Tommy, wir machen die Runde . . . !«

Als Ralph das sagte: Wau-wau-wuwu – hob Tommy, der zu seinen Füßen lag, den Kopf. Ralph legte eine Hand unter seine Schnauze, mit der anderen streichelte er ihm den gewaltigen Kopf:

Du wirst ihn wiedersehen, Tommy! Wenn deine Tage hier zu Ende sind und du in die ewigen Jagdgründe kommst, dann wird

auch Hannibal da sein, und ihr werdet oben im Himmel dahintraben, und du wirst ihm wieder dienen können und ihm mit einem
Herzen voll Liebe folgen, und die Menschen unten auf der Erde
werden aufschauen und sagen: Was für zwei merkwürdige Wolken da oben, die gerade unter dem Mond vorbeiziehen, wie zwei
große Hunde ...«

Hasso

Den Schauplatz der Handlung müssen Sie sich folgendermaßen vorstellen: ein Kurort, der in einem Hochgebirgstal liegt. Er ist in seiner Art sehr eindrucksvoll mit seinem Bahnhof, in den die schweren elektrischen Lokomotiven die ungerupften Fremden herein- und die gerupften wieder hinausschleppen; mit den Reihen seiner neonverblauten Saisongeschäfte, dem Kurpark, der Kurkapelle (im Muschelgehäuse) und den vielen großen Privatvillen mit bekannten Namen auf den Türschildern. Die ganz vornehmen Leute haben natürlich überhaupt keine Türschilder –

Aber wenn man dann aus all dieser Prominenz den Blick hochhebt, sieht man das Nebelhorn. Dreitausendfünfhundert Meter hoch türmt es sich wie eine versteinerte Welle empor, deren oberen Rand der Schaum der Gletscher krönt.

Vor solcher Majestät ist natürlich unser Kurort nichts als ein Häufchen Staub in einer Erdrinne, gerade, daß man noch den Gebirgsbach erkennen kann, der ihn wie eine dünne Silberader durchfließt. Die herumwirbelnden Menschenbazillen bleiben völlig unsichtbar, wie das so die Art der Bazillen ist, besonders der gefährlichen –

Dieser Vergleich könnte uns eigentlich entmutigen. Bazillen – hm –. Aber lebt dieser gewaltige Berg, dessen Erhabenheit uns gewissermaßen niederwalzt, nicht nur in der Vorstellung eben dieser Menschenbazillen? Er selbst ist sich seiner nicht bewußt. Die Ameise nimmt ihn überhaupt nicht wahr. Dem Bussard, dessen fahlbraune Schwingen gerade dort oben in der Sonne leuchten, ist er gleichgültig, weil sein Fernrohrauge nur nach Maus oder Hase lugt, und vor dem Auge Gottes, dem klaren, alles durchdringenden, dem Wahne der Vielheit entrückten – was ist da so ein Berg?

So ist alles im Tiefsten, Höchsten und Letzten subjektiv, und es kommt allein darauf an, was es für uns bedeutet und wen es gerade angeht. Sehen Sie mal genau dorthin, wo sich außerhalb des Ortes das Tal verengt und der Bahndamm, der Weg und der Gebirgsbach in einem spitzen Winkel aufeinander zulaufen. Dort sehen Sie noch ein paar Gebäude. Nein, ich meine nicht die links der Bahn, denn das ist das Sägewerk, ich meine vielmehr die drei kleinen Häuser auf der rechten Seite des Bahndammes, und ganz speziell diesen Mann, der darauf zuwandert und einen jungen, ziemlich jämmerlich aussehenden Schäferhund an einem Strick hinter sich herzieht. Das ist der Maler Balthasar Enderle, und der junge Hund ist Hasso junior. Und die beiden gehen uns ganz besonders an –

Aber zunächst möchte ich von den Häusern sprechen. Das größte von ihnen gehört dem Zimmermann Wegner mit seiner molligen Frau. Ein gemütlicher Verein, diese beiden. Oben in ihrem Hause wohnt die Witwe Bader, die ebenso dünn und schwarz ist wie ihre Katze Mika.

Daneben sehen Sie ein kleines, aber modernes Haus, besser gesagt ein Häuschen. Hinter einem seiner Fenster sehen Sie einen Mann mit einer Brille, der den Maler und seinen Hund beobachtet. Das bin ich. Mein Häuschen ist innen größer als außen. Von außen gesehen hat es eine fatale Ähnlichkeit mit einer Streichholzschachtel. Innen aber gibt es eine kleine Diele mit einem Garderobehaken und einer Stallaterne, die für elektrisches Licht umgearbeitet wurde. Von der Diele aus tritt man in einen überraschend großen Raum mit breiten Fenstern und einem schönen, offenen Kamin, der sogar ausgezeichnet heizt. Es stehen eine große Couch und alte schwere Bauernmöbel darin. Die Wände sind halb getäfelt und haben Borde, auf denen Zinnteller stehen. Daneben gibt es noch ein kleines Schlafzimmer, eine ganz moderne, winzige elektrische Küche und ein Bad mit einer grüngekachelten Wanne. In so etwas läßt es sich schon leben, nicht wahr?

Leider aber gehört das Häuschen nicht mir, sondern meinen Freunden Fred und Irene, von denen ich es gemietet habe. Fred hat es sich vor drei Jahren bauen lassen und seitdem mindestens drei Wochen selbst darin gewohnt. Die übrige Zeit verbringt er in der hundert Kilometer entfernten Großstadt mit Sitzungen und jenem geisttötenden Hokuspokus, den man als »gesellschaftliche Verpflichtungen« bezeichnet.

Kurz nach der Erbauung des Häuschens, an der die Nachbarn heftig mitwirkten, und noch vor seiner jungen Ehe mit der augenblicklich kupferroten Irene, hatte er auch mal eine Freundin dort untergebracht, für die gerade keine Planstelle vorhanden war. Er hatte ihr eingeredet, das sei gut für ihren Teint. Diese Freundin hatte es auch einige Wochen mit einer gemischten Diät aus Zollbeamten und Bergführern versucht, war dann aber abgereist, weil sich ihr Grundübel, Langeweile aus Faulheit, dadurch nicht gebessert hatte. Die Nachbarn beseitigten mit grimmiger Feierlichkeit ihre Hinterlassenschaft, die aus Batterien leerer Schönheitswasserflaschen und ähnlichem bestand, und schickten Fred die unbezahlten Telefonrechnungen.

Die Nachbarn –

Damit kommen wir zu dem dritten und kleinsten Häuschen, und dieses Häuschen ist eigentlich gar kein Häuschen, sondern eine Laube, nicht unterkellert und entsprechend kalt. Und das will bei unsern Wintern hier, bei zwanzig Grad Frost und zwei Meter hohem Schnee, schon etwas heißen! Und in diesem Häuschen wohnt Balthasar Enderle, der Maler.

Persönlich ist er ein reizender Mensch, aber finanziell! Er malt nämlich weder spinatgrüne Wälder mit springenden Hirschen und bärtigen Wildschützen, wie man sie hierorts meterweise den Fremden aufhängt, noch ist er supermodern. Er malt die Dinge ehrlich so, wie er sie mit seinen freundlichen braunen Augen sieht, und wenn man ihn überhaupt einordnen will, so könnte man ihn einen späten Impressionisten nennen. Damit kann er aber weder etwas in den »Kunsthandlungen« des Kurortes loswerden, noch kümmert sich um ihn die Kunstkritik, die nur dann munter wird, wenn eine Jungfrau das Auge auf dem Nabel hat oder wenn man ihr zwei Pfund Fadennudeln serviert, die sich in ein Zahnradgetriebe verheddert haben, und dieses Gemurkse »Ekstase eines Roboters« nennt. Manchmal, wenn es gar nicht mehr anders geht, bemalt er zähneknirschend eine Hauswand oder die Nischen einer Bar, oder er macht Witzzeichnungen, die er – ziemlich erfolglos – an Zeitungen und Zeitschriften schickt.

Enderle brachte es fertig, in seiner Laube eine Staffelei, eine Couch, einen Stuhl, Schrank, Tisch, Herd, den Kater Pitt und besagten Schäferhund namens Hasso unterzubringen, der in unserer Geschichte die Hauptrolle spielt.

Während ich mein Gärtchen vor dem Haus habe und ab und zu einen Anfall von Blumen- und Gemüsezucht bekomme, liegt sein Gärtchen hinter dem Häuschen und enthält eigentlich nur ein Grab mit einem Kreuz. Auf diesem Kreuz steht: Hasso.

Das ist aber Gott sei Dank nicht unser Hasso, sondern sein Vater. Doch davon später!

Ich ging als letzter in diesem Winkel vor Anker und hatte es eigentlich unerwartet leicht mit den Nachbarn, weil ich in puncto Hausarbeit eine völlige Niete bin. Dadurch hatten sie auch weiterhin nach wie vor freien Zutritt zu meinem Haus, das sie irgendwie als ihr eigenes betrachteten. Fred hatte es zwar bezahlt, aber sie hatten es – bis auf das Betonfundament und den Keller – gebaut.

Wegner, der Zimmermann, und Enderle, der sich außerdem auch noch als Elektroinstallateur betätigte, hatten beim Arrangement der Einrichtung geholfen. Außerdem gewann ich sie durch den Umstand, daß ich die Annahme eines Buches oder eines Rundfunkvortrages jedesmal mit einer »Stubenlage« zu feiern pflegte. Seitdem galt ich als beinahe vollwertiger Bürger dieser kleinen Gemeinde. Ich sage »beinahe«, denn um Vollbürger zu sein, hätte ich meinen Zaun selbst reparieren, Holz sägen und das Dach ausbessern müssen. All das konnte ich nicht. Im Gegenteil, man mußte auf mich aufpassen, daß ich den elektrischen Kocher nicht brennen ließ, die Tischdecke nicht mit der Zigarre ansengte und nicht vom Baum fiel, wenn ich meine zerrissene Antenne knüpfen wollte. Dafür setzte ich ihnen ihre Briefe auf, fotografierte sie zu Geburtstagen und war freigebig mit Schnäpsen, Verbandzeug, Aspirin und Abführrtabletten.

Eines Tages, als ich Balthasar mit einem Steinhäger tröstete, weil man ihm wieder einmal eine Serie Witzzeichnungen zurückgeschickt hatte, erzählte er mir die Geschichte des alten Hasso, der in seinem Gärtchen unter dem Holzkreuze lag.

»Wissen Sie«, begann er, »es gibt so eine Art von Schäferhunden, die groß und stark wie Löwen sind. In ihren ganzen Bewegungen und in ihrem Gang haben sie etwas Majestätisches und beinahe Furchterregendes, und in ihrem Blick liegt ein ruhiger Stolz. Solch ein Löwe war Hasso. Ich hatte ihn als ganz junges Kerlchen in den letzten Wochen des Krieges gefunden und mit mir geschleppt. Wir schliefen unter einer Decke und teilten unser Futter. Es ging auf und ab, hin und her, bis wir dann in diesem Winkel strandeten. Manchmal war es etwas knapp, aber niemals holte er sich etwas anderswo, niemals bettelte er Fremde an, niemals wilderte er, wie andere Hunde das taten. Dabei war er der unbestrittene König weit und breit. Sogar der gefürchtetste Raufer der ganzen Gegend, der Dobermann Ajax aus dem Sägewerk drüben, ging ihm aus dem Weg, nachdem er einmal Prügel von ihm bezogen hatte. Nur einen einzigen Fehler hatte Hasso – die Bahn.«

»Die Bahn?«

Enderle nickte und wollte noch etwas hinzufügen, aber im gleichen Augenblick donnerte draußen der Zug vorüber. Rattatata – rattatata! Sein Schatten verdunkelte das Zimmer, die Zinnteller auf dem Bord schepperten. Der Mann mir gegenüber schloß die Augen, zog den runden Kopf zwischen die Schultern und erbleichte. Dann, als wieder Stille war, fuhr er leise fort: »Ja, der Zug –. Er ging ihm nicht aus dem Wege. Immer schnüffelte er auf den Schienen entlang, und pfiff aus der Ferne eine Lokomotive, so richtete er sich auf und erwartete sie mit gespitzten Ohren. Ich habe nie herausbekommen, was das eigentlich war. Irgend etwas aus seiner frühesten Jugend muß es gewesen sein. War ihm mal ein Herrchen mit dem Zug davongefahren und erwartete er es immer noch? Hundertmal wohl zerrte ich ihn von den Schienen herunter. In meiner Angst schlug ich ihn sogar. Aber er sah mich nur ratlos und kummervoll an: Wie kannst du, der du mein Mensch bist, das nicht verstehen? Und dann einmal, im letzten Herbst – kam ich doch zu spät. Er schleppte sich noch bis vor meine Füße – keinen Laut hatte ich gehört. Der ganze Hinterleib zerrissen –. Ich habe Menschen getötet, im Kriege – ich mußte es –. Aber das – das, was da vor mir lag –! Ich – ich – habe ihn dann erlöst – ich weiß, es mußte sein, um – um –. Aber ich werde es nicht los, und manchmal, wissen Sie, entsetze ich mich vor meinen Händen. Wenn ich sehe, wie sie sich auf der Staffelei bewegen, diese Hände, die ...«

Er saß mit weißen Lippen und starrte auf seine Finger, die sich in den Stoff seiner geflickten Hose krallten. Ich wollte etwas sagen, aber meine Zunge war wie gelähmt.

Nach einer Weile seufzte er tief, sah sich wirr um: »Ich habe ihn dann begraben. Sie kennen es ja – hinter dem Haus. Oft unterhalte ich mich mit ihm. Seitdem kann ich nichts Heiteres mehr zeichnen, und gerade davon will ich ja leben. Aber es wird nichts, nach diesem da – Sie verstehen mich?«

Ich nickte.

Eine Weile schwiegen wir. Dann hob er den Kopf und sah mich mit einem verlegenen Lächeln an: »Ja – nun – weswegen ich Ihnen das alles erzähle? Hasso kannte außer mir noch ein anderes Wesen. Er hatte eine Freundin – im letzten Jahr. Eine Schäferhündin, Bella, von hier aus vor dem Ort, auf der rechten Seite, bei dem Bauern. Sie kennen den Hof ja und wissen, wie die Leute sind – hart. Nachdem sie geworfen, es war ihr erster Wurf, kümmerte man sich nicht genug um sie, ließ sie sterben. Ihre Jungen ertränkte man bis auf einen Rüden. Er liegt nun seit sechs Monaten schon an der Kette. Sieht genau aus wie Hasso, als ich ihn bekam. Ich habe mir etwas gespart – die letzten beiden Wochen habe ich den Pavillon der Kurkapelle ausgemalt, nach den grandiosen Einfällen des Herrn Kurdirektors. Nun, und da könnte ich Hassos Sohn dem Bauern abkaufen. Was meinen Sie? Wegners und die alte Bader werden es zwar nicht gern sehen. Sie schimpfen schon über Pitt, weil sie behaupten, er stiehlt . . .«

Ich goß ihm den Rest des Steinhägers ein: »Kaufen Sie – um Himmels willen – holen Sie ihn sich!«

Am nächsten Mittag kam er mit Hasso junior an. Ich sah sie durchs Fenster, hielt mich aber diskret zurück. Die erste Stunde der Begegnung zwischen diesen beiden Wesen wollte ich nicht stören. Ich war nur etwas erschrocken über den Hund. Er war noch jung und schlaksig, dürr zum Gotterbarmen, hielt die Rute eingeklemmt, den Kopf gesenkt und wurde von Balthasar an einem Strick in die neue Heimat gezerrt. In der anderen Hand hielt Balthasar ein Paket, in dem ich Fleisch vermutete.

Nach fünf Minuten klopfte es an mein Fenster. Balthasars rundes Gesicht, vor Aufregung rot: »Kommen Sie!«

Ich war im Moment draußen. Er zerrte mich an der Hand hinter sich her, über die kleine Veranda, wo Pitt, der Kater, dick und satt auf der Bank blinzelte, in die winzige Stube, in der ich erst immer Atem holen mußte, weil sie so winzig und voll war. Vor der Couch stand ein Napf mit Fleisch und vor dem Napf Hasso, der das Fleisch hinunterschlang. Als ich eintrat, zeigte er nur stumm die Zähne.

»Er ist halb verhungert und noch ganz verwirrt, der arme Kerl«, flüsterte Balthasar. »Setzen Sie sich dort auf den Stuhl.«

Ich tat es, und Balthasar setzte sich auf die Couch, unmittelbar vor den Hund. Der richtete die Nackenhaare auf und knurrte dumpf. Dann fraß er weiter, wild, gierig und böse.

»Das ist ein Knurren, nicht wahr?« triumphierte Balthasar. »Das kommt aber auch aus einer Kleinigkeit von Brustkasten! Aber sehen Sie sich das arme Tier an. Am Hals ganz wund gescheuert von der Kette. Diese Verbrecher!«

Schließlich hatte Hasso die Riesenportion verdrückt. Er rülpste gewaltig, wobei ihm ein Fleischbrocken wieder aus dem Maul fiel. Er sah ihn sich einen Augenblick an, offenbar im Zweifel, ob er ihn noch unterbringen könne. Dann fraß er auch ihn auf. Balthasar erhob sich schweigend und stellte ihm eine Schüssel mit Wasser hin. Hasso sah ihn einen Augenblick mißtrauisch an, dann soff er und ließ sich anschließend auf die Keulen plumpsen.

»Am besten, wir kümmern uns gar nicht um ihn«, zischte mir Balthasar zwischen den Zähnen zu, als ob ihn der Hund verstehen könne. So begannen wir eine krampfhafte Unterhaltung über Schlagertexte, kamen anschließend irgendwie auf Chopin, von da auf Beethoven und landeten schließlich bei der chinesischen Philosophie. Als ich Balthasar gerade den Unterschied zwischen Konfuzianismus und Taoismus klarmachte, stand Hasso auf und begann an Balthasars Schuh zu riechen. Von da an schnupperte er aufwärts das Hosenbein entlang, inspizierte die Hand, die auf dem Knie lag, und hob schließlich die wunderbar lange Schnauze gegen das Gesicht des Menschen, der ihn so völlig unerwartet gefüttert hatte. Als Balthasar jedoch vorsichtig die Hand hob, wich er sofort zurück und zuckte mit den Lefzen, wahnsinnige Angst in den Augen.

»Seien Sie vorsichtig!« sagte ich.

»Bin ich schon – bin ich schon, aber ...« Und er hielt ihm die Hand ausgestreckt vor die Schnauze.

»Hasso«, sagte er, »ich verstehe ja, daß du Angst hast, mein Hasso (Zu mir: »Sie müssen, wenn Sie mit ihm sprechen, möglichst oft seinen Namen nennen!«), aber wir werden sehr bald sehr gute Freunde sein, Hasso. Denn du bist ja der Sohn meines lieben, unglücklichen, wunderbaren Hasso, mein Hasso, und du wirst ein ebenso schöner, mutiger und starker Hasso sein, nicht wahr, Hasso?«

Jedesmal, wenn sein Name fiel, spitzte der Hund die Ohren. Zwischendurch sah er ein paarmal aufmerksam fragend zu mir herüber, als fordere er mein Urteil, ob man diesem Menschen trauen dürfe. Und schließlich, unendlich vorsichtig, legte er seine Schnauze in des Menschen Hand. Ganz langsam schlossen sich Balthasars Finger, während es in seinen Augen feucht schimmerte. Mit der anderen Hand strich er leise über den gewaltigen Kopf. Hasso zuckte zusammen, blieb aber stehen. Dann ließ sich Balthasar auf die Erde rutschen und sagte: »So, nun komm mal her!«

Der Hund sah sich verdutzt dieses merkwürdige Herrchen an, das plötzlich nur noch ebenso groß war wie er, inspizierte nochmals genau das Gesicht, und dann plötzlich öffnete er den Rachen, hechelte und tanzte, wenn auch noch etwas vorsichtig, mit der Pfote gegen das Gesicht.

»Er lacht!« flüsterte der Mann. »Sehen Sie, wie er lacht!« Und er tanzte dem Hund genauso mit der Hand gegen die Schnauze. Die buschige Rute Hassos kam zwischen den Hinterschenkeln hervor und wedelte einen Stapel Zeichenblätter durch die Gegend. Nun begann der Mann, ihn vorsichtig an der tief gesenkten Brust zu kraulen. Hasso grinste und juckte mit den Hinterbeinen mit. Dann ging er behutsam in die Knie und ließ sich neben Balthasar auf den Rücken fallen. Sein Kopf kam dabei auf meine Schuhe zu liegen, da sonst kein Platz mehr im Zimmer war. Während Balthasar brustkraulte, roch Hasso an meiner Hand und kaute dann mit wollüstig geschlossenen Augen an meiner Hose. Ich wagte es, seine dicke Pfote zu fassen. Er hatte sofort die Augen auf – zwei Sonnen! –, schloß sie aber wieder, als ich seine Pfote ruhig weiterstreichelte. Schließlich leckte er Balthasar über das Gesicht und mir über die Hand.

»Ich glaube, das hätten wir!« sagte der Maler endlich, richtete sich ächzend auf und setzte sich wieder auf die Couch. Hasso sprang auch auf, blieb wedelnd zwischen uns stehen und sah von einem zum anderen.

»Um was wir uns sofort kümmern müssen«, sagte Balthasar, »sind die wunden Stellen an seinem Hals.«

»Ich habe Salbe drüben.«

»Gut, gehen wir zu Ihnen hinüber!«

Als wir aufstanden und zur Tür gingen, wich Hasso in das Innere des Zimmers zurück. In seinen Augen brannte Verzweiflung.

»Er glaubt, er müsse jetzt wieder an die Kette!« flüsterte mir Balthasar zu. Und dann laut: »Aber Hasso, sei nicht blöde. Komm her! Na, komm her! Hierher! Ist ja nichts!«

Wir standen schon draußen auf der kleinen Holzveranda. Langsam, Schritt vor Schritt, kam Hasso heraus, die Rute eingeklemmt, demütig gesenkten Kopfes, zitternd. Jetzt, wo sein Bauch rund vollgefressen war, wirkten seine Magerkeit, das rauhe, verkommene Fell doppelt erschütternd. Draußen witterte er gegen den alten Kämpen, den Kater Pitt, der noch immer auf der Bank lag und seinen narbigen Pelz in der Mittagssonne wärmte. Pitt öffnete die gelben Augen, richtete sich auf, machte die Andeutung eines Buckels und langte ihm eine mit der Kralle.

Es war nicht die übliche, fauchende Verteidigung der angegriffenen Katze, sondern eine unendlich überlegene, wohlberechnete, sozusagen erzieherische Ohrfeige.

Hasso zog den Kopf zurück, sah uns fragend an, und dann reichte er Pitt die Pfote. Es war eine rührende Gebärde der Werbung, die hilflos in der Luft stehenblieb. Pitt sah sich kurz die Pfote und dann noch einmal den neuen Gefährten an, kringelte sich mit einer abschließenden Bewegung völliger Nichtachtung zusammen und schlief weiter.

Nur mit größter Schwierigkeit war Hasso in mein Haus zu bekommen. Wir mußten ihn über die Schwelle schieben.

»Er ist es nicht gewöhnt, im Haus zu sein«, erklärte mir der Maler. »Er hat sich auch drüben bei mir so gesträubt. Wahrscheinlich hat man ihn immer hinausgejagt, wenn er sich mal aufwärmen wollte. In Wind und Wetter läßt man ja die Tiere draußen, oft ohne Stroh in der Hütte. Nach ein paar Jahren sind es rheumatische Krüppel. Ach – ich möchte . . .«

Endlich merkte Hasso, daß er im Haus sein durfte. Während ich die Salbe suchte, hörte ich seine starken Krallen tapp-tapp-tapp durch die Räume gehen. Er beschnupperte alles: die Teppiche, die Schränke, die Badewanne und besonders die Tür zur Speisekammer. Und immer wieder kamen seine verwunderten Blicke zu uns: Was ist das alles? Träume ich? Im Haus sein dürfen, nicht mehr an die Kette müssen?

Dann setzten wir uns zu ihm, schnitten ihm die Haare um die wund gescheuerten Stellen weg, strichen Salbe auf, puderten. Die

Salbe kühlte. Er leckte uns die Hand. Dann drängte er sich zwischen Balthasars Knie: »Sehen Sie«, sagte der, »er weiß schon, daß er zu mir gehört!« Er nahm den langen Kopf zu sich empor: »Ich werde dich abrichten, Baumeister zu fressen, diese ausbeuterischen Hampelmänner, die deinem Herrchen fünfzig Mark pro Hauswand zahlen.«

Er streckte mir plötzlich die Hand hin: »Ich danke Ihnen, daß Sie alles – so – mitmachen. Wollen wir ihn morgen zusammen flöhen?«

Das wurde mit einer Würde und Wärme vorgebracht, als lade er mich zu einem Geburtstagsessen mit Sekt ein. Ich nahm seine Hand: »Gern, ich habe nur so kurze Nägel!«

»Dann nehmen Sie die Läuse, ich die Flöhe!«

Der nächste Morgen versprach einen herrlichen Sommertag. Unten lag das Tal noch im Schatten, darüber eine feste Wolkenbank, geformt aus den aufgestiegenen Frühnebeln, und über ihr das Felsgestürm des Dreitausenders mit der funkelnden Kappe aus ewigem Eis. Wieder darüber, im lichtdurchwallten Morgenhimmel, ein Heer von Lämmerwölkchen, die ganz langsam zogen. Bald würde die Sonne über den Berg steigen – da war sie schon!

Ein Bach von Gold überflutete meinen Frühstückstisch mit dem weichen Ei, der gelben Landbutter, den extrabraunen Brötchen und dem ebenso braunen Kaffee. Bald würde Mika, die Katze der Frau Bader, kommen, um ihr Schälchen Milch und das weiche Innere der Brötchen zu kassieren. Mika war kohlschwarz und gelbäugig wie ihre Mutter Muscho, die drüben im Sägewerk residierte. Einst gehörte auch sie der Frau Bader. Dann aber, nach Mikas Geburt, gab es irgendwelche Differenzen zwischen ihr und ihrer Herrin mit dem Ergebnis, daß Muscho ins Sägewerk umzog und durch keinerlei Lockungen zu bewegen war, wieder in unseren Winkel zurückzukehren. Sie kam nur gelegentlich auf Besuch, ganz offensichtlich, um den Lebenswandel ihrer Tochter Mika zu kontrollieren. Mika, die inzwischen längst ebenfalls Mutter geworden und im übrigen ein wildes Luder war, konnte bei diesen Inspektionen sehr häufig nicht das mütterliche Wohlwollen erringen. In solchen Fällen verabreichte ihr Muscho rechts und links ein paar kräftige Ohrfeigen, die von Mika in unterwürfiger Ehrfurcht entgegen genommen wurden.

Jetzt tauchte Mika pünktlich wie die Feuerwehr im Fenster auf. Zwei dicke Amseln und ein Kleiner mit einem Schopf, die im Vogelhaus gefrühstückt hatten, stoben davon. Mika verharrte einen Augenblick im Fenster, schnurrte laut, ließ sich mit lässiger Grazie auf die Keulen nieder, faltete den Schwanz vor die Vorderbeine und saß da, eine kleine Sphinx, bis in jede Haarspitze Wohlerzogenheit, Bewußtsein der eigenen Schönheit und kokette Zurückhaltung. Raffiniert wie alle echten Töchter Evas, wollte sie noch extra gebeten werden, das zu tun, wonach sie gierig verlangte.

Ich nahm ihr Schälchen vom Tisch und stellte es auf die Erde: »Na, komm, Mika!« Mit einem schattenhaften Husch war sie unten, und alsbald begann eine kleine, knallrote Zunge mit lautem Schnurren die Milch einzulöffeln. Danach enterte sie meinen Schoß und kassierte eine Zusatzration Butterbrot.

Plötzlich aber richtete sie sich auf, machte fauchend einen Buckel, der bis an mein Kinn reichte, und fuhr die Krallen aus, daß ich sie durch meine Hose spürte. Im Fenster war ein langer Kopf mit aufgerichteten Ohren und hechelnder Zunge über schneeweißen Hauern erschienen, zwei dicke, gelbe Pfoten mit schwarzen Krallen davor. »Wuff!« bemerkte das Ganze in mein Fenster hinein. Dahinter tauchte das Brustbild des Malers auf, übergossen von der Glorie des Vaterstolzes. Mika fuhr wie der Blitz von meinem Schoß und in mein Schlafzimmer. »Wir haben zusammen auf der Couch geschlafen!« verkündete Balthasar. »Kommen Sie mit auf die Bergwiese? Wir wollen ihn dort flöhen, damit die Leute es hier nicht sehen. Sie verstehen uns nicht.«

»Komme gleich. Warten Sie bitte!« Ich schüttete den Kaffee hinunter, und dann trotteten wir los. Wir kletterten über die Steine des Baches, dem Hasso einen halben Eimer Wasser entnahm, kletterten den gegenseitigen Hang hinauf und weiter durch die Latschenkiefern zur Wiese empor. Aus dem Augenwinkel beobachteten wir Hasso. Wahrscheinlich war es sein erster Spaziergang in Freiheit.

»Sollten Sie ihn nicht an die Leine nehmen?« flüsterte ich dem Gefährten zu. »Immerhin ein Experiment! Wenn er nun einfach losgeht?«

»Er wird nicht. Ich will ihn erst gar nicht an die Leine gewöhnen. Er muß so bei mir bleiben.«

Und er blieb. Die ersten Minuten wich er überhaupt nicht von Balthasars Knie, blieb immer wieder wie benommen stehen, witterte in die Gegend, sah sich um, beobachtete mit schiefem Kopf eine Hummel, stoppte mit erhobener Pfote, wenn vor ihm eine flüchtige Eidechse raschelnd in das Brombeergestrüpp huschte. Dann fand er Hirschlosung, schnuffelte, bekam die Fährte und machte ein paar Sprünge bergauf.

»Hasso!« rief sein Herr halblaut. »Hier, bei Fuß!«

Der Hund stoppte, als habe man ihn an einer Schnur gerissen, sah sich fragend um. »Bei Fuß!« wiederholte Balthasar und klopfte sich an den Schenkel. Der Hund kehrte um, sprang mit seinen weichen, schlenkernden Kinderbeinen zurück, leckte ihm die Hand, drückte sich an ihn. Sein Herrchen sah mich triumphierend an:

»Na? Ich sage Ihnen, er hat nur eine Angst: mich zu verlieren!«

Oben auf der Bergwiese stand die Armee der Enziane und daneben jene Blume, die man viel zu prosaisch Schusternagel nennt und die ihr Blau vom Mantel der Madonna geliehen haben könnte. Am hinteren Rand der Wiese stieg unvermutet der Fels auf, starr, grau und uralt, das Haupt hoch, hoch oben mit einem zarten Wolkenschleier umwunden. Einen Moment standen wir überwältigt. Auf Hasso schien es weniger Eindruck zu machen. Er postierte sich auf der Wiese, mit dem Rücken zur Aussicht, machte den Kopf schief und wedelte auffordernd. Schließlich riß sich Balthasar mit einem tiefen Seufzer von der Aussicht los und faßte seinen Jüngsten ins Auge:

»Wie er dort steht – ein Stück Natur, wunderbarer Natur. Merkwürdig, daß ich die Gestalt eines Menschen nie so empfinde. Immer störend. Hm? Er legt den Kopf schief und lacht. Er will spielen!«

Der Maler sah sich um und entdeckte am Rande der Wiese einen dicken Zweig. Als er ihn aufhob, kniff der Hund den Schwanz ein, warf sich auf der Hinterhand herum und rannte weg.

»Aber du Dummerchen!« schrie Balthasar, »Hasso – Hasso – bleib doch! Hier, schau, ich leg ihn ja wieder hin! Er bleibt stehen – Gott sei Dank – wollen Sie hinlaufen und ihn festhalten? Ich komme dann langsam nach.«

Ich lief nicht, sondern ging langsam über die Wiese, immer wieder stehenbleibend und ihn lockend. Schließlich hatte ich ihn am Halsband. Er zitterte, und seine Augen schienen voller Tränen. Das Herz drehte sich mir um. Jetzt kam sein Herr allmählich näher, den Stock auf dem Rücken. Ach, Hasso sah das genau! Sein Zittern verstärkte sich. Er zerrte am Halsband, daß ich fast umfiel, und versuchte in seiner Todesangst nach mir zu schnappen. Als der Herr vor ihm stand und langsam den Stock vorholte, gab er sich mit einem wehen Stöhnen auf und warf sich auf den Rücken. Balthasar kniete sich neben ihn, streichelte seinen Kopf, kraulte ihm den Bauch. Dann spuckte er auf den Stock, hielt ihn vor die Hundenase:

»Hier – ist deiner – paß auf!« Er holte aus, während sich Hasso konvulsivisch zusammenkrümmte, und warf den Stock weg: »Da, Hasso – hol's!«

Der Hund richtete sich auf, stand zitternd und starrte in die Richtung des Stocks.

»Lassen Sie's doch! Sie quälen ihn nur!« sagte ich.

»Unsinn. Ein junger Kerl wie er muß spielen, springen, jagen. Vor allem muß die Angst aus ihm heraus.«

Darauf ließ er sich auf die Knie nieder, kroch auf allen vieren über die Wiese bis zu dem Stock hin. Er sah urkomisch aus mit seinem vor Aufregung geröteten Kopf, der hochgerutschten, verbeulten Jacke und der blankgewetzten Hose, in der sich die Sonne spiegelte. Warum lachte ich eigentlich nicht? Hasso lachte auch nicht. Er hatte aufgehört zu zittern, sah fragend an mir hoch und drängte sich an mein Knie. Jetzt beugte sich Balthasar nieder, nahm – weiß Gott – den Stock mit den Zähnen auf und kam so wieder zurückgekrochen. »Wuff-wuff!« machte er dumpf, als er Nase an Nase mit Hasso stand. Der wich einen Schritt zurück. Nun mußte ich doch lachen. Da begann sich Hassos Schwanzspitze langsam zu bewegen. Balthasar ließ den Stock fallen, spuckte ein paar Stückchen Borke aus, zog ein grau-weißes Taschentuch und wischte sich die Stirn. Hasso kam einen Schritt näher und beroch den Stock mit gekrauster Nase. Das Herrchen hielt mit dem Wischen inne, nahm seinen Kopf und gab ihm einen Kuß: »Ach, du geliebter Lümmel!« sagte er.

Hasso reichte ihm die Pfote. Nun nahm der Mann wieder den Stock und hielt ihn vor das Hundegebiß: »Nimm!«

Hasso schnupperte erneut daran, den Schwanz zwischen den Hinterbeinen.

Jetzt stand Balthasar wieder auf, warf den Stock, rannte danach, blieb wieder stehen: »Na, komm doch, du Dummerchen – komm!«

Hasso trottete vorsichtig ein paar Schritte hinterher, blieb stehen, die eine Pfote hochgehoben, die Nasenflügel wild arbeitend. Als das Herrchen den Stock aufhob, ließ er sich nieder, aber er lief nicht weg.

Balthasar warf und rannte, warf und rannte, lockte, beschwor, und allmählich wurden die Ohren des Hundes steifer, die Augen heller, und schließlich war er mit dem Herrchen zugleich am Stock und faßte ihn vorsichtig.

»Ist mein!« sagte Balthasar und zerrte daran. Hasso ließ sofort los. Der Mann hielt den Stock wieder hin: »Hier – nimm!« Der Hund begann wieder zu wedeln und packte schärfer zu. Der Mann hielt fest, begann zu ziehen, streichelte Hassos Kopf, und diesmal ließ der Hund nicht los. Balthasar zog stärker. Der Hund stemmte die Pfoten in die Erde und knurrte. Das Herrchen sah sich triumphierend nach mir um.

»Aus!« sagte er dann. Der Hund zerrte. Balthasar gab ihm einen leichten Klaps, worauf Hasso verdutzt losließ.

Dann übten sie. Nimm – aus – nimm – aus! Nach fünf Minuten hatte Hasso begriffen. Das Herrchen richtete sich ächzend hoch, schwang den Stock und warf ihn in die Wiese. Und da, zum ersten Male, schoß Hasso hinterher, die prachtvolle Rute frei weggereckt. Der Galopp ging in Wellenlinien durch seinen Körper, die jungen, latschigen Beine flogen. Er überschlug sich fast, als er am Stock bremste. Dann kam er zurück, die Beute im hochaufgeworfenen Kopf zwischen dem schneeweißen Gitter seiner furchtbaren Zähne, die Augen blitzend vor Lust. Er warf sich vor dem Herrchen hin: »Wuff – wuff!« schrie er auffordernd. Wieder flog der Stock – wieder schoß er nach, seine Flanken pumpten.

»Aus!«

Der Stock wurde zögernd losgelassen, aber Hasso sprang federnd nach, hoch über Herrchens Kopf, als der seine Beute ergriff und zu neuem Wurf schwang.

Ich stieß einen tiefen Seufzer aus und fühlte, wie sich mein Körper entspannte. Ich hatte das Ganze mit atemloser Selbstverlorenheit wie ein Schauspiel von höchster Dramatik verfolgt. War es das nicht? Eine Seele wurde von Furcht erlöst – ein Herz dem Glück gewonnen.

Balthasar ließ sich erschöpft nieder und wehrte Hasso ab: »Nun ist's genug. Puh!« Hasso sah ihn einen Moment verwirrt an, den geiferbedeckten Stock zwischen den Zähnen. Dann kam er damit zu mir, stieß ihn gegen meine Hand, warf ihn vor mich hin. Von der Zunge liefen die Schweißtropfen, glühender Atem aus dem Rachen, die Augen ein einziges Funkeln und Strahlen. Es stieg in meiner Kehle hoch. Fels, Wiese und Wald schienen Augen zu haben, die uns zusahen. Welch eine Stunde!

Dann packte ich den Stock. Er griff sofort danach. Ich auch. Schließlich lagen meine Hand und sein Gebiß eng aneinandergepreßt. Wir zerrten, bis es einen Knacks gab und der Stock zerbrach. Ich schleuderte das kleinere Ende in die Wiese, aber Hasso drehte nur höchst komisch die Augen danach und hielt das größere fest. »Aus!« Er wollte nicht. Kleiner Klaps – auch kein Ergebnis. Ich war für ihn keine Autorität, sondern gleichberechtigter Spielgefährte. Schließlich bekam ich den Stock frei, indem ich ihn unter der Brust kitzelte. Ich wollte werfen, da war er schon über mir, warf mich um. Großes Gebalge. Er wurde derb und packte mein Handgelenk. Der Griff war eisern wie ein Schraubstock. Jetzt gab es eine richtige Ohrfeige, und er ließ verdutzt los. Ich zeigte ihm die Einkerbungen in meiner Hand:

»Sollst du beißen?« Er leckte mir über das Gesicht. Dann spielten wir, bis wir alle drei jappend nebeneinanderlagen.

Die Sonne schien, neben mir im Gras kam der schwarze Kopf einer Grille vorsichtig aus einem Erdloch. Die langen Fühler fingerten prüfend herum, dann wurde der braune Frack nachgezogen; sie setzte sich hin, stimmte die Instrumente und gab dann ein prachtvolles Zirpkonzert zum besten. Ein großer Trauermantel saß mit klappenden Flügeln auf einem Schusternagel, die Wolke oben am Fels hatte sich aufgelöst, ein Kuckuck rief aus der Tiefe. Hachehachehachehache – ging neben mir der Atem des Hundes. Manchmal blieb er plötzlich weg: Hasso horchte mit gespitzten Ohren. Dann pumpte er wieder los, um seine Sauerstoffreserven aufzufüllen, die er in jugendlicher Raserei verschwendet. Jetzt langte Balthasar herüber und packte seine Schnauze. Er warf sich selig auf den Rücken. Seine Rute fegte den Boden. Die Grille verschwand wie ein Schatten in ihrem Loch, der Trauermantel gaukelte hoch. Schließlich richtete der Maler sich auf:

»Jetzt werden wir ihn flöhen, wenn es Ihnen recht ist!« Wir packten Hasso und legten ihn wieder auf den Rücken. Er strampelte, rollte die Augen und schien mit Sicherheit zu erwarten, daß er nun geschlachtet würde und daß alles zuvor teuflische Verführung zu falscher Sicherheit war. Als sich aber weiter nichts Schreckliches ereignete, als daß vorsichtige Finger durch sein Fell fuhren, beruhigte er sich schnell und schloß wohlig die Augen. Wir fanden sieben dicke Flöhe, zweiundzwanzig Läuse und drei vollgesogene Zecken. Die Zecken wurden ihm gezeigt, weil sie ihm beim Ausreißen weh taten. Er richtete den Kopf hoch, besah sie sich und prustete mir dann einen gewaltigen Nieser mitten ins Gesicht. Zwischendurch besahen wir uns unseren Gefährten ganz genau, befühlten die starken flachen Muskeln seiner Schenkel, spielten mit den großen Tatzen, die so locker in den Gelenken hingen, daß man glauben konnte, sie flögen ab, wenn man die Vorderbeine schüttelte, und amüsierten uns, wie er die schwarz-eingefaßten Lefzen verzog, wenn wir an eine kitzlige Stelle kamen. Dann nahmen wir uns den Rücken vor. Das war nicht so einfach, denn Hasso wurde plötzlich neckisch, ließ sich immer wieder umfallen und wollte durchaus auf dem Bauch weiterge-krabbelt werden. Er hatte eine Art, sich zusammensacken zu lassen, wie ein Haufen Schlamm. Wir hoben das Möbel schließlich am Hinterfell hoch und stellten es auf seine Beine. Aber diese großen goldgelben Babybeine waren wie Gummi, und das Ganze fiel zusammen, sobald wir die Pelle losließen, wälzte sich abermals mit verdrehten Augen auf dem Rücken und klemmte uns die Knöchel mit dem Eisengebiß. Es war die reinste Clownerie. Schließlich verlor Herrchen die Geduld, und es gab was auf den Po. Da ging es. Hasso stand, als sei er plötzlich mit Blei ausgegossen, die Schnauze geradeaus wie ein präsentierender Rekrut. Wir rutschten auf den Hosen an ihn heran und machten uns an die Arbeit:

»Da – ein ganz Dicker – wieder weg – verdammtes Luder – wenn ich bloß längere Nägel hätte –. Neben Sie Spucke, viel Spucke! – Halt – da – jetzt – Haha! Wie viele haben Sie –?«

Am Abend, als ich, hinter meiner Maschine hockend, den Versuch machte, die versäumte Zeit nachzuholen und nicht an ein lachendes Hundegesicht zu denken, klopfte es: Balthasar in einer Schlafrock-Ruine. Hinter ihm Hassos großer Schatten. Er hatte die Ohren steil aufgerichtet, lugte scheu um die Türecke und sah besorgt aus. Das Lampenlicht reflektierte höllengrün in seinen Augen.

»Entschuldigen Sie ...«, haspelte der Maler und hielt den Schlafrock mit der Gebärde einer keuschen Jungfrau über seiner Brustmatratze zusammen, »er will nicht in der Laube bleiben. Ist ihm wohl zu warm.«

»Aber er ist doch gestern drin geblieben!«

»Da hat es ihn wohl überrumpelt – sozusagen.«

»Vielleicht gefällt ihm Ihr Mief nicht? Kennen Sie den Witz mit dem Ziegenbock?«

»Ha?«

»Ein Mann gewinnt einen Ziegenbock in der Landwirtschaftslotterie und erzählt seinem Freund, daß er ihn im Schlafzimmer halte. ›Aber das stinkt doch so?‹ entrüstet sich der Freund. ›Daran muß sich eben der Ziegenbock gewöhnen‹, meint der Gewinner. Haha!«

Der Maler blieb todernst und setzte sich auf meine Ofenbank: »Sie sind der einzige, der über diesen Witz gelacht hat«, sagte Balthasar, »außerdem ist er uralt. Aber ich muß mich ja mit Ihnen gut stellen. Also: Hahaha!«

»Wieso, gut stellen?«

»Weil Sie mir helfen müssen, noch schnell einen Verschlag für ihn zu bauen.«

»Einen V . . .«

»Ja, was sonst? Hasso ist ein hartes Tier, das gewohnt ist, im Freien zu schlafen. Hinten in Ihrem Garten habe ich ein altes Gatter gesehen. Wenn wir das oben abschneiden . . .«

»Abschneiden!«

»Ja – nehmen Sie das Beil, und bringen Sie Ihre Taschenlampe mit. Ich säge. Wir müssen schnell machen, sonst schimpfen die Nachbarn über den späten Radau.«

»Darf ich mir noch Stiefel anziehen?«

»Wenn es schnell geht . . .«

Ich stand erschüttert. Hasso auch. Während ich mit wehem Gefühl die Schuhe wechselte, hob er das Bein am Kamin.

»Er ist gewohnt . . .«, meinte Balthasar entschuldigend.

»Gewöhnen Sie's ihm ab. Und holen Sie das Scheuertuch aus der Küche . . .«

Wir hämmerten, hackten, sägten, ich schlug mir zweimal auf den Daumen, und dann kam der dicke blonde Wegner aus dem Nebenhaus mit einem gewaltigen Vorschlaghammer und erklärte, er wolle nicht etwa mithelfen, sondern der Hammer würde gegen uns verwendet. Er sei sonst ein ganz gemütliches Haus.

»Geben Sie dem Kind einen Schnaps!« erklärte Balthasar groß-artig zu mir.

154

»Ich habe keinen mehr. Sie haben gestern den letzten ausgetrunken.«

»So sind sie alle, diese Zigeuner!« meinte Wegner. »Was baut ihr da eigentlich?«

»Einen Verschlag für Hasso!«

»Für dieses magere Krokodil, das Sie gestern am Strick in Ihre Hütte zerrten? Wir dachten, Sie holten es sich zum Abendbrot!«

»Es ist ein echtes Tier, ein scharfer Wachhund, Herr!«

»Was soll er denn bei Ihnen bewachen? Sie haben ja nischt. Außer dieser blödsinnigen Staffelei und Ihrer sogenannten Couch, und die wird nicht gestohlen, höchstens zerhackt.«

»Jetzt sei nicht albern«, sagte Balthasar. »Schlag mal mit deinem Hammer den Pfosten hier ein, dann sind wir nämlich fertig.«

Wegner knurrte, aber schlug. Dann richtete er sich auf: »Leuchten Sie mal da rüber!« sagte er zu mir. Und dann: »Das ist ja ganz schief, ihr Hanswurste. Raus mit dem Pfahl, ich mach ihn neu. Und der Draht muß höher, sonst springt er rüber ...«

Nach zehn Minuten kam Wegners Frau, eine mollige Blondine, im Nachthemd mit Mantel drüber: »Ich dachte, du wolltest diese Wahnsinnigen totschlagen? Statt dessen spielst du mit. Sie, Herr Doktor, leuchten Sie mir nicht so in den Ausschnitt, der ist verpachtet!«

Ich erklärte ihr den Zweck unserer Veranstaltung. Es ist immer gut, wenn man Frauen etwas erklärt. Es beruhigt sie. Es wirkte auch bei Frau Wegner. Wir wurden sogar noch in ihr Haus geschleust. Da gab es ein Schinkenbrot und ein sechzigprozentiges Kirschwasser dazu.

Schließlich lag ich irgendwann im Bett, aber gerade, als ich einschlafen wollte, klopfte es an den Fensterladen. Es war wieder Balthasar.

»Machen Sie Ihre Gesellenprüfung als Nachtwandler?« fragte ich ihn verbittert.

»Nein – aber Sie haben doch noch eine Kamelhaardecke, die Sie
gewöhnlich nicht brauchen.«

»Ja, aber wieso . . .?«

»Ich brauche sie für mich. Nur für heute nacht.«

»Aber Sie haben doch selbst eine . . .«

»Da liegt Hasso drauf. Bis ich ihm morgen eine richtige Hütte
gebaut und Stroh besorgt habe.«

»Aber beim Bauern hat er doch auch . . .«

»Bin ich ein Bauer – und ist er ein Kettenhund?«

Ich warf ihm die Decke durchs Fenster.

Am nächsten Morgen um sieben, als ich mir gerade den Ober-
kiefer massierte, um meine wegen Paradentose wackelnden Zähne
zu einer etwas männlicheren Haltung zu veranlassen, war Balthasar schon wieder da.

»Kommen Sie doch mal rüber!«

»Warum denn, zum Teufel, ich ...«

»Es lohnt sich!« In seinen vor meinem Fenster erscheinenden Augen war die Treuherzigkeit zweier Setzeier, und so konnte ich nicht widerstehen, hüllte mich in den Schlafrock und ging hinüber.

»Leise!« sagte er an der Schwelle und öffnete die Tür zentimeterweise. Drinnen, den gesamten freien Raum zwischen Couch, Staffelei und Herd füllend, lag Hasso auf der Seite und auf seinem Bauch Pitt, der Kater.

»Genau wie bei Hasso – ich meine, bei meinem alten Hasso«, verbesserte sich der Maler hastig, und seine Augen waren feucht.

Pitt warf uns einen flüchtigen Blick aus seinen gelben Bernsteinaugen zu, dehnte die Pfoten, daß die Krallen herauskamen, und schlief dann weiter, als gäbe es für Kater nichts Selbstverständlicheres auf der Welt, als Schäferhundbäuche zu Kopfkissen zu ernennen.

Ein seltsamer Bursche, dieser Pitt übrigens. Das Leben hatte ihm wenig erspart. In zahllosen Kämpfen mit seinen Rivalen hatte sich seine Haut in eine Narbensammlung verwandelt. Seine Ohren waren abgefressen, zerrissen, abgeledert, abgeknabbert – Blumenkohlohren eines alten Boxers. Zweimal schon war er dem Tod von der Schaufel gehopst. Das eine Mal hatte ihn ein schwerer Feldstein niedergestreckt, geworfen von der Hand der Witwe Bader, der er das Kalbsfilet für die Verlobungsfeier ihrer Tochter gestohlen hatte.

Frau Bader machte sich dann immerhin die Mühe, für den erschlagenen Dieb ein Grab zu graben. Wahrscheinlich wollte sie damit seinem Herrn den Anblick des Getöteten ersparen. Sie legte die Leiche Pitts hinein, dann wandte sie sich dem aufgeworfenen Erdhaufen zu, um das Loch zuzuschaufeln. Als sie mit der ersten vollen Schaufel herangeschwenkt kam, war das Grab leer.

Pitt hatte den Feldstein überstanden –

Das zweite Mal bekam er eine Vereiterung am Bein. Herrchen gab sein ganzes verfügbares Geld für Penicillinspritzen aus, aber nichts half. Es wurde schlimmer und schlimmer, und eines Morgens stand der schwarze Pitt nicht mehr auf. Tränenden Auges begann ihm Herrchen im Garten ein Grab zu schaufeln. Plötzlich fühlte er etwas neben sich: Pitt stand da und sah es sich an. Als sich Balthasar Enderle zu ihm umwandte, warf Pitt ihm nur einen empörten Blick zu. Er hatte seit Frau Bader was gegen das eigene Grab. Er entfloh und ward eine ganze Woche lang nicht mehr gesehen. Dann fand ihn Balthasar eines Morgens auf seinen Füßen. Er mußte nachts durchs Fenster gekommen sein. Das Bein war bedeutend besser –

Während diese Erinnerungen durch mein noch sanft verklebtes Gehirn zogen, hatte Hasso junior ein Auge geöffnet, richtete sich vorsichtig auf, wodurch Pitt von seinem Bauch herunterrutschte. Er leckte dem Kater zweimal über den Kopf, stand dann endgültig auf und schüttelte sich. Eine Wolke von Hundehaaren schaukelte durch die Luft und ließ sich ringsum nieder – unter anderem auch auf einem Stück Butter, das auf einer Untertasse zwischen zwei gekrümmten Wurtscheiben lag.

»Sind eigentlich Hundehaare bekömmlich?« fragte ich Balthasar.

Er folgte meinem Blick: »Jedenfalls mehr als die Katzenhaare, die sowieso darauf liegen. Immerhin könnten wir ihn heute mal baden. Ich bin sicher, daß er noch nie in seinem Leben gebadet worden ist.«

Ich betrachtete Hasso, der gerade vor uns seine Lockerungsübungen machte – Kniebeugen vorn und hinten, wobei der Rachen weit aufgerissen wurde: »Nein, das glaube ich auch nicht. Ich werde meinen alten Bademantel und Küchenseife beisteuern. Aber wo wollen wir es machen?«

»In Ihrer Badewanne natürlich!«

»Natürlich. Womit kriege ich die Wanne wieder sauber?«

»Mit Klinol, mein Lieber. ›Klinol – immer froh und wohl!‹ Hören Sie eigentlich keine Rundfunkreklame?«

»Nein!«

»Bildungslücke.«

Wir ließen Hasso draußen erst mal verschiedenes erledigen, damit es nicht vor Schreck in die Wanne ging. Dann heizte ich den Küchenherd. Er war nicht nur für Elektrizität, sondern – offenbar für den Fall von Atombomben – auch für Holz- und Kohlenfeuerung eingerichtet, und nur so war heißes Badewasser zu erzeugen. Das war besonders im Sommer praktisch, denn die Küche wurde dann so heiß, daß man einen Schlaganfall bekam, und alle Speisen verdarben. Sie wurde vor allem viel heißer als das Badewasser.

Dann fingen wir das Untier ein, das gerade meinen Rosenstock ausgegraben hatte, und stellten es in die Kachelwanne, meinen Stolz. Warmes Wasser, Brause und Seife kamen über ihn wie das Jüngste Gericht. Er stand nur völlig erstarrt und zitterte. Wir arbeiteten mit Küchenseife und Wurzelbürste, Balthasar verlor das Gleichgewicht und fiel mit dem Kopf auf den Spülhahn. Ich lachte so, daß ich über der runtergefallenen Seife ausrutschte und mit dem Hinterkopf ans W. C. schlug. Dann hoben wir Hasso, den einzig Unverletzten, heraus, aber bevor wir uns mit dem Bademantel über ihn stürzen konnten, war er aus der Tür. Wir fingen ihn im Schlafzimmer ein, wo er sich in meinem Bett trocken wälzte, und rubbelten bis zum Zusammenbrechen an ihm herum. Dann gingen wir ins Badezimmer und sahen uns stolz die Brühe an.

Damit war meine unmittelbare Teilnahme an Hassos Start in ein neues Leben zunächst beendet. Vielleicht war Balthasar einfach eifersüchtig und wollte vermeiden, daß sich im Herzen des jungen Löwen das Gefühl einer Doppelvaterschaft entwickelte. Jedenfalls wurde ich in den nächsten Tagen nicht mehr zum Hilfsdienst herangezogen. Ich redete mir zuerst ein, daß ich froh darüber sei. In den beiden letzten Tagen war ich kaum zum Schreiben gekommen und hatte für meinen Geschmack zu wenig geschlafen. Bald aber begann ich, den Hundetumult, einen gewissen hechelnden Rachen und zwei gummiweiche Riesenpfoten zu vermissen, und verfolgte, wo ich konnte, Hassos weiteres Schicksal. Natürlich ließ ich es mir nicht merken, denn auch ich habe meinen Stolz.

Die Verfolgung besagten geliebten Schicksals war dadurch sehr erleichtert, daß Hasso jeden Morgen in meinem kleinen Garten spielte. Er grub meine Blumenbeete aus, hob das Bein an dem einzigen Obstbaum, der sowieso schon genug Sorgen hatte, seine vier Spätäpfel bis zur Reife zu bringen, und verarbeitete allmählich meinen ganzen Zaun zu Stöckchen. Das Herrchen schien sonderbarerweise gar nichts bei diesem systematischen Zerstörungswerk zu finden. Offenbar setzte er bei mir die gleiche Hasso-Besessenheit voraus wie bei sich.

Und es war eine Art Bessenheit, die diesen Mann befallen hatte. Tagelang, während ein schöner Sommer in einen klaren Herbst überging und die Bergwelt um uns, die Füße in flammendes Laub gehüllt, immer wunderbarer prangte, übte er mit seinem Hund am Bahndamm »Pfui!«.

Er hatte sich irgendwo einen viele Meter langen Strick organisiert. Den band er an Hassos Halsband. Dann warf er einen Stock über den Bahndamm. Hasso natürlich hinterher. Sobald er aber an die Schienen kam, wurde er mit einem lauten »Pfui!« zurückgerissen und anschließend streng verwarnt. Dann kam eine noch härtere Probe: In einem Eimer wurde von Herrchen sein Fressen über den Bahndamm getragen und jenseits niedergestellt. Der Strick wurde losgebunden. Hasso wollte losstürzen, aber im Moment, als er an den Schienen war, streckte ihn Herrchens »Pfui!«

nieder wie eine Kugel. Dann kam Herrchen zu ihm, streichelte, lobte ihn, sagte: »Bei Fuß!«, und so – nur so – eng an Herrchens Bein geschmiegt, durfte er den Bahndamm passieren. Schließlich wurde mit dem Zug selbst geübt. Die beiden postierten sich unmittelbar an den Schienen und warteten, bis das schwarze, pfeifende Rechteck der Lokomotive, aus dem Doppelstrang dämonisch schnell aufwachsend, herandonnerte.

»Los!« kommandierte dann Balthasar, und beide rannten Hals über Kopf von den Geleisen weg ins Feld.

Nach etwa vierzehn Tagen hatte es Hasso begriffen. Er konnte noch so wild über die Wiesen jagen, durch meinen Garten toben, sobald er an den Bahndamm kam, blieb er wie von einer unsichtbaren Hand gestoppt stehen. Donnerte ein Zug heran und überraschte ihn beim Spiel, so jagte er mit eingekniffenem Schwanz von dannen.

Eines Nachmittags, als Balthasar und ich, vor unsern Häusern stehend, das beobachteten, nahm er seufzend die Mütze ab, kratzte sich seinen Kugelkopf:

»Ich glaube, das habe ich geschafft! Er wird nicht enden wie sein Vater . . .«

»Nein.«

»Obwohl der Gedanke furchtbar ist, daß so ein wunderbares Wesen überhaupt enden muß. Warum? Haben Sie schon darüber nachgedacht?«

»Seitdem ich denken kann.«

»Und haben Sie eine Antwort darauf gefunden?«

»Nein – vielleicht muß alles sterben, weil die Ewigkeit noch furchtbarer wäre.«

»Ausreden . . .«

»Möglich . . .«

Hasso kam heran, setzte sich vor uns nieder und sah uns erwartungsvoll an. Ohren und Stirn hatte er kokett mit lauter kleinen

Kletten garniert. In seinen Augen spiegelte sich die Welt, wie wir sie so strahlend nur in ein paar Stunden unseres ganzen Lebens sehen.

»Wissen Sie«, sagte Balthasar nach einer Weile Schweigen, »manchmal glaube ich, daß in unserer Liebe zu den Tieren, besonders zu unsern Hunden, irgend etwas nicht in Ordnung ist. Dann kommt es mir vor, als ob es – fast – eine Sünde ist. Mindestens 'ne Schwäche. So – weil wir mit den Menschen nicht fertig werden können, halten wir uns an die Tiere.«

Ich blieb Auge in Auge mit dem königlichen Tier da vor mir und antwortete:

»Es ist etwas dran, aber schließlich, ehe man verbittert, ist's schon besser, man bleibt in der Liebe und gibt sie einem Tier, finden Sie nicht auch?«

Er wiegte den Kopf: »Mag sein, aber – was heißt Liebe in diesem Fall? Lieben wir nicht nur uns selbst, wie wir uns in der Seele unseres Hundes spiegeln? Der Hund selbst – das eigentliche Tier – ich glaube, davon begreifen wir gar nichts – das ist im Grunde eine ganz andere Welt.«

»Vielleicht? Sogar sicher – aber, ist es denn mit den Menschen anders? Der andere Mensch – lieben wir nicht nur unsere eigene Spiegelung in ihm? Nehmen Sie eine geliebte Frau: Wir lieben sie so, wie sie uns zugewandt ist. Haben Sie aber nicht mal diese selbe Frau beobachtet, wie sie im Beruf ist, mit der Nachbarin spricht, auf dem Markt einkauft – ist Ihnen da nicht auch das Gefühl gekommen: ein fremder Mensch wie alle und kein Anlaß, ihn durch deine Liebe aus allen anderen Menschen herauszuheben? Und wir alle? Sind wir vielleicht nur alle ›Spiegel‹? Spiegel des Ewigen – manche blind, manche blank? Gustav Meyrink hat mal so etwas geschrieben und gesagt: ›Wohl dem, der von sich sagen kann: »ich bin geschliffen . . .‹ Wir erkennen uns in unsern Hunden, und Gott erkennt sich in uns. Vielleicht . . .«

»Ja, vielleicht?« sagte Balthasar, legte seine Hand auf den Kopf seines Schäferhundes und suchte seine Augen: »Vielleicht, mein Hasso!« Dann richtete er sich entschlossen auf:

»Ach, man soll eine Liebe fühlen, aber nicht sezieren. Man soll so ein großes Geschenk, wie es ein wunderbares Tier ist, demütig nehmen, einfach hinnehmen und – dankbar dafür sein! Finden Sie nicht auch?«

»Ja.«

Wieder nach ein paar Tagen rief mir Balthasar von Fenster zu Fenster zu, daß sie mich, falls es mir nichts ausmache, am Nachmittag besuchen wollten. Ich erklärte auf demselben Wege, daß es mir nichts ausmache, und sorgte für Kaffee und Kuchen.

Pünktlich um vier Uhr erschienen sie, Balthasar in einem tadellos sauberen Anzug und Hemd.

»Was ist los?« sagte ich, »sind wir verkracht?«

»Nein«, erklärte er bedrückt, »ich arbeite abends.«

»Und warum ziehen Sie sich dazu an wie ein Dandy, und was hat das mit mir zu tun?«

»Es ist wegen Hasso – wir sprechen noch darüber.«

Besagter Hasso hatte ebenfalls seine Probleme. Er kam nämlich nicht durch die Tür, weil er darauf bestand, ein zwei Meter langes und fast armdickes »Stöckchen« mitzubringen. Wir sahen sprachlos seinem munteren Treiben zu. Er versuchte es zuerst frontal und krachte gegen die Türpfosten, daß das Häuschen bebte und ich annahm, er habe sich sämtliche Zähne ausgebrochen. Dann versuchte er es umgekehrt, mit dem Hinterteil voraus. Dadurch kam er zwar hinein, der Baum aber blieb draußen.

»Nun laß doch, sei nicht albern!« ermahnte ihn Herrchen. Hasso warf ihm über die Schulter nur einen aufgeregt-ärgerlichen Blick zu. ›Du scheinst nicht zu begreifen, worum es geht!‹

»Ich habe das Gefühl, daß er draußen die Türpfosten und die Wand zerkratzt«, sagte ich schüchtern.

»Ja, er ist so ein kleiner Dickkopf!« seufzte das Herrchen, ging an den Tisch und nahm ein Stück Kuchen:

»Hier, Kerlchen – sieh mal – ei-ei – ein Kuchen!«

Hasso sah sich nicht einmal um. Darauf hielt Balthasar ihm den Kuchen vor die Schnauze. Hasso bewegt nur einmal unverbindlich die Nasenlöcher und zerrte weiter. Balthasar aß mit verzweifeltem Gesicht den Kuchen selbst auf und sagte, mir treu und kummervoll in die Augen blickend:

»Was soll man da machen?«

»Vielleicht in den Schwanz zwicken? Ich meine, wenn es mein eigenes Haus wäre, würde ich ja gar nichts ...«

Balthasar schnappte nach Luft: »In den Schwanz zwicken! Ein Tier mitten in der Seligkeit des Spiels von hinten angreifen! Das würde sein ritterliches Gefühl im tiefsten treffen! Er würde es Ihnen nie verzeihen!«

Inzwischen war Hasso wieder nach draußen gesprungen, sah sich den Baum eine Weile überlegend an und faßte dann einen neuen Entschluß. Er packte ihn und stellte den Kopf quer, so daß sein Riesenspielzeug schräg nach oben stand. Und siehe da – er schaffte es mit einem Anlauf. Er durchraste die Miniaturdiele, wobei die alte, elektrifizierte Stallaterne, auf die ich so stolz war, einen Kinnhaken bekam, daß sie wie bei Windstärke elf schaukelte, brach dann in das Zimmer selbst ein, warf einen Stuhl um und den Baum mir genau auf den linken Fuß.

»Au!« schrie ich und taumelte mit verzerrtem Gesicht auf die Couch.

»Tut es so weh?« fragte Balthasar, »Sie sind ja ganz blaß. Wo ist der Schnaps?«

Ich hielt mir stöhnend die große Zehe: »Sie scheinen zu übersehen, daß ich Hausschuhe anhabe!«

»Tatsächlich, ja!« meinte der andere ungerührt. Er hatte inzwischen den Schnaps gefunden und setzte die Flasche an den Mund. Dann goß er mir selbst einen Kleinen ein.

»Aber Sie müssen doch selbst zugeben«, meinte er, während ich gierig trank, »daß er eine ungeheure Kraft hat. Ein Prachtkerl.«

Der Prachtkerl blickte mit leuchtenden Augen zwischen uns hin und her, stieß ein herrisch-ermunterndes Gebell aus und packte, als nichts erfolgte, den Baum, um ihn mir erneut hinzuwerfen.

»Passen Sie auf dieses Wahnsinnsvieh auf!« schrie ich und zog beide Füße auf die Couch. Hasso stutzte, ließ den Baum fallen, daß die Zinnkrüge auf dem Bord klirrten, und richtete sich an mir hoch, als wollte er feststellen, warum ich so schrie. Er montierte mir mit der Pfote die Brille ab und leckte mir quer über das Gesicht. Ich mußte lachen, worauf er vollends die Couch enterte, mich nach hinten warf und sich quer über meine Brust legte.

»Nehmen Sie Ihren Bechsteinflügel von mir runter, zum Donnerwetter!« keuchte ich.

Balthasar nahm ihn sanft am Halsband und placierte ihn neben mich.

»Und beseitigen Sie diesen albernen Rammbock!« sagte ich, immer noch nach Atem ringend.

Der Maler erhob sich mit mürrischem Gesicht, öffnete das Fenster und warf den Baum hinaus: »Erledigt!«

»Meine Astern auch!«

Balthasar sah kurz hinaus: »Die sind sowieso bald abgeblüht – aber ich wollte was mit Ihnen besprechen.«

»Bitte sehr – die Einleitung war etwas stürmisch, müssen Sie zugeben.«

»Wie? Ach so – Haha – Aber um ernst zu sein . . .«

»Ich war gar nicht heiter . . .«

»Also, gut: Um das Gute vorwegzunehmen: Ich zeichne wieder.«

»Ich habe es durchs Fenster gesehen.«

»Tatsächlich? Hm. Aber es nimmt keiner, ich bekomme nach wie vor das meiste zurück.«

»Wundert mich. Soweit ich es sehen konnte, ist es ganz gut.«

»Ganz gut? Mann, ich sage Ihnen, es ist genau dreihundert Prozent besser als neunzig Prozent des Mists, der überall erscheint. Aber es liegt an den Witzen. Ich muß sie mir selbst machen – und um gute Witze von einem Humoristen zu bekommen, müßte ich bekannt sein. Da ich aber nicht bekannt bin – circulus vitiosus – Sie verstehen . . .«

»Ich verstehe.«

»Könnten Sie mir nicht ein paar Witze machen?«

»Das wiederum verstehe ich nicht.«

»Schade. Na, jedenfalls habe ich eine Stellung angenommen. Als Schnellzeichner im ›Weißen Kakadu‹. Ich schände meine Kunst, aber von irgend etwas muß der Schornstein ja rauchen, und Hasso frißt für fünfundsiebzig Pfennig pro Tag.«

»Na, das ist doch großartig – ich meine«, verbesserte ich mich hastig, als ich sein düsteres Gesicht sah – »nicht, daß er so teuer frißt, sondern daß Sie die Stellung haben!«

»Und was mache ich derweilen mit Hasso?«

»Können Sie ihn nicht mitnehmen?«

»Unmöglich. Während ich bei diesem Spießer von Besitzer den Kontrakt abschloß, hat er ein Stuhlbein angefressen.«

»Wer – der Besitzer?«

»Hasso natürlich, seien Sie nicht albern. Er ist doch noch ein junger Hund und muß seine Zähne üben. Das hat der Kerl natürlich nicht verstanden.«

»Würde ich auch nicht.«

»Nicht?«

»Ich – ich meine, wenn ich dieser Kerl wäre.«

»Aha. Ja, also – was machen wir mit ihm?«

»Nun, bis nachmittags sind Sie doch zu Hause. Na und nachher – ich meine – ich könnte ja . . .«

»Nein!«

»Nicht?«

»Nein, das kann ich Ihnen nicht zumuten. Außerdem wüßte er dann nicht, zu wem er eigentlich gehört.«

»Aha!«

»Jawohl: aha!« Er sah mich mit gesträubten Locken an wie ein kleines Kampfhähnchen. Dann kam er zur Besinnung und lachte verlegen: »Manchmal muß ich Ihnen doch wie ein Verrückter vorkommen!«

»Natürlich – ich meine, nein, natürlich nicht! Warum lassen Sie ihn nicht in dem Gehege? Ich habe beobachtet, daß Sie seit Tagen an dem Drahtverhau arbeiten wie ein Pionier im Krieg.«

»Weil er drüberspringt!«

»Dann sperren Sie ihn in die Hütte!« (Bei dem Wort »Hütte« zog Hasso den Schwanz ein und kroch von der Couch unter den Tisch).

»In der Hütte ist es dunkel. Das Tier verkommt ja, wenn es stundenlang dort sitzen muß.«

»Dann machen Sie ihm Fenster hinein!« sagte ich ironisch.

Er starrte mich an, dann verklärte sich sein Gesicht. Er haute mich auf das Knie: »Mann – Sie haben's! Natürlich – Fenster!«

Die nächsten drei Vormittage saß er in der Hundehütte, während Hasso draußen spazierenging. Der dicke Wegner sah sich das Gemurkse eine Weile an und warf ihm dann einen Knochen hin. Als Balthasar aufblickte, zog er die Mütze und sagte: »Ach, Verzeihung, ich dachte, Sie wären Ihr Herr Hund!«

Dann kroch Balthasar auf meinem Dachboden herum und entdeckte allerhand Gläsernes, von dem er behauptete, daß es mein Freund bestimmt nicht brauche, und von dem er überhaupt nicht wisse, daß er es besitze. Er lieh sich einen Glaserdiamanten, klopfte und hämmerte, und eines Morgens war sie fertig: die erste Hundehütte doppelter Normalgröße mit Fenstern zum Hinausschauen. Befriedigt trat Balthasar am Nachmittag seinen Dienst an. Hasso, den er mit (sanftem) Fußsohlendruck in die Hütte hineinkomprimiert hatte, sah programmgemäß aus dem Fenster, besonders, nachdem Herrchen weg war. Was er durch das Fenster sah, animierte ihn so, daß er wie ein Verrückter zu toben begann. Die ganze Hütte fing an, klirrend zu hüpfen. Ich versuchte, an meinem Füllhalter lutschend, eine Stunde lang vergeblich mich auf einen Artikel über die psychologischen Ausstrahlungen des Atomzeitalters zu konzentrieren. Dann ging ich hinüber, machte die Hütte auf und nahm Hasso zu mir. Er legte mir seine latschigen Riesenpfoten um den Hals und küßte mich schluchzend. Dann machten wir einen Spaziergang zum Wasserfall, er ausgelassen wie zehn nackte Wilde, ich schlotternd vor Angst, daß er mir davonliefe. Dann aßen wir zusammen Abendbrot, er knabberte die Hälfte meines Pantoffels zum Nachtisch, und dann sperrte ich das schlaftrunkene Riesenmöbel wieder in die Hütte.

Am nächsten Morgen sahen Balthasar & Co. in mein Fenster hinein: »Großartig!« sagte der Maler, »einfach großartig!«

»Großartig – was?«

»Die Sache mit den Fenstern. Als ich nach Hause kam, schlief er ganz friedlich und machte nur gerade so aus Gefälligkeit seinen Nachtspaziergang.«

»Na, dann ist ja alles in Ordnung«, sagte ich.

Die nächsten Wochen brachten wieder eine Flaute in unseren Beziehungen. Wenn wir uns am Tage trafen, grüßten wir uns mit freundlicher Würde. Hasso hatte sich allmählich an sein Aquarium gewöhnt. In der ärgsten Kälte lag er dort ganz zufrieden in seinem dicken Winterpelz, bis Herrchen nach Hause kam. Dann wurde er in die Laube genommen.

So sah ich ihn nur bei Tage, wenn er mit Balthasar spazierenging. Der Schnee, der zweite seines Lebens und wohl der erste, den er vollbewußt erlebte, war für ihn ein einziger großer Ulk, eine willkommene Komplikation seines Stöckchenspiels. Er fand es unfehlbar, auch wenn Balthasar es in die tiefste Wehe warf. Oft ging ihm (dem Hund) der Schnee bis an den Rücken, aber er behielt trotzdem seinen wilden Galopp bei, eine Bugwelle aufwerfend wie ein Motorboot. Bei alledem aber blieb er immer nur dem Menschen, seinem Menschen, zugewandt. Allerdings gab es ja auf unserer Seite des Bahndammes keinen Hund außer ihm, und jenseits des Dammes mit seinem donnernden und klirrenden Eisenungeheuer lag die verbotene Welt.

Es kam jedoch bald der Tag, da er sie betrat, ganz offiziell: Balthasar lud mich ein, mit ihnen beiden einen Weihnachtsspaziergang in die Stadt zu machen.

Zunächst ging es beim Sägewerk vorbei, das der grimme Dobermann Ajax bewachte. Vom Besitzer des Sägewerkes, dem schnauzbärtigen Herrn Messing, bezog Balthasar sein billiges Heizmaterial – eine ganze Schlittenladung Holzabfälle für zwanzig Pfennig.

Die Bretterstapel trugen hohe Schneehauben, das Werk lag schweigend, und von Ajax waren nur ein paar Fußstapfen vorhanden, die Hasso ernst und aufmerksam beroch. Er war übrigens in den letzten Wochen ganz auffallend gewachsen und hatte die weiche Latschigkeit des Junghundes fast verloren. Schließlich war er ja auch über ein Jahr alt.

Dann kamen wir, noch vor der Stadt, an dem Bauernhof vorbei, von dem er stammte. Zunächst schien er ihn in all dem Schnee nicht zu erkennen. Dann aber sprach uns der Bauer, der gerade meterhohe weiße Blöcke vom Dach schaufelte, an:

»Da ist er ja, der Strolch!« sagte er. »Schön groß ist er geworden und gut im Futter – Na, Hasso, kennst mich nimmer?«

Hasso, der eben noch einen raren Artikel, nämlich einen Pferdeapfel unter dem Eis hervorgekratzt und schließlich das Bein darüber gehoben hatte, blieb wie vom Blitz getroffen stehen. Die

Rute sank langsam zwischen die Hinterbeine, das Licht in seinen Augen erlosch, der ganze Hund schien ein anderer zu werden und in Verzweiflung zu schrumpfen.

Wieder lag er vor der Hütte, das schnöde, schmerzende Eisen um den Hals. Fünf Schritte rechts, fünf Schritte links. Die Freiheit rings – doch unerreichbar. Stinkendes Futter, Abfall, Fußtritte, eisige Nächte auf kahlem Boden, daß einem nichts blieb, als der großen gelben Scheibe über den ungeheuren Rücken der Berge sein Leid zuzuheulen, dieses unermeßliche Leid, das so alt ist wie die Kreatur auf Erden – War der Traum zu Ende? Die Erde schien unter ihm aufzureißen, ein Rachen voll grimmer Zähne.

Aber da kam Herrchens Hand, strich seinen Kopf und nahm ihn fest am Halsband. Herrchen sagte irgend etwas zu der fürchterlichen Vergangenheit dort oben auf dem Dach, und dann zog man ihn weg, immer weiter weg, immer zwischen Herrchen und dem Freund.

Allmählich fühlte er das Zittern aus seinen Beinen weichen, das Herz begann wieder richtig zu schlagen. Der Traum war gar kein Traum! Ach, da wurde man so richtig übermütig, man mußte den Weg vorausrennen, hundert Meter weit, und dann umkehren und auf Herrchen und den Freund zuschießen und an ihnen hochspringen, daß man den Kopf über ihren Köpfen hatte, und ihnen mit den Pfoten gegen das Fell hauen, daß sie schimpften! Sie meinten es ja gar nicht ernst, sie waren ja genauso glücklich, sie verstanden es ja, alles! Und einen Stock mußte man ihnen bringen, sofort einen Stock – aber wo um Himmels willen einen hernehmen, man war ja schon mitten zwischen lauter Häusern –. Aber da ging ein altes Zweibein, mit einem Tierfell oben um den Hals herum und einem anderen um den Kopf gewickelt, das hatte einen Stock in der Hand und brauchte ihn sicher nicht ...

Hasso riß dem alten Herrn den Stock aus der Hand und brachte ihn uns triumphierend an, wobei er die Beine warf wie ein Lipizzaner bei der Hohen Schule. Der seines Haltes beraubte alte Herr stand wankend und hilflos, aber durchaus bösartig blickend.

»Um Himmels willen!« flüsterte Balthasar, »das ist der alte Oberstaatsanwalt Meyerhofer, ein ganz besonders widerlicher alter Eiszapfen. Außerdem schreit er immer gleich nach der Polizei. Er wird mich feststellen lassen – und das wäre für meine Stellung ...«

Die pelzbesetzte Ruine machte eine halbe Linksschwenkung und nahm Kurs auf uns.

»Moment mal ...«, flüsterte ich Balthasar zu, »ich habe eine Idee. Es ist mein Hund – und Sie reden mich mit ›Durchlaucht‹ an. Und mach den Mund zu, du siehst entsetzlich blöd aus ...«

»Aber ...«

In diesem Moment war die Ruine heran. Ich zog den Hut und sagte mit der Jovialität eines Kommerzienrates, der seinen alten Buchhalter begegnet: »Mein Herr – ein peinlicher Zwischenfall, den ich aufs tiefste bedaure.« Zu Balthasar: »Birgel, nehmen Sie dem Hund den Stock ab!« Wieder zu dem wutkauenden Eiszapfen: »Ich hoffe, Sie haben den nötigen Humor!«

Inzwischen hatte der Alte mit der Zunge sein Gebiß in Stellung gebracht: »Ich habe gar keinen Humor, mein Herr. Sie haben ein offensichtlich gefährliches Tier frei herumlaufen lassen. Es ist nur ein Zufall, daß ich nicht gestürzt bin. Ich bin leider gezwungen, Sie um Ihren Namen zu bitten. Andernfalls muß ich Sie polizeilich feststellen lassen. Ich bin Oberstaatsanwalt a. D. Meyerhofer!«

Seine Augen bohrten sich in die meinen in sicherer Erwartung meines Zusammenbruchs.

»Meyerhofer – Meyerhofer ...«, sagte ich sehr obenhin, und zu Balthasar: »Hatten wir da nicht mal einen Senatspräsidenten Meyerhofer, Doktor?«

»Nein, Durchlaucht!« stammelte Balthasar.

Der Eiszapfen hob die beiden ausgefransten Zahnbürsten hoch, die bei ihm als Augenbrauen fungierten:

»Durchlaucht?«

»Liebenstein!« sagte ich, mich verbeugend.

Der Alte nahm aus Balthasars zitternder Hand seinen Steuerknüppel, in den Hassos Zähne einige tiefe Markierungen getrieben hatten: »Doch nicht der Prinz Liebenstein?«

Ich verbeugte mich lächelnd.

Der Eiszapfen hängte den Steuerknüppel über den linken Arm, riß sich den rechten Handschuh ab und wuchs mir in die Hand: »Durchlaucht – Sie verzeihen bitte meine Heftigkeit!« Dann trat für einen Moment wieder ein arglistig staatsanwaltliches Lauern in seine Augen: »Wie geht es Ihrem Herrn Großvater?«

Ich sah, wie sich auf Balthasars ebenfalls entblößter Stirn kalter Schweiß bildete. Er sah sich um, offensichtlich um festzustellen, wohin er ausrücken könne.

»Großvater?« fragte ich etwas befremdet. »Aber der ist doch seit zwanzig Jahren tot. Sie meinen doch den Regierungspräsidenten in Breslau? Oder meinen Sie meinen Vater?«

Jetzt zerschmolz der Eiszapfen zu eitel Sirup: »Natürlich – natürlich – Einem alten Manne gehen manchmal die Erinnerungen durcheinander. Sie wissen – Durchlaucht – Mein Vater war damals –. Ich meinte natürlich Ihren Herrn Vater.«

»Leider auch schon längst von uns gegangen«, erklärte ich in wohlgepflegter Trauer. »Aber Tante Anastasia lebt noch – die schöne Anastasia – Sie wissen – ich habe sie vorgestern in Paris getroffen.«

»Anastasia . . .«, murmelte der Pelzmantel überwältigt, – gewiß, ich erinnere mich.«

Ich sah auf die Uhr: »Herr Oberstaatsanwalt – ich freue mich, daß wir unter uns Kavalieren den Fall bereinigen konnten. Hasso ist noch ein Kind, kaum ein Jahr – Was haben wir nicht mit sieben Jahren getrieben – und noch später – in Paris – Haha!« Ich kniff ein Auge zu, klopfte ihm auf die Schulter und wandte mich dann an Balthasar: »Aber jetzt müssen wir uns eilen, haben Sie die Billetts besorgt, Doktor?«

»Noch nicht, Durchlaucht!«

Meine Augen wurden hart: »Dann ist es aber höchste Zeit! Herr Oberstaatsanwalt ...!«

»Durchlaucht – es tut mir sehr leid ...!«

Fünfzig Meter weiter sah ich seine Spiegelung in einem Schaufenster. Er stand immer noch mit der Mütze in der Hand.

»Siehste: So!« sagte ich zu Balthasar.

»Aber wie konnten Sie denn seine Fragen beantworten?«

»Ich kannte mal einen unehelichen Sohn des alten Prinzen, der sich auf Grund seiner Familiengeschichte durchpumpte. Es kostete mich damals zwanzig Mark. Ich glaube, die haben wir heute reingebracht!«

Es schien, als wolle Hasso uns im Laufe des weiteren Spaziergangs für die Angst entschädigen, die er uns bereitet hatte. In seiner Glückseligkeit, weiterhin zu uns gehören zu dürfen, war er die Liebe selbst zu allen Kreaturen. Er spielte mit einer kleinen Dackeline, reichte einem hinter einem Zaun wild bellenden Schäferhundkollegen die Pfote durchs Gitter und umarmte einen verrückten Drahthaarfoxl, obwohl der ihn zunächst in die Beine gebissen hatte. Er brachte es sogar fertig, sich mit dem ewig brummigen Bernhardiner aus dem »Lamm« (wo wir etwas gegen unseren Schrecken tranken) gutzustellen, indem er ihn hinterm Ohr leckte und sich schließlich ihm zu Füßen warf. Das gewaltige Haupt beugte sich gnädig zu ihm nieder und beroch das Dargebotene. Dann brach der malerische Fellhaufen neben ihm zusammen, und so lagen sie Seite an Seite, daß der Lammwirt aus dem Kopfschütteln nicht herauskam:

»So kenne ich ja meinen Kuno gar nicht!«

»Hasso ist so ein gutes Tier!« sagte Balthasar zu mir, und ich pflichtete ihm ernst bei.

Dann begaben wir uns auf Umwegen heim, um nicht dem Eiszapfen zu begegnen, da doch »Durchlaucht« offiziell abgereist war.

Hasso hatte sehr viel zu schnüffeln. Jede Ecke war von Botschaften der Kollegenschaft geladen. Trotzdem schien er heilfroh, als der Kurort hinter uns lag und wieder silbergepuderte Tannen mit ihren tiefhängenden Zweigen unseren Weg säumten, denen der unter dem Eis murmelnde Bach das ewige Schlummerlied sang.

Als wir am Sägewerk vorbeikamen und nichts in uns fühlten als Dankbarkeit gegen die Schönheit ringsum, stand plötzlich Ajax, der Dobermann, vor uns, schwarz, muskelbepackt und wie aus Eisen, kalte Bosheit in dem schmalen Kopf. Unser Hasso, immer noch in seiner Seligkeit befangen, trabte freundlich wedelnd auf ihn zu. Erst ein paar Zentimeter vor dem anderen traf ihn die Ausstrahlung des Bösen, aber da war es zu spät. Ein schattenhafter Sprung des Dobermanns, und im nächsten Augenblick waren die beiden ein Knäuel. Es war ein kläglich einseitiger Kampf. Der alte Kämpe hatte mit sicherem Griff unseren Hasso so hinter dem Ohr gepackt, daß er gar nicht zum Beißen kam. Vergeblich suchte er den anderen loszuwerden, indem er sich hinwarf und ihn über sich schleuderte. Der blieb dran wie eine Bulldogge, und seine mörderischen Fänge senkten sich immer tiefer in den Hals des Jüngeren. Da öffnete Hasso den Rachen, und ein furchtbarer Jammerschrei, der Schrei der todbedrohten Kreatur, entfuhr ihm, während sich um ihn der Schnee von seinem Blut zu röten begann.

Dann ging alles blitzschnell. Mit einem Satz war Balthasar über den beiden, packte den Dobermann an den Hinterbeinen und riß sie auseinander. Ajax ließ Hasso los, fuhr herum wie eine Schlange und biß den Maler ins Handgelenk, daß er vor Schmerz aufschrie. Jetzt wollte Hasso Herrchen verteigigen, strauchelte auf halbem Weg vor Schwäche, versuchte jedoch wenigstens an den

Dobermann heranzukriechen. Worauf auch ich endlich zu mir kam, eine Latte aus dem Schnee riß und sie dem Dobermann derart über den Rücken knallte, daß er aufheulend von dannen hinkte.

»Sie – erlauben Sie mal, was machen Sie denn da mit meinem Hund?« grollte plötzlich neben uns eine Stimme. Wie aus dem Schnee gewachsen stand da ein schnauzbärtiger Büffel mit blutunterlaufenen Augen: Herr Messing, der Besitzer des Sägewerkes. Während sich Balthasar ächzend das blutende Handgelenk hielt, setzte ich Herrn Messing auseinander, daß sein Hund erstens Balthasars Hund angefallen hätte und daß er (Messing) sich (zweitens) bei mir dafür bedanken könne, daß ich Balthasar vor weiteren Beschädigungen bewahrt habe. Balthasar sei, wie er wisse, Maler und könne ihn (Messing) bei schwerer Verletzung seiner Berufsgliedmaßen mit Erfolg auf lebenslängliche Rente verklagen. In diesem Falle würde ich (mit Balthasar weder verwandt noch verschwägert) mit Wonne gegen ihn (Messing) vor Gericht erscheinen.

Damit nahm ich Hasso an die eine und Balthasar an die andere Seite, und so wankten wir heim, eine geschlagene Armee, während der Schnauzbart tief versonnen zurückblieb, offenbar damit beschäftigt, sich die Höhe der Lebensrente eines Malers auszurechnen.

Daheim arbeitete ich mit Wasserstoff und einem zerschnittenen alten Hemd, um all das Blut zu stillen. Balthasar schleppte sich zwei Stunden später heroisch in sein Lokal zum Zeichnen. Ich behielt Hasso bei mir und wartete, bis der Maler spät in der Nacht heimkam. Er hatte Fieber. Ich ließ ihn in meinem Bett schlafen und wanderte die Nacht über zwischen beiden hin und her. Hasso stöhnte, zitterte und soff ganze Kübel Wasser. Auch er fieberte.

Manchmal sah ich durchs Fenster. Erhaben draußen die Felszinnen und schlafenden Wälder unter dem Mond. Der Schnee glitzerte wie Millionen kleiner Topase. Welcher Gegensatz zwischen diesem Frieden draußen und dem Elend in meinem Holzhäuschen! Aber war es Friede draußen? Hundert kleine arme Rehe mochten indessen in irgendeiner Schneewehe erfrieren. Nur im toten Fels war Friede. Alles Lebendigen Teil war Schmerz. »Das ganze Sein ist flammend Leid«, hatte dereinst Gautama Buddha gesagt.

Hasso und sein Herrchen kamen noch einmal glimpflich davon. Balthasar ohne Blutvergiftung, und Hasso, ohne daß man seinen zerfetzten Pelz nähen mußte.

Trotzdem war dieser Vorfall die Einleitung zu einer langen Pechsträhne. Ich hatte Pech mit einem Theaterstück, das wegen übergroßer Zeitnähe abgelehnt wurde, und Balthasar insofern, als der »Kakadu« das Programm wechselte und damit das Schnellzeichnen abschaffte und Herr Messing keine billigen Holzabfälle mehr lieferte.

Dafür erschien der von meiner Flankenmassage erholte Ajax jetzt auf unserer Seite des Bahndammes und forderte Hasso heraus. Wir hörten drei-, viermal am Tag sein rauhes Gebell. Täglich wagte er sich ein paar Meter näher an uns heran.

Der Winter war grimmig. Bei Tage knallte die Höhensonne, bei Nacht fror es Stein und Bein. Von meinem Dach herunter wuchsen armdicke Eiszapfen bis auf den Boden. Wenn ich morgens die Läden öffnete, zerbrachen sie klirrend und fielen mit dumpfem Schlag auf die vereiste Erde. Mein Häuschen sah aus wie ein gläsernes Märchenschloß.

Hasso war seltsam verändert seit der Beißerei. Er schien im tiefsten verwirrt und klebte mehr denn je an seinem Herrchen. Die Herausforderungen des Dobermanns hörte er sich mit schiefem Kopf und eingeklemmter Rute an, sah oft fragend an uns herauf. Das einzige Tier, dem er noch unbefangen sein großes, liebevolles Herz zeigte, war Pitt. Die beiden fraßen jetzt zusammen aus einem Napf, und Hasso wusch den alten Kater jeden Morgen. Der ganze Pitt wackelte hin und her, wenn ihm die große Wolfshundzunge über den Pelz fuhr.

Der März brachte einen warmen Vorfühling, der Schnee schmolz bis hoch hinauf ab, der Bach hinterm Haus tobte kaffeebraun und wild durch sein Bett und warf eine Menge Treibholz an Land.

Dann kam plötzlich eine Karte von Fred und Irene, den Besitzern meines Häuschens. Sie kämen mal (wegen des schönen Wetters) zu mir herunter, um nach mir und besagtem Häuschen zu sehen. Nächsten Sonnabend.

Meine Empfindungen über diese Ankündigung waren geteilt. Einerseits freute ich mich, die beiden zu sehen, andererseits –? Am Abend ging ich mit der Karte zu Balthasar hinüber. Herrchen saß vor der Staffelei und malte etwas schwer Verkäufliches. Hasso saß noch hoffnungsloser vor seinem Napf mit Kartoffeln und Brotrinden und wunderte sich offenbar, wo das Fleisch blieb.

Ich zeigte Balthasar die Karte: »Was machen wir denn nur mit dem Zaun, den unser Junge hier abmontiert hat?«

Der andere kratzte sich kurz den Kopf: »Ach, das ist das wenigste. Frostschäden, basta. Wir versprechen ihnen einen neuen.« Er seufzte tief. »Aber etwas anderes, etwas wirklich sehr, sehr Schlimmes – Ich glaube, ich muß Hasso weggeben.«

»Hass ...?«

»Ja. Ich kann ihm schon seit einer Woche kein Fleisch mehr kaufen. Ein paar Knochen von Frau Wegner, der Guten ...«

»Aber wir könnten doch ... Sie werden doch um Gottes willen nicht ...«

»Unsinn! Sie haben genug für ihn getan. Außerdem kann ich meinen Hasso entweder selbst ernähren, und zwar anständig, oder ich muß eben ...« Er wandte nachdenklich die Karte in der Hand hin und her, und allmählich trat ein gespannter Ausdruck in sein vergrämtes, schmales Gesicht: »Sind die beiden eigentlich glücklich?«

»Wer?«

»Na, Ihr Freund und seine Frau?«

»Gott, was heißt glücklich – relativ glücklich – Sie langweilen sich so 'n bißchen miteinander, krachen sich auch manchmal, aber im allgemeinen – wieso?«

»Kinder?«

»Nicht, daß ich wüßte, wenn nicht gerade was unterwegs ist. – Aber ich glaube kaum.«

»Ausgezeichnet! – Glauben Sie ,daß man ihnen Hasso geben kann?«

»Moment mal – ich muß mich erst mal hinsetzen. Sie sind etwas plötzlich heute abend.«

Ich ließ mich auf die Couch fallen. Hasso legte mir den langen Kopf in den Schoß, drehte die goldenen Augen zu mir herauf und wedelte matt. Er hatte eingefallene Flanken bekommen.

»Ich schlafe seit drei Nächten nicht mehr«, sagte Balthasar von der Staffelei her. Sein Hals schlotterte im Kragen, er hatte tiefe, harte Gramfalten um den Mund, und seine Hände zitterten.

Ich streichelte noch immer Hasso: »Aber dieses wunderbare Tier in der Großstadt! Nur die Wohnung und draußen Steine ...«

»Soll er hier verhungern? Wer nimmt ihn denn hier? Höchstens ein Bauer, der ihn wieder an die Kette legt.«

Die Zeit in dem kleinen Raum schien stillzustehen. Draußen toste der Bach.

»Gut«, sagte ich nach einer Weile. »Wir werden ihn bis Sonnabend herausfuttern. Das schlagen wir auf den Preis auf.«

Balthasar fuhr auf: »Preis? Keinen Pfennig nehme ich für ihn!«

»Aber Sie haben doch selbst ...«

»Das wären die Silberlinge des Judas.«

Am Sonnabendvormittag rollte Freds großes, schwarz-silbernes Kabriolett den Weg herunter. Es kam so leise, daß ich es erst bemerkte, als draußen der Schlag zufiel. Irene mit ihrem augenblicklich kupferroten Haar, noch röteren Lippen und den langen grünen Augen. Sie sah zum Anbeißen aus, und ich tat es, bis Fred mir die Schulter klopfte:

»Entschuldige, daß ich dich unterbreche, ihr könnt ja gleich weitermachen, ich möchte dir nur zwischendurch die Hand geben!«

Irene fand alles himmlisch: »Und da sind ja auch Schneeglöckchen – und die Berge – und das Häuschen! Fred, wir sind ja dumm, daß wir nicht selbst hier ...«

»Das sagst du jetzt, wo ich dir ...«

»Psst, psst«, sagte ich, »wartet mit dem Zanken, kommt erst mal rein. Drinnen habe ich für jeden von euch ein Beil und außerdem Frühstück.«

Drinnen aber lag Hasso vor dem Kamin und richtete sich majestätisch auf.

Irene stand erstarrt: »Seit wann hast du – Gott, ist der schön!«

»Ich habe gar nicht. Er gehört dem Nachbarn. Du kannst ihn ruhig anfassen.«

Sie tat es. Fred auch. Hasso ließ sich kraulen, lachte, gab Pfote und hing beim Frühstück bereits über Irenes Schoß.

So was müßten wir haben, Fred! Ist der nicht zu verkaufen?«

»Nein, aber ich will euch mal was erzählen ...«

Und ich erzählte ihnen die ganze Geschichte, einschließlich Balthasars Pleite und Hassos Abenteuer mit Ajax. »Ihr habt mich gefragt, ob er zu verkaufen ist«, schloß ich dramatisch. »Das ist er nicht. Aber zu verschenken.«

»Das kann man unmöglich von dem Mann annehmen«, sagte Fred, »gerade unter diesen Umständen. Übrigens entsinne ich mich, daß er nie Geld hatte, auch damals, als das Haus gebaut wurde.«

Irene, die während der ganzen Zeit Hassos Kopf gestreichelt hatte, sah plötzlich auf: »Du, Fred, mir kommt ein Gedanke. Du bist doch im Aufsichtsrat von der Industrie-Reklame. Sagtest du nicht, Hans, daß seine Zeichnungen – ich meine, die Zeichnungen von dem Enderle nebenan – nicht schlecht seien?«

»Soviel ich davon verstehe ...«

»Fred, er soll uns die besten mitgeben! Laß sie mal prüfen. Wenn sie was taugen, kann die ›Phönix‹ doch mit Leichtigkeit ...«

Fred wehrte sich: »Kind, du weißt, ich nutze ungern meine Stellung aus. Meist sind solche Zeichner und Maler Dilettanten, ich glaube nicht an verkannte Genies. Wenn man dann ...«

»Gut, wenn du dir in die Hosen machst, wende ich mich direkt an Häußler!«

»Das wirst du nicht ...«

»Und so weiter, und so weiter«, sagte ich. »Mit einem Wort: Du machst es, Fred. Brüll nicht. Bis spätestens heute abend hat sie dich doch weich. Warum den schönen Tag deswegen versauen? Ich hole Enderle mal rüber.«

Balthasar erschien blaß, aber gefaßt. Man war erst förmlich und tauschte Erinnerungen an den Bau des Hauses aus. Dann kam man zur Sache. Balthasar erklärte, er wäre glücklich, wenn Hasso gerade in ihre Hände käme. Ich mußte ihn dabei wie hypnotisiert anstarren. So sah es also aus, wenn man das Liebste im Leben verlor. Wegen ein paar schmutzigen Pfennigen, die man zuwenig verdiente. Er hielt sich großartig, nur seine Backenmuskeln spielten, während er Hasso streichelte, und seine Augen wurden trüber –. Fred und Irene sahen taktvoll um ihn herum. Irene sprach schnell von seinen Zeichnungen, und Balthasar ging gierig darauf ein. Nicht aus Geldgier, fühlte ich, oder weil ihm ganz von fern eine Chance winkte, sondern einfach, um nicht loszuheulen.

Wir preßten uns in seine Bude, und er legte die Zeichnungen vor. Ich weiß nicht, ob es der Schmerz war, aber seine letzten erschienen mir besonders gut. Die beiden, die erst pflichtschuldig und nachsichtig hingesehen und den Dunst des engen Raumes mit wackelnden Nasenflügeln in sich aufgenommen hatten, wurden bald aufmerksam. Zum Schluß stand Fred auf und legte dem anderen die Hand auf die Schulter:

»Ich will Ihnen nichts versprechen, weil ich nicht viel davon verstehe. Ich bilde mir aber ein, so was wie durchschnittlichen Publikumsgeschmack zu haben, und die ›Phönix‹-Leute haben schon manchmal mein Urteil eingeholt. Und ich muß sagen: Ich freß 'nen Besen, wenn an Ihren Sachen nicht was dran ist! Geben Sie sie mir mit. Alle!«

Balthasar murmelte, während er mit zitternden Händen ein dickes Zeichnungsbündel schnürte: »Ich weiß nicht, wie ich Ihnen ...«

»Sie mir? Ich Ihnen! Es ist nur ein kleiner Gegendienst für dieses wunderbare Tier, das Sie uns – hm ...«

»Kinder, kommt 'n bißchen an die Luft!« sagte Irene.

Draußen spielte Fred mit Hasso Stöckchen.

»Mach man, mach man, Dickerchen«, sagte Irene, »das tut dir gut! Er hat einen richtigen Biermagen bekommen«, sagte sie zu mir. »Du bist ja noch immer tadellos schlank. Wie machst du das?«

»Sehr einfach. Fred sollte vier Wochen allein mit Hasso verreisen.«

»Schaut mal – da ...« schrie Fred vom Weg her.

Als wir endlich wußten, was er meinte, waren die Dinge schon in voller Entwicklung. Ajax war in seinen täglich frecher werdenden Herausforderungen den ganzen Weg bis zu unserer Häusergruppe heruntergestelzt und dabei auf Pitt gestoßen. Der alte Kämpe, an Hunde mit bösen Absichten gar nicht mehr gewöhnt, hatte eine halbe Sekunde zu spät gemerkt, daß der schwarze Tod auf ihn zukam. Er erreichte den Baum vor Wegners Baracke nicht mehr und wurde von Ajax in die Ecke zwischen zwei vorspringende Holzwände gedrängt. Er fauchte, buckelte und machte einen verzweifelten Ausfall gegen den Dobermann. Der wich mit der unfehlbaren Sicherheit des alten Fighters auf den Zentimeter genau so weit zurück, wie es nötig war, um Pitts Krallenhieben zu entgehen. Dann packte er nach, und seine furchtbaren Fänge gruben sich in den kleinen Katzenkörper. Pitt schrie jammervoll auf.

Hasso hatte während des Beginns der Tragödie vor Fred gestanden und ihm immer wieder den Stock hingeworfen. Dann hatte er gemerkt, daß etwas los war, hatte sich umgedreht und dumpf, aber fast unhörbar zu knurren begonnen, als er Ajax sichtete. Seine Nackenhaare sträubten sich, und lautlos schoben sich die Lefzen über den schneeweißen Hauern in die Höhe. Dann bemerkte er, daß es nicht um ihn, sondern um Pitt ging. Er ließ einen Moment die Lefzen sinken, machte ein paar Schritte auf die beiden zu und sah ziemlich verwirrt drein, während seine Rute in schlangenhaften Windungen hin und her schlug. Für eine Sekunde schien die Liebe zu seinem kleinen Freund mit dem Ur-Instinkt zu kämpfen, der ihn überreden wollte, sich an der Katzenjagd an der Seite des anderen Hundes zu beteiligen.

Als jedoch Pitts Jammerschrei ertönte, ging es los. Mit einem gewaltigen Satz war Hasso über dem Dobermann und schlug ihm die Zähne in den Nacken. Ajax brach unter dem Ansturm in die Knie. Das schwarze kleine Bündel Pitt entfiel seinem Rachen, schleppte sich weg und wurde von Balthasar in Sicherheit gebracht. Er rannte mit ihm in die Laube und erschien gleich wieder. Sein Gesicht war bleich und furchtbar.

Inzwischen hatte Ajax den vergeblichen Versuch gemacht, Hasso abzuschütteln. Unter dem Fell der beiden großen Bestien, die es jetzt waren, spannten sich die Muskeln. Hassos Zähne drosselten wie ein Schraubstock. Der Dobermann, der wieder in die Knie gesunken war, begann zu keuchen, die Augen traten ihm heraus. Unter den Kiefern Hassos hervor rann es dunkelrot in sein Fell. Schließlich gelang es ihm, sich auf den Rücken zu werfen, Hasso wurde zur Seite geschleudert, war aber sofort wieder über ihm. Dabei war er unvorsichtig, und die Zähne des Dobermanns schnappten um seinen rechten Vorderlauf wie eine Wolfsfalle. Der Schäferhund stieß einen unterdrückten Laut aus und fuhr dem anderen an die Kehle. Ungeachtet des rasenden Schmerzes in seinem Bein drückte er zu, und diesmal war es der Dobermann, der loslassen mußte. Von Hassos Vorderlauf baumelte ein großer Hautfetzen, das Blut strömte und mischte sich mit dem des Feindes.

Wie im Traum sah ich Irene neben mir, mit aufgerissenen Augen, die Hände vor den Mund geschlagen. Fred stand da, Hassos Stock in die Luft gehoben, neben ihm Balthasar in ähnlicher Gebärde mit einem Knüppel, aber keiner konnte zuschlagen. Ajax röchelte, seine Vorderläufe schlugen Hasso ins Gesicht, während er sich wie eine Schlange über den Boden wand. Hasso ließ einen Moment los und packte einen dieser Vorderläufe. Diesmal war es Ajax, der aufschrie. Er riß sich mit letzter Kraft los, die beiden fauchenden, schäumenden Zahnreihen gerieten ineinander, daß es krachte. Es folgen ein paar blitzschnelle Bisse, die wir kaum verfolgen konnten. Hasso wich zurück, der Dobermann wollte ihm nach, stürzte auf seinem zerbissenen Bein nach vorn, und da hatte ihn Hasso wieder am Genick, schüttelte den Erlahmenden durch, und dann riß er den schweren Körper hoch und schlug ihn auf die Erde, zweimal, dreimal, bis er unbeweglich liegenblieb. Hasso blieb über ihm stehen, schwer keuchend. Aus seinem Maul rann das Blut auf den geschlagenen Gegner. Einen Moment sah er an seinem verletzten Vorderlauf herunter, leckte ihn, wimmerte leise. Der Dobermann lag immer noch, das Maul in Qual aufgerissen, die Flanken pumpend. Eine große, brennend rote Lache breitete sich unter ihm im Staub aus. Und da tat Hasso etwas Seltsames, er hob über dem Feind das Bein, ausdauernd und gründlich. Der Dobermann, als diese Triumphbenässung brennend in seine Wunden drang, fuhr hoch. Hasso grollte unf fletschte, aber in dem anderen war der Kampfgeist zerbrochen. Er schleppte sich stolpernd und laut stöhnend von dannen. Fast hätte ihn noch der Zug gefaßt, als er über den Bahndamm nach Hause kroch.

Jetzt erst löste sich unsere Spannung. Irene lachte und weinte in einem und ließ sich neben Hasso nieder, der auf seine Keulen gesunken war. Als Balthasar hinzulief, hielt er ihm stöhnend den zerrissenen Lauf entgegen. Wir rannten und redeten durcheinander, wuschen, lobten, streichelten, verbanden. Schließlich wischte sich Fred erschöpft über die Stirn:

»Das war ein Kampf! Jetzt hast du's ihm doch noch heimgezahlt, Hasso. Aber wir werden ihn so gar nicht mitnehmen können!«

»Laßt ihn bei Herrn Enderle«, sagte ich, »bis er wieder in Ordnung ist. Dann bringe ich ihn euch in die Stadt.«

In diesem Augenblick drängte sich etwas zwischen uns durch: Pitt, schmerzgekrümmt. Er roch an Hassos verbundenem Bein, miaute jämmerlich und schmiegte sich in das Fell des Schäferhundes. Dann begannen sie sich gegenseitig zu lecken.

Es dauerte fast zwei Wochen, bis Hasso genesen war. Der Biß hatte die Sehnen bloßgelegt. Pitt ging es noch schlechter, und wir bangten drei Tage lang um sein Leben. Und dennoch war jeder Tag der Rekonvaleszenz ein Geschenk. An ihrem Ende stand die Trennung, und die Trennung kam. Fred und Irene mahnten ungeduldig. Am letzten Abend brachte mir Balthasar seinen Gefährten: »Ich möchte, daß er diese Nacht bei Ihnen schläft.«

Ich sah in sein schlaffes Gesicht, seine leeren Augen: »Wenn ich nicht wüßte, daß wir in unserem Winkel keinen Gasanschluß haben, würde ich Sie davor warnen, Dummheiten zu machen.«

Hasso machte es sich ohne weitere Umstände bei mir bequem. Er hatte ja schon mal in diesem Zimmer geschlafen, und außerdem war ihm das Haus vertraut. Er brachte es fertig, sich so zusammenzukringeln, daß er in den Klubsessel paßte. Ab fünf Uhr morgens siedelte er in mein Bett über und schlummerte in meinem Arm, während ich keineswegs schlummerte, zumal er auf rätselhafte Weise während des Schlafes wuchs und nach einer Stunde ungefähr das gesamte Bett benötigte. Es war ganz gleich, welche Ausweichmanöver ich unternahm, jede Kuhle und jede Ecke des Bettes, die ich preisgab, füllte sich sofort mit schlafendem Hund. Als ich ganz munter war, sprang er aus dem Bett, ging nebenan auf die Couch und schlief dort erst richtig ein. Ich stand auf, ging zur Bahnhofswirtschaft hinunter und holte Brötchen, beim Hin- und Rückweg Balthasars Laube mit scheuen Blicken streifend. Schließlich hielt ich es nicht mehr aus und klopfte.

Keine Antwort. Ich spähte durchs Fenster – leer.

»Er ist in der Stadt geblieben«, sagte Frau Wegner aus dem Fenster ihrer Baracke. Da war auch plötzlich Hasso. Schlicht aus meinem Fenster gesprungen. Er schnüffelte an der Tür der Laube, kratzte, sah mich wedelnd an. »Herrchen ist weg«, sagte ich und ärgerte mich, daß es mir plötzlich aus den Augen lief.

Dann frühstückten wir, ich nahm ihn an die Leine und ging zum Bahnhof. Es kostete einen Ringkampf, ihn in den Zug zu bringen. Er war doch erzogen, vor der Eisenbahn davonzulaufen!

»Du bist ein Esel«, sagte mein schlechteres Ich, »was lädst du dir das alles auf? Es geht dich doch nichts an!«

Endlich saß er zwischen meinen Füßen im Abteil und quetschte sich an mich. Immer wieder wandte er seine Augen zu mir empor: Da ist doch was nicht in Ordnung? Was machst du mit mir?

Ich streichelte seinen Kopf, krabbelte seine Brust. Er zitterte.

Hauptbahnhof. An der Billettsperre wollte er in die Holzwanne des Knipsers springen. Er hielt es wohl für eine Art Hütte. Dann hebelte ich ihn in die Straßenbahn. Vorderplattform. Er sträubte sich. Die Leute lachten. Es war alles wie ein häßlicher Traum. Endlich bei Fred. Er war im Geschäft, aber Irene war da. Sie war noch im Schlafrock, in einem meergrünen, tief ausgeschnittenen, verführerischen Gebilde, das zur Farbe ihrer Augen paßte. Sie begrüßte mich zärtlich, das kleine Luder. Schon immer machte es ihr Spaß, ein bißchen mit mir zu spielen. Dieses Mal war der Vorwand ganz legal: Dank für den Transport des Hundes. Für Hasso gab es schon ein Kissen mit seinem Namen und einen großen Gummiknochen mit Schokoladengeruch, der knackte, wenn man darauf biß: letzter Schrei der Hundefans aus dem Fachgeschäft. Irene kniete sich vor Hasso nieder und umarmte ihn. Er leckte ihr flüchtig über das Gesicht, begann in der Wohnung umherzuschnüffeln, roch an den köstlichen Fleischbrocken, die in seinem Napf in der Küche bereitstanden, löffelte ein paar davon ein, kam dann wedelnd zu mir zurück: ›Ist ja alles ganz nett, aber wann fahren wir heim?‹

Ich ging bald und in dem Bewußtsein, meine Hand zu einem Schurkenstreich geliehen zu haben.

In meinem Haus in den Bergen betäubte ich mich mit Arbeit. Balthasar und ich gingen uns einen Monat lang aus dem Wege. Dann kam er eines Abends zu mir herüber: »Haben Sie irgend etwas gehört?«

Ich reichte ihm einen Brief Irenes. Er war schon drei Wochen alt, aber ich hatte ihn für Balthasar aufgehoben:

»In der ersten Woche hat er nichts gefressen. Dann aber hat er alles nachgeholt. Wir fahren oft mit ihm in den Park, wo eine Hundewiese ist. Am Wochenende nehmen wir ihn auch in den Wald mit. Er ist lieb und zärtlich. Eines Tages wird er sicher unser Hasso sein . . .«

Balthasar zerriß den Brief und legte die Fetzen schweigend in den Aschenbecher.

Zwei Wochen später kam er mit einem Brief der Reklamegesellschaft: ». . . und freuen wir uns mitteilen zu können, daß Ihre Plakate ›Bergfreude‹ und ›Für unseren Hund‹ ein beachtlicher Erfolg wurden. Mit gleicher Post geht Ihnen Ihr erster Honorar-Anteil in Höhe von eintausendzweihundertsiebzig Mark an Ihre Adresse zu. Wir würden uns freuen, wenn wir weitere Beiträge . . .«

»Na, das ist doch großartig!« sagte ich.

»Die Silberlinge«, murmelte er, »die Silberlinge . . .«

»Ach, sei nicht albern!« sagte ich.

»Jetzt könnte ich ihn ernähren! Fahren Sie mal hin?« fragte er dumpf.

»Erst in einigen Wochen.«

Er ging ohne ein Wort.

Ich kam erst gegen Abend bei meinen Freunden an. So traf ich sie alle beide. Sonst hatte ich mich immer darauf gefreut, mit ihnen beisammen zu sein, so einfach sie zu sehen, bei ihnen zu sitzen, zu beobachten, wie Fred seine Zigarre zerkaute und Irene den Kaffee eingoß, ein körperliches, schwereloses Wohlbehagen an der Gegenwart geliebter Menschen. Außerdem hatte ich es stets großartig gefunden, mal wieder in Zivilisation zu schwelgen: Frühstück ans Bett, heißes Bad, eine große Bibliothek, die Atmosphäre einer gepflegten und kapriziösen Frau, Theater – Oper –

Diesmal aber stand ich beklommen vor der Tür, wie würde ich Hasso finden? Ich brauchte nicht lange, um es festzustellen. Als ich klingelte, hörte ich ein tiefes Knurren hinter der Tür. Die Stimme des Mädchens: »Ruhig, Hasso, Platz!« Während sie aufschloß, hörte ich ihn durch die Tür schniefen und meine Witterung nehmen, und dann begann er laut aufzuheulen. Drinnen fiel er, während das Mädchen aufschrie, über mich her. Mit einer geraden Linken erledigte er meinen Blumenstrauß (drei langstielige Rosen für Irene), und mit einem rechten Aufwärtshaken feuerte er die Zigarren für Fred an die Decke. Dann fiel er mir um den Hals, leckte mir die Brille von der Nase, kratzte mir über die Stirn und riß mir neckisch den Schlips aus der Jacke. Ich setzte mich auf den Boden und schnudelte ihn ab.

In diesem Augenblick erschienen Fred und Irene.

»Mein Gott . . .«, sagte sie, »ein Trümmerhaufen! Hasso, jetzt läßt du ihn in Ruhe. Platz! sage ich.«

Fred bog sich vor Lachen. Dann halfen sie mir beide beim Aufstehen. Hasso legte sich drinnen vor den Schreibtisch und lachte.

Als ich zu Atem und durch einen doppelten Whisky pur zur Besinnung gekommen war, konnte ich ihn in Ruhe ansehen: ein Bild, einfach ein Bild! Er war noch größer und stärker geworden. Etwas behäbig und ungeheuer majestätisch. Wie er dort auf dem Perser lag – ein königliches Tier. Ich sagte es den beiden. Sie freuten sich und knieten sich zu ihm. Während sie ihn neckten, tatzte er mit der Pfote und sah sie freundlich-vertrauensvoll an. Und doch stach mich etwas an alledem. Es war ein wunderschönes dekoratives Tier bei lieben, guten Menschen – aber es war nicht Hasso. Der wirkliche Hasso war irgendwo noch da – in der Tiefe. So, als er jetzt zu mir kam, sich zu meinem Knie drängte und mich mit aufgestellten Lauschern fragend ansah. Ich wußte, was er fragte.

Derweilen überstürzten sich Irene und Fred in Erzählungen: »Das laß mich mal erzählen – Ach, ist ja ganz falsch – Das hat ja gar nicht der Kuni-Tölz über ihn gesagt, sondern der Baron Oppenheim . . . «

Ich hörte, daß er der König aller Hunde ringsum war, die er mit lässiger Majestät beherrschte. Soundso viele wollten ihn zum Belegen ihrer Hündinnen haben, obwohl er keinen Stammbaum besaß. Wegen dieses Stammbaums habe Fred Nachforschungen eingeleitet.

»Die ersten Wochen«, erzählte Irene, »war es schlimm mit ihm, selbst nachdem er wieder fraß. Manchmal, mitten im Spiel, wurde er böse, funkelte uns an, zog sich unter den Schreibtisch zurück – das ist seine ›Höhle‹ mußt du wissen – und knurrte uns von dort aus an. Als wenn ihm plötzlich etwas einfiele . . . «

»Ich hab's ihm nicht übelgenommen«, meinte Fred. »Das ist ein Zeichen von Charakter.«

Dann ging es weiter: Daß er ein Kissen zerrissen habe und Irenes Pantoffeln bewache, während sie im Bad sei, und daß er sich einmal übergeben habe, und was der Tierarzt über ihn gesagt hatte, den man gleich am Morgen holte. Und daß er so gerne Auto fahre und sich aus den Mülltonnen alte Knochen hole, obwohl er doch so gutes Fressen bekomme – und – und –.

Während der ganzen Zeit blieben wir Auge in Auge. Dann zog ich den großen Kopf an mein Gesicht: »Herrchen liebt dich noch so furchtbar«, flüsterte ich in sein Ohr, »er kann und kann dich nicht vergessen, mein Löwe, mein geliebter ...«

Irene verwirrte mich, indem sie sich lässig auf die Lehne meines Sessels setzte und mir den Arm um den Hals legte.

Ich meinerseits konnte nicht umhin, meinen Arm um ihre Taille zu legen.

Fred grinste, nahm die Zigarre aus dem Mund: »Weißt du, mit den eigenen Frauen ist es im wesentlichen so wie mit dem eigenen Haus: Man zahlt, und die anderen haben den Spaß ...«

»Unverschämter Kerl«, sagte Irene und sortierte meine Lockenreste, »aber was ich dir noch erzählen wollte, weißt du, was Hassos neuester Einfall ist?«

»Ach ja ...«, schrie Fred, »das muß ich dir erzählen.«

»Nein – ich erzähle es, fang dir deine Geschichten gefälligst allein an!«

»Er fährt Straßenbahn!« sagte Fred.

»Stra ...?«

»Ja, Straßenbahn«, sagte Irene. »Mutterseelenallein. Wo wir doch nie fahren. Komisch, was?«

»Immer mit der Linie 8«, fuhr Fred fort. »Wie er das herausfindet, ist einfach rätselhaft. Er steigt auf, fährt bis zum Hauptbahnhof und mit derselben Bahn wieder zurück.«

»Na, das ist ja toll«, sagte ich, »ihr solltet mit ihm auftreten!«

Dann sprachen wir von etwas anderem.

Nach drei Tagen fuhr ich wieder heim. Fred war, als ich mich verabschiedete, schon im Büro. Hasso war verschwunden – spazierengegangen. Irene lag noch im Bett. Sie bot mir, sich wohlig dehnend, an, mich zum Bahnhof zu fahren.

»Nein«, sagte ich, »ich kann nicht bis Mittag warten. Auf Wiedersehen – Potiphar ...«

Dann packte ich mein Köfferchen, ging hinunter und kletterte auf meine Linie 8. Ich witterte schon wieder meine Berge und pfiff vergnügt vor mich hin.

Ich ergatterte meinen Lieblingsplatz im Wagen, ganz vorn, von wo man auch auf die Plattform hinaussehen kann. Mir gegenüber saßen eine sehr große, dicke Frau und ein sehr kleiner, dünner Mann, der in regelmäßigen Abständen auf ihren Redefluß mit »Ja, mein Liebling!« antwortete. Beide musterten mich mit giftigen Blicken. Auf der Plattform draußen standen außer dem Fahrer vier Männer, darunter einer mit Rucksack. Neben ihm ein riesiger Schäferhund, der ab und zu an dem Rucksack roch. Ein riesiger – dieses Gesicht – diese Farben – war das nicht –.

In diesem Augenblick kam der Schaffner und klopfte an die Vorderscheibe. Die vier Männer wandten sich um und zahlten. Zuletzt der mit dem Rucksack.

»Und der Hund!« sagte der Schaffner und riß noch ein Billett ab.

»Is nich mein Hund!« antwortete der Mann.

»Wessen Hund denn?« fragte der Schaffner. Keiner meldete sich. Der Schaffner machte ein amtliches Gesicht, öffnete die Tür zur Plattform und musterte die vier mit stählernem Blick: »Irgend jemand muß der Hund doch gehören!« Er wandte sich an den mit dem Rucksack: »Machen Sie doch keine Geschichten, Herr, der Hund hat doch dauernd hinten an Ihnen gerochen!«

Der Mann wurde wütend: »Na, und ...? Meinetwegen kannste auch hinten an mir riechen!« (Gelächter).

»Das ist Beamtenbeleidigung!«

»Beamtenbeleidigung? Hach, atme erst mal tief, Otto. Das ist nicht Beamtenbeleidigung, das ist Blutwurst. Die hab ich im Rucksack. Eingekauft für meine Alte!« (Gelächter.)

Ich krümmte mich vor Vergnügen. Das Beste an der Sache war Hassos Physiognomie. Er merkte genau, daß dicke Luft war, hatte die Ohren angelegt und starrte geradeaus, als wollte er sagen: Macht das untereinander aus, geht mich gar nichts an!

Jetzt kniete sich der Schaffner, puterrot vor Wut im Gesicht, vor Hasso hin, zeigte auf den mit dem Rucksack: »Ist das dein Herrchen?«

Hasso reichte dem Schaffner graviätisch die Pfote.

»Na also«, sagte der mit dem Rucksack. »Dein Hund, Otto!« (Brüllendes Gelächter.)

»Ich verstehe gar nicht, was es darüber zu lachen gibt«, sagte die dicke Frau mir gegenüber. »Der Schaffner tut doch nur seine Pflicht!« Sie musterte mich mit giftigen Blicken.

»Gewiß, mein Liebling!« echote ihre halbe Portion von Mann und funkelte mich ebenso an, während ich mir die Tränen aus den Augen wischte.

»Wo ist Herrle?« fragte der Schaffner wieder. Der Schweiß stand ihm auf der Stirn. Hasso wandte sich indigniert um, hob witternd die Nase – und plötzlich stand er auf, kam auf mich zu und fiel mir um den Hals, während er mit der Rute das dicke Weib und ihren Wasserzwerg abbürstete.

Ich fühlte, wie sich um mich ein luftleerer Raum bildete.

»Na, ist denn so was möglich!« keuchte schließlich die Dicke. »Sitzt dieser Mensch die ganze Zeit dabei, und – geh weg, mit deinem Hinterteil, Sauvieh ...«

»Ja, geh weg, Sauvieh, dreckiges!« sagte der kleine Mann.

»Sie! Warum haben Sie denn das nicht gesagt?« fragte der Schaffner mit der Ruhe des Vesuvs fünf Minuten vor dem Ausbruch.

»Aber er ist doch gar nicht mein Hund!« keuchte ich, noch immer lachend, »sei artig, Hasso!«

»Sie!« zupfte ein Herr den Schaffner am Rock, »der Herr da hat recht. Bei Ihrem Kollegen ist neulich auch das Sauvieh mitgefahren, und als es Krach seinetwegen gab, ist es einfach ausgestiegen!«

»Aber er hat ihn doch Hasso genannt«, keifte das Weib, »da muß es doch sein Hund sein!«

»Und wer sagt Ihnen, daß dieser – dieser Herr neulich nicht auch im Wagen war? Vielleicht hat er den Hund abgerichtet!« giftelte der Wasserzwerg.

»Herr!« brauste ich auf, »das ist eine Verdächtigung, das ist ...«

»Zeigen Sie mir mal Ihre Papiere!« sagte der Schaffner.

»Das habe ich nicht nötig – das brauche ich nur bei der Polizei! Laut Grundgesetz habe ich ...«

Der Schaffner klingelte dreimal, der Wagen hielt: »Da drüben steht ein Polizist«, sagte er. »Ich werde ihn rufen. Sie werden ihm Ihre Papiere zeigen, und wenn Sie darauf bestehen, daß der Hund nicht Ihnen gehört, werden wir ihn dem Hundefänger übergeben!«

»Seife sollte man aus ihm kochen!« zischte die dicke Frau. Es wurde nicht ganz klar, ob aus Hasso oder mir. Aber das ging schon an mir vorbei: Hundefänger! Hasso beim Hundefänger! Er drängte sich an mich, als fühle er die Gefahr.

»Gut«, sagte ich, »ich zahle.«

»Und Sie steigen besser aus«, meinte der Schaffner und fügte grinsend hinzu: »Weil Ihr Hund nämlich keinen Maulkorb hat!«

Die zehn Schritte bis zum Ausgang lief ich Spießruten. Dann rief ich wutschnaubend Fred im Büro an: »Und jetzt muß ich noch ein Taxi nehmen, um diesen Herrn zu euch zurückzubringen!« schloß ich.

»Das ist ja entzückend!« keuchte er, »nein, ist das komisch! Im übrigen nimm ruhig ein Taxi, du hast lange genug bei uns Schäferhund geschnorrt!«

»Ich bring dich um!« schrie ich zurück.

»Wer liebt, muß zahlen!« Und damit hängte er auf.

Ich nahm ein Taxi und fuhr Hasso heim. Irene fand es auch »wahnsinnig komisch« und bestand darauf, daß ich zum Mittag blieb. Dann fuhr sie mich doch zur Bahn. Ich habe was gegen autelnde Frauen. Auch wenn sie gut fahren, habe ich immer das

Gefühl des Dilettantischen, und daß sie ihren Schutzengel über Gebühr strapazieren. Ich kam erst im Abteil wieder zu mir.

Und da ging mir plötzlich die Bedeutung dessen auf, was ich erlebte. – Er wollte heim. Natürlich wollte er heim. Immer wieder zum Bahnhof zurück, wo dieses neue Leben für ihn begonnen hatte, dieses neue Leben, das er höflich und freundlich hinnahm, ohne das andere zu vergessen, das sein wirkliches und eigentliches war, und sein altes Herrchen, das sein einziges war und blieb.

Und aus dieser Erkenntnis, die mich wie ein Blitz traf, kann ich das schildern, was kurz darauf geschah –

Nachdem ich Hasso wieder zurückgebracht, rumorte es in ihm weiter. Mein Erscheinen hatte eine Art geheimnisvoller Revolution in ihm ausgelöst. Man könnte auch sagen, daß ich der Zündfunke war, der die seit langem angesammelte sehnsuchtsvolle Spannung zur Explosion brachte. Bisher hatte hinter seinen Straßenbahnausflügen ein dumpfes Suchen gelegen. Mein Auftreten war ein Befehl. Der alte Freund kam und brachte Herrchens Geruch mit sich und die Spuren der Heimaterde an den Schuhen und das Rauschen des Gießbaches, das wohlige Schnurcheln Pitts, das Sausen des geworfenen Stockes, das Röcheln des besiegten Ajax, das Brausen des Windes in den Tannen und das Wehen der Wolken um die vereisten Riesentürme der Felsen.

Da waren die beiden anderen. Seine neuen Freunde – nicht aber seine Götter und Herren. Es war vielleicht unrecht, ihre guten Hände und Stimmen zu verlassen, und es war bestimmt schwer, von den fetten Bissen und prächtigen frischen Knochen wegzugehen, aber alles war wesenlos vor dem Befehl, vor dieser Stimme, die da rief und rief –

Ja, woher rief sie? Mitunter, während er zwischen Fred und Irene am Abendbrottisch saß und von ihnen gefüttert wurde, kam diese Stimme so deutlich aus der Wand, daß er den Kopf schief legte und die Ohren hin und her wandte, um die Richtung zu ermitteln.

»Es war uns direkt unheimlich«, erzählte mir später Irene. »Er starrte über uns weg, und in sein Gesicht trat ein fast irrsinnig verzückter Ausdruck. Dazu winselte und keuchte er.« – »Als ob er eine Vision hatte!« sagte Fred, »es lief uns allen kalt über den Rücken.«

Und an einem Morgen ging Hasso.

Zunächst fuhr er wieder mit der Linie 8 zum Bahnhof. Sonst war er immer ratlos umgekehrt, weil es dort nicht weiterging. Diesmal ging es weiter. In seinem Innern war ein Schild heruntergeklappt, und auf dem Schild stand »Schiene«. Das war zwar verboten und furchtbar, aber es führte zu Herrchen.

Schiene – Er lief in den Bahnhof, durch die Sperre, über die Perrons, wo schrecklich schnaufende Eisenungeheuer standen, die ihn zittern ließen. Man schrie hinter ihm her – er setzte sich in Galopp. Jetzt war er schon außerhalb der Bahnhofshalle und lief neben einem Schienenstrang entlang.

Nach ein paar hundert Metern teilten sich die Geleise. Er stand verdutzt, dann sagte ihm der Kompaß in seinem Kopf: Süden – diese! Er trottete den rechten Strang entlang. Immer neben den Schienen, immer auf dem dicken Schotter. Nach einer Weile begann alles zu zittern. Er sah sich um – da wuchs es aus dem Boden, das donnernde Eisenrechteck, und sauste auf ihn zu. Los! Er jagte den Bahndamm hinunter, bis es oben vorübergerollt, geklingelt und gescheppert war. Unten am Bahndamm war eine Laubenkolonie und die Spur einer läufigen Hündin. Er witterte, roch im Gras umher, aber dann rief die Stimme. So erklomm er den Bahndamm wieder und zog in dem gleichmäßigen Wolfstrott weiter, der sich ihm plötzlich beigesellt hatte, aufgewacht aus den tiefsten Schichten seines Ichs, wo es in das große Zentral-Ich aller Geschöpfe mündet und die Erfahrungen der Urzeit gestapelt liegen –.

Trap-trap-trap-trap – hopp. Über die spitzen Schottersteine unter der immer glühenderen Sonne. Gegen Mittag schlugen die Schienen einen weiten Bogen nach Westen. Der Kompaß rebellierte. Mit ausgedörrtem Rachen, die Zunge welk zur Seite heraushängend, die Flanken pumpend, stand Hasso, von Zweifeln befallen. Ein donnernder Zug jagte ihn vom Damm. Unten war eine Wiese, von einem Bach durchlaufen. Er soff, stellte sich hinein. Zwischen seinen Zehen stiegen kleine rosa Wölkchen auf. Blut, das unter den durchgescheuerten Ballen vorkam. Süden!

Schweren Herzens verließ er die Schienen und schlug sich querfeldein. Über sonnendurchglühte Wiesen, von denen lockend die Kaninchen und Hasen sprangen, über Stoppelfelder, die höllenscharf in seine wunden Pfoten stachen, um Gehöfte herum, aus denen ihn seine Gefährten zum Spiel riefen, durch Wälder ... Zweimal schossen Jäger auf ihn, weil sie glaubten, er wildere. Der eine Schuß streifte seine Hinterkeule, fuhr fauchend in den Stamm neben ihm. Er beroch die frisch gesplitterte Stelle, aus der die Hitze des Bleis glohte, hinkte stöhnend weiter.

Süden!

Das Gelände stieg an. Eine lange Hügelkette. Als er oben stand, sank er zusammen. Er konnte nicht mehr. Während er mit pumpenden Flanken lag, und der Hunger in seinen Eingeweiden zu wühlen begann, wurden seine Augen ganz groß. Hinten am Horizont hoben sich ehrwürdige Häupter aus dem Dunst – die Berge. Er wußte nicht, daß sie noch fünfzig Kilometer entfernt waren.

Er stand auf, schleppte sich den Hügel hinunter –. Die Nachmittagssonne brannte. Dann ein Bach, mit Büschen umstanden. Eine Ringelnatter schlängelte vor ihm weg, ein paar Frösche sprangen kopfüber ins Wasser. Eichelhäher aus einem nahen Wäldchen strichen aufgeregt käckernd über seinen Kopf. Er soff, kroch in den Busch zurück, schlief ein.

Als er erwachte, ging gerade die Sonne unter. Er stand auf, soff noch einmal, beleckte sich die Wunde am Schenkel, humpelte dann weiter. Das Bein war steif und schmerzte, in den Zehen stach es wie mit glühenden Nadeln – Süden!

Es wurde kühler, die Sterne kamen heraus, dann der Mond. Aber schließlich, als er wieder einmal auf einem Hügel ankam, donnerte es unter ihm durch, schimmerte es lang und silbern im Mondlicht – da waren die Schienen wieder! Fast waren sie ihm nun Freunde ...

Ein paar Kilometer trottete er über den spitzen Schotter, dann, als es gar nicht mehr ging, hatte er es gelernt und schlich am Fuß des Bahndammes durch die Wiesen. Der Tau kühlte seine Wunden. Dafür wurde der Hunger immer schlimmer. Ein Stadthund, ein verwöhnter Stadthund mit regelmäßigen, fetten Mahlzeiten – Er roch sie vor sich, die Näpfe mit duftendem Fleisch, köstlichen Knorpeln, beseligenden Knorpeln. Diese Vision wurde so schmerzhaft deutlich, daß er stehenblieb und sich umwandte ...

Süden!

Und dann, im Morgengrauen, als ihn die Müdigkeit fast schon wieder zu Boden drücken wollte, war es, als ob die Stimme plötzlich anschwelle, noch stärker würde. – Dort der Baum – das Haus – da, einen Kilometer weiter der Fels. – Hier war er schon gewesen – vielleicht als ganz junger Hund vom Bauern einmal mitgenommen, auf dem Leiterwagen, hinter dem trabenden Pferd –

Jetzt die Berge immer höher. Ihre Spitzen färbten sich rot. Die Stimme – die Stimme ...

Ich saß in einem Autobus mit einem schnauzbärtigen Gorilla als Chauffeur, der darauf bestand, über die dicksten Steine zu fahren. Es sei eine Probefahrt, hatte er mir, dem einzigen Passagier dieses etwas gespenstischen Vehikels, über die Schulter hin erklärt.

Ich beschwor ihn, aufzuhören, ich glaubte ihm die Tüchtigkeit seiner Donnerkiste ohnehin aufs Wort. Aber er fuhr unerbittlich weiter, und ich wurde geschüttelt – hin- und hergeschüttelt. – Bis ich merkte, daß ich tatsächlich geschüttelt wurde.

Vor meinem Bett stand Balthasar in dem (noch immer ungewaschenen) Schlafrock mit wirrem Haar und Augen wie ein Wahnsinniger. Ich war mit einem Ruck wach:

»Was ist los? Brennt's?«

»Entschuldigen Sie – übrigens hatten Sie mal wieder die Tür aufgelassen und die Läden nicht zugemacht . . .«

»Was – ist – los zum Donnerwetter?«

Er ließ sich auf mein Bett fallen: »Er ist da!«

Merkwürdig. Ich wußte sofort, wen er meinte.

»Vor einer Stunde. Es kratzte an der Tür. Er lag da und wedelte mich an. Aufstehen konnte er nicht mehr.«

»Was haben Sie gemacht?«

»Dunkelheit, warme Milch, die Pfoten verbunden, die nur noch rohes Fleisch sind, und eine große Wunde an der rechten Hinterkeule. Sieht wie ein Streifschuß aus. Er – er – leckte mir – dauernd die – Hand . . .«

Und dann schlug er die Hände vor das Gesicht und heulte wie ein Schloßhund. Plötzlich riß er das verschmierte Gesicht hoch: »Ich gebe ihn nicht mehr her – nie mehr – Eher . . .!«

»Ach, halt die Klappe!« sagte ich, stand auf, ging ins Zimmer und goß mir erst mal einen Schnaps ein. Das Telefon klingelte. Während ich den Hörer abnahm, hörte ich in meinem Rücken ein Geräusch und wußte: Jetzt stand er hinter mir in der Tür des Schlafzimmers und starrte mich angstvoll und wild an.

Es war Irene: »Hans – entschuldige – daß wir dich so früh stören. Wir haben die ganze Nacht nicht geschlafen . . .«

»Er ist hier!« sagte ich.

»Bei – bei dir?«

»Nein, bei seinem Herrchen.«

»Aber . . .«

»Er ist offenbar die ganzen sechsundneunzig Kilometer hintereinander durchgelaufen. Seine Pfoten sind wund, im Schenkel hat er einen Streifschuß – aber er ist glücklich.«

Im Hörer war nur ein Atmen.

»Irene«, sagte ich, »du bist immer ein feiner Kerl gewesen und dein Fred erst recht. Ihr habt euch großartig benommen und habt Hasso alles gegeben, was ihr konntet. Daß da etwas Entscheidendes war, was ihr ihm nicht geben konntet, ist nicht eure Schuld. Auch Balthasar hatte keine Schuld. Er hatte nichts mehr für ihn zu fressen und entschied, daß er nicht das Recht habe, ihn deswegen zu töten. Jetzt kann er ihn ernähren . . .«

»Ja, weil ich ihm die Verbindungen verschafft habe!« sagte plötzlich Freds Stimme.

»Fred, wenn du eine Wut hast – und ich verstehe völlig, daß du sie hast – Und nicht nur Wut, denn ich weiß, wie lieb ihr ihn habt – Also, wenn – dann entlade alles auf mich. Ich hätte es vorher wissen müssen . . .«

Am Apparat war ein heftiges Räuspern. Dann Freds undeutliche Stimme: »Und du meinst nicht . . .«

»Laß ihn bei seinem Herrchen. Er ist selig. Und für die, die ihn wirklich lieben, geht es doch zuerst um ihn, nicht wahr? Er hat für uns alle entschieden.«

»Rede nicht so geschwollen, Affe!«

»Na also, dann sind wir uns ja wieder einig.«

»Hol dich der Teufel!«

Dann kam noch einmal Irenes Stimme: »Dürfen – dürfen wir ihn wenigstens besuchen?«

»Ich glaube, es gäbe für uns alle hier nichts Schöneres, Irenchen.«

Nach einer Woche hatten wir Hasso wieder in Schuß. Balthasar kaufte sich einen neuen Anzug und zwei neue Hemden und lud mich zu einem Abendessen mit allen Schikanen in die Stadt ein.

Alles von den »Silberlingen des Judas«, die er bis dahin nicht angerührt hatte.

Wir gingen schon früh los, denn wir wollten um neun Uhr wieder zurück sein.

Die Berge wußten, was sie der Kurtaxe schuldig waren, und hatten ein prächtiges Alpenglühen angelegt. Balthasar und ich hatten Duzfreundschaft geschlossen, gingen Arm in Arm und warfen ein paar alleinstehenden Kurgästinnen feurige Blicke zu. Vor uns trabte unser Löwe mit einem alten Zaunpfahl als Stöckchen. Der Schmutz, der ursprünglich daran war, klebte teils an unseren Händen, teils an den Hosenbeinen.

Vor dem Sägewerk rannten wir in Ajax. Unsere Herzen blieben stehen, die Hunde auch. Dann ließ Hasso das »Stöckchen« fallen und ging auf Ajax zu. Der stand erstarrt wie ein Holzpferd und wagte sich nicht zu rühren. Nur vorn zeigte er einen weißen Zahn. Hasso roch nonchalant an dem Zahn, dann am Gegenteil, und dann hob er das Bein und entlud das ganze Bassin über Ajax. Der triefte, er zitterte, aber er sagte keinen Mucks.

»Weitergehen!« flüsterte ich. Wir taten es. Bald darauf war Hasso wieder bei uns. Er balancierte seinen Pfahl und warf die Beine wie ein Lipizzaner in der Reitschule. Nach hundert Metern begann Ajax hinter uns zu schimpfen. Hasso hörte nur flüchtig hin. Dann warf er uns den Pfahl vor die Füße:

»Wau – wau – He, ihr Kerls, seid nicht so faul, spielt mit mir!«

Der Wächter

Frau Elisabeth Mangold betrauerte den Tod ihres Mannes tief, obwohl es in letzter Zeit sehr schwierig mit ihm gewesen war. Der große Altersunterschied hatte sich bemerkbar gemacht, sie war fünfundfünfzig, er immerhin sechsundsiebzig, als er starb. Und trotzdem, seit er von ihr gegangen, verschwanden immer mehr die Mißhelligkeiten, die sie bedrückt und getrennt, und das unendlich Gute, Rührende, Herzverbindende ihrer Ehe wurde immer deutlicher. Und mit dieser Verklärung wuchs ihre Einsamkeit.

Aus den Familien ihrer vielen Söhne, Töchter, Schwiegersöhne und Schwiegertöchter wurden ihr verschiedene Enkel zum Trost offeriert. Aber es waren naturgemäß die schwierigen Fälle, und da sie als kluge Großmutter diese Fälle nur zu genau kannte, lehnte sie dankend ab. Nur einen kleinen Hanswurst von vier Jahren, genannt der Wackeltopp, behielt sie einige Wochen. Dann versagten ihre zerrütteten Nerven auch an ihm. Der daraufhin zusammentretende Familienrat verordnete ihr einen Hund, und zwar nach reiflicher Überlegung einen Boxer. Gründe: Der Boxer als Kurzhaar braucht weniger Pflege als ein langhaariges Tier, er ist treu und lustig, konnte sie also in gleicher Weise beschützen und erheitern.

Sie protestierte zunächst gegen diesen Beschluß. Die selbstquälerische Einsamkeit hatte von ihr Besitz ergriffen. Es lag eine geheime Lust darin, sich vorzustellen, daß das Mitleid der Familie nur ein paar Wochen gedauert und sich dann ein jeder wieder seinem eigenen Leben zugewandt hatte. Sie nahm es niemandem übel, o nein. Obwohl es ja ihrer Lieblingstochter Helene, der Mutter des Wackeltopps, nichts geschadet hätte, wenn sie ihre alte Mutter etwas nachdrücklicher gebeten hätte, wenigstens ein paar Monate bei ihr zu bleiben. Aber, wie gesagt, sie nahm es der Tochter nicht übel. »Du mußt gerecht sein, Elisabeth«, sagte sie zu ihrem Spiegelbild in dem einsamen Schlafzimmer. »Du hattest seinerzeit auch keinen glücklichen Tag, bevor deines Mannes Mutter aus dem Hause war. Alt und jung passen eben nicht zum Zusammenleben, höchstens mal für einen vorübergehenden Besuch. Also bleib für dich, fahr vielleicht mal zu einer Schulfreundin, geh in den Park und lies, räume deine Wohnung auf und deine Wäsche um, kauf dir einen Fernseher und stricke Pullover für die Schwiegersöhne. Auch wäre es empfehlenswert, Patience zu legen, dich in einer Leihbücherei zu abonnieren und vielleicht einem Kaffekränzchen beizutreten, wo du dich mit anderen alten Wachteln über dein Schicksal beweinen kannst.« Sie trat noch näher an den Spiegel heran: Ganze Büschel grauer Haare waren da gewachsen und Säcke unter den Augen und die Augen selber rot vom Weinen, vom einsamen Weinen. Plötzlich packten sie wieder die Tränen. Sie fuhr herum: »Ist da wer?« Keine Antwort. Die Möbel starrten sie schweigend an. Sie rannte ins Wohnzimmer, in die Küche. Nichts. Kein Laut außer dem harten, blechernen Ticken des Weckers. Hatte nicht jemand aus dem Schlafzimmer gerufen: »Lieschen, was ist mit dem Umschlag fürs Herz?« Sie war ihr oft zuviel gewesen, die Lauferei in den letzten Monaten der Krankheit – aber jetzt gierte sie danach. »Ja – Otto?« Aber das Zimmer war schweigend, wie sie es verlassen, und das Bett neben dem ihren leer, die Hülle ihres Gefährten draußen auf dem Friedhof. Und es hatte keinen Sinn, daß sie jeden Tag hinausfuhr und seinem Grabstein erzählte, was sie am Tage getrieben. Der Grabstein war ein Stein, und was dort unter dem Hügel lag, hatte

nichts mehr mit dem zu tun, der von ihrer Seite in das Reich der Nimmerwiederkehr entschwunden war. Sie starrte wieder ihr von Trauer verwüstetes Gesicht im Spiegel an, seufzte noch einmal tief und richtete sich dann mit einem Ruck auf: »Elisabeth«, sagte sie, »wenn du so weitermachts, endest du in der Klapsmühle. Das aber ist bestimmt nicht Gottes Wille.« Sie drehte sich um, ging in die Bibliothek und rief Helene an: »Dann bringt mir meinetwegen dieses kleine Ungeheuer, den Boxer.« Und mit einer mühsam verhaltenen Angst: »Meinst du, er ist noch zu haben?«

Er war noch zu haben, und so rollte er denn eines Tages bei ihr an, ein vier Monate alter Boxerrüde mit einem geradezu atemberaubenden Bewegungsdrang. In Wirklichkeit hatte er irgendeinen hochtrabenden Zwingernamen. Gero von Hühnenfeld oder so etwas, aber man taufte ihn kurzerhand Schnuffi, weil er so lustig durch seine plattgedrückte schwarze Nase schnuffte. Er sprengte das Leben seiner Menschenmutter zunächst einfach in die Luft und sorgte dafür, daß sie in dieser Luft dauernd in Bewegung blieb. Zu Trauer und Selbstmitleid blieb einfach keine Zeit mehr. Mindestens sechsmal am Tage schleppte er sie an straff gespannter Leine in den Park oder das nahe gelegene Wäldchen und quer über die Felder. Wenn sie des Laufschritts müde war und ihn endlich loshakte, sauste er wie ein Gummiball davon und verkleinerte sich mit rasender Geschwindigkeit zu Punktgröße, hinter sich die händeringende und tiefbesorgte Elisabeth Mangold lassend, die sich vergeblich bemühte, ihm irgendeine Art von Appell beizubringen. Schnuffi kam zurück, wenn er sich müde getobt hatte, mit einem halben Pfund bekleckerter Zunge aus dem Maul hängend, sprang ihr vor Wiedersehensfreude an die Brust, daß sie beinahe umfiel, und hinterließ auf dem neuen Frühjahrsmantel die erdfarbenen Stempel seiner dicken Pfoten. Sie schimpfte fürchterlich auf ihn, während sie sich ächzend bückte und ihn wieder an die Leine nahm, aber er kulpste nur seine Negeraugen heraus, und in ihnen stand zu lesen: Ich glaube dir kein Wort davon!

Da mußte sie denn zum ersten Male wieder lachen, und sie lachte immer häufiger. Wenn sie dann abends diesen Unband in seinem Körbchen zu Bett brachte und er schläfrig nach ihrem Gesicht tatzte, um gleich darauf mörderisch zu schnarchen, war sie zum ersten Male wieder glücklich. Sie bewunderte ihn maßlos, die weitgestreckten herrlichen Sprünge, zu denen ihn seine stählernen, flachen Muskeln befähigten, seine mächtige Brust und den kleinen weißen Fleck zwischen den Vorderläufen. Ebenso maßlos war sie gerührt, daß sie hier nach so langer Zeit wieder von einem Wesen in inbrünstiger Liebe beansprucht wurde. Sie war Schnuffis Gefährtin, Göttin, Welt und ganzer Lebensinhalt. Die Nachbarin, der sie ihn einmal zur Aufbewahrung gab, weil sie ihn zu einem Besuch nicht mitnehmen konnte, berichtete ihr, er – der stets lustige Kobold – habe die ganzen Stunden, ohne sich vom Fleck zu rühren, hinter der Tür gesessen, »den Kopf gesenkt wie eine matte kleine Blume«. Frau Mangold, die darüber fast in Tränen ausbrach, wurde von der kleinen Blume für den Rest des Tages keines Blickes mehr gewürdigt. Sie beschloß daraufhin, ihn das nächstemal in der trauten Umgebung des eigenen Heims zu lassen, »damit er nicht denkt, ich hätte ihn verkauft«. Als sie diesmal zurückkehrte, hatte Schnuffi das traute Heim aus Wut weitgehend umgebaut. Unter anderem hatte er eine Daunendecke aufgerissen, und seine ungetreue Göttin mußte sich hustend durch ein Schneegestöber von Daunen ihren Weg ins Schlafzimmer erkämpfen. Natürlich war es gerade ihre Lieblingsdecke, die noch aus ihrer Aussteuer stammte, aber es war ihr unmöglich, diesen Zornesausbruch verschmähter Liebe übelzunehmen. Ja, sie mußte sich voller Scham gestehen, daß sie eigentlich selten in ihrem Leben so glücklich gewesen war wie mit diesem goldbraunen ungezogenen Bengel.

Ein kritischer Punkt kam, als die Familie nach und nach mit den Kindern auftauchte und die Kinder mit Schnuffis Spielsachen –

seinem Vollgummiball und seinem Knochen, der nach Schokolade roch und knackte, wenn man darauf biß – spielten. Schnuffi nahm das jedoch keineswegs übel, sonder trat mit der ganzen krabbelnden und quakenden Kinderschar in einen Austauschverkehr. Die Mütter, die ihre Erzeugnisse ob Schnuffis Gutmütigkeit mit ihm allein gelassen hatten, fanden dann zu ihrem Entsetzen ein Schlachtfeld vor. Schnuffi saß zwischen einer Sammlung von Puppenköpfen, Puppenbeinen und zerbissenen Kinderbällen, der Wackeltopp lutschte derweilen an Schnuffis Gummiknochen, und sein gleichaltriger Vetter Rolf hatte sich die Strampelhose ausgezogen, bellte und hob gerade an der antiken Kommode das Bein.

Schnuffi erwies sich überhaupt als der geradezu ideale Kinderhund, und je älter er wurde, desto mehr trat diese Eigenschaft bei ihm hervor und wandelte sich ins Beschützerische. Und es gab immer etwas zu beschützen in der großen Familie, da der nun längst schulpflichtig gewordene Wackeltopp durch neue Lieferungen von quäkenden Windelbewohnern ersetzt worden war, die in Kinderwagen herumgefahren werden mußten. Schnuffi hatte inzwischen die lustigen Stirnfalten der ersten Jugend verloren und war ein prachtvolles, mächtiges Tier geworden. Mit seinem Frauchen spielte er unermüdlich und voller Wonne wie einst. Sobald aber ein Bewachungsobjekt, zum Beispiel ein gefüllter Kinderwagen, auftauchte, zeigte er sich von amtlichem Ernst. Mit der Würde eines Oberregierungsrates saß er Stunde um Stunde neben dem Wagen, blickte verachtend auf die anderen im Park tobenden Kollegen und Kolleginnen herab und warnte Fremde durch ein tiefes Knurren aus seinem mächtigen Brustkasten, sich dem Kinderwagen allzusehr zu nähern und ihre Bazillen dort abzuladen.

Gegen Erwachsene und Besuch war er vorbildlich höflich. Manche, die es verstanden, ihn auf der Brust zu kraulen und ihm eine schöne Geschichte ins Ohr zu flüstern, in der sein Name möglichst oft vorkam, schloß er sogar offensichtlich ins Herz. Fremden

Eindringlingen, wie Gasmännern, Elektrizitätsbeamten, Briefträgern und Telegrammboten gegenüber verhielt er sich neutral, aber scharf beobachtend. Ihren Händen wich er aus, knurrte nicht, setzte sich aber zu ihnen und ließ sie nicht aus den Augen, bis sie wieder gingen. Mit anderen Worten, er wurde immer mehr der perfekte Hund, und die Menschen hörten nicht auf, seinem Frauchen zu diesem Großen Los in der Hundelotterie zu gratulieren.

Das dauerte bis zu dem Tage, als es eines späten Nachmittags an der Wohnungstür klingelte. Frau Mangold öffnete und sah einen netten jungen Mann mit einer Aktentasche draußen stehen. Erst dachte sie, er sei einer der vielen Studenten, die Zeitschriften-Abonnements vertreiben und denen sie trotz heftigen Protestierens schließlich doch immer eine Zeitschrift abnahm, mit der sie absolut nichts anzufangen wußte. Dieser junge Mann jedoch zog einen Ausweis aus der Tasche und erklärte, er komme vom Elektrizitätswerk. Man glaube festgestellt zu haben, daß eine bestimmte Serie von Zählern falsch liefe, und zwar zugunsten der Kundschaft. Frau Mangolds Zähler gehöre zu dieser Serie.

Sein nettes Äußeres und die Aussicht, womöglich Stromgebühren zurückgezahlt zu bekommen, beflügelten Frau Mangold gleichermaßen. Der junge Mann wurde mit Freuden eingelassen und zunächst zu einer Tasse Kaffee aufgefordert, die er jedoch dankend ablehnte. Statt dessen bat er, sämtliche Anschlüsse in allen Zimmern kontrollieren zu dürfen, was ihm gern gewährt wurde. Er entnahm darauf seiner Aktentasche ein Meßinstrument und machte sich unverweilt ans Werk. Zunächst wurden Eßzimmer und Salon überprüft. Schnuffi blieb dicht auf seinen Fersen und stieß zum Erstaunen seines Frauchens ab und zu dumpfe Knurrlaute aus. Der junge Mann sah etwas zweifelnd auf ihn, aber Frau Mangold erklärte beruhigend, er brauche sich nicht zu sorgen. Schnuffi habe noch nie jemandem etwas getan. Sie selbst entschuldigte sich dann, weil sie noch im Schlafzimmer zu tun habe; er – der junge Mann – könne sich ja derweil die Küche und den Zähler in der Diele vornehmen. Dies tat er denn auch, und so vergingen einige Minuten in tiefer Stille, die nur ab und zu durch dumpfes Knurren Schnuffis unterbrochen wurde.

Dem jungen Mann schien das allmählich unheimlich zu werden und als er im Eßzimmer Schnuffis Bällchen fand, machte er ein

Experiment. Er zeigte ihm den Ball und warf ihn dann in die entfernteste Ecke. Schnuffi sprang nicht danach, aber er drehte sich um, und diesen Augenblick benutzte der junge Mann, um in den Salon zu schlüpfen und die Tür von innen zu schließen. Gleich darauf öffnete er sie wieder und lachte Schnuffi an: »Siehst du, da bist du reingefallen!« Er hielt dem Hund die Hand hin, aber Schnuffi wich zurück und fletschte schweigend die Zähne. Der junge Mann zuckte die Schultern und steckte sich den Ball in die Tasche. Schnuffi beobachtete das mit schiefem Kopf, jedoch ohne Kommentar.

Darauf ging der junge Mann in die Diele, wo der Zähler hing, und schraubte das Gehäuse ab. Er hatte jetzt sämtliche Räume kontrolliert bis auf das Schlafzimmer, in dem er Frau Mangold rumoren hörte. Wieder saß Schnuffi neben ihm, sein Atem ging heftig, und in seinem Nacken sträubten sich die Haare. Wieder warf ihm der junge Mann den Ball, und wieder drehte sich Schnuffi einen Moment um. Diesen Moment benutzte der junge Mann, um die Schlafzimmertür mit einem Ruck aufzureißen. Bevor er sie aber von innen schließen konnte, war der Boxer wie ein Schatten an ihm und vergrub seine Zähne in seinem Ärmel. Frau Mangold schrie gellend auf und schlug mit dem Besen, den sie gerade in der Hand hielt, auf den Hund ein. Der aber war wie ein Rasender, das Haar den ganzen Rücken entlang gesträubt, die Augen wie wahnsinnig aus dem Kopf getreten. Geifer vor der Schnauze, fetzte er dem jungen Mann den Ärmel herunter. Da erhielt er von dem Besenstiel des Frauchens einen so heftigen Schlag über die Nase, daß er losließ. Sie stürzte sich auf ihn, zerrte ihn aus dem Raum und legte ihn draußen an die Leine.

Der junge Mann zitterte am ganzen Leibe, sie tröstete ihn, versprach ihm vollen Ersatz und bestand darauf, den Ärmel wenigstens oberflächlich zu nähen, und einen Biß, der durch Ärmel und Hand gedrungen war, mit Jod zu behandeln. Auch eine Tasse

Kaffee und einen Cognac mußte der junge Mann trinken, um wieder zu sich zu kommen. Sie war so von Sorge um ihn und Enttäuschung über Schnuffi erfüllt, daß sie den seltsamen Ausdruck in den Augen des Mannes nicht bemerkte. Schließlich steckte er das Meßinstrument wieder in seine Mappe, schraubte die Kappe des Zählers auf und ging. Er sagte kein Wort von Schadenersatz oder gegen den Hund, sondern ging völlig stumm von dannen, und als er die Tür hinter sich geschlossen hatte, stand es bei Frau Mangold fest, daß er ein ausgesprochen liebenswürdiger junger Kavalier sei.

Um so schwärzer stach dagegen Schnuffi ab, und zum ersten Male in ihrem Zusammenleben griff sie zur Peitsche und strafte ihn. Er ließ es klaglos über sich ergehen, blickte sie aber so tieftraurig und vorwurfsvoll an, daß sie bald von ihm abließ. Sie setzte sich neben ihn, zog ihn an sich und sagte: »Was ist denn um Gottes willen in dich gefahren, mein Junge? Und was soll denn nun werden? Wie soll ich dich denn behalten, wenn du plötzlich über Leute herfällst, die dir gar nichts getan haben? Ich muß unbedingt morgen mit dir zum Doktor, vielleicht ist irgend etwas in deinem armen Kopf nicht richtig? Oder du hast sonst ein geheimes Leiden?«

Schnuffi leckte ihr die Hand. Frau Mangold jedoch konnte keine Ruhe finden und rief eine Reihe von Töchtern, Schwiegersöhnen und Bekannten an. Sie erzählte jedem, was sich abgespielt, und fand so allmählich Erleichterung, so daß sie schließlich wohltuend müde war und sanft einschlief. Schnuffi war nicht wie sonst in seinen Korb gegangen, sondern hatte darauf bestanden, vor ihrer Tür zu schlafen. Sie fürchtete zwar sein Schnarchen, ließ ihn aber doch gewähren: Es wird die Reue sein, dachte sie, und damit war sie schon eingeschlafen.

Sie schlief so fest, daß sie am anderen Morgen erst ziemlich spät erwachte, und zwar vom Telefonläuten. Es war eine Nachbarin,

die ihr gestern einen Tierarzt empfohlen hatte: »Na, nun brauchen Sie ja nicht mehr zum Arzt mit Ihrem Schnuffi!« sagte sie. »Statt dessen würde ich ihm eine große Wurst kaufen! Mein Gott, haben Sie ein Glück gehabt!«

»Was für ein Glück?« murmelte Frau Mangold noch schlaftrunken.

»Ja – haben Sie denn noch keine Zeitung gelesen? Dieser reizende junge Mann – ein Mörder – in unserer Straße, drei Hausnummern weiter, gegenüber von der Drogerie – seine Spezialität: alleinstehende Frauen! Entsetzliche Einzelheiten!«

Von dem was die Nachbarin nun berichtete, hörte Frau Mangold überhaupt nichts mehr. Ihre Knie gaben plötzlich nach, so daß sie sich auf einen Stuhl setzen mußte. Sie starrte auf den Bibliothekstisch, auf dem der Hörer lag, aus dem es noch weiterquäkte. Ihre stille, beschauliche Altfrauenwelt war mit einemmal eingestürzt, und zu ihren Füßen gähnte der Abgrund, in dem finstere, dämonische Triebe ihre Opfer suchten, in dem der Wilde der Urmensch umging, den wir alle noch in uns tragen, trotz Fernsehen, automatischer Küchen und Weltraumraketen. »Und du hattest keine Ahnung!« murmelte sie. »Du hättest dieses Ungeheuer zum Abendbrot eingeladen, wenn er dich darum gebeten hätte, du in Watte gepacktes altes Frauenzimmer! Dein Schnuffi mußte dich retten, dein einziger und bester Freund – den du dafür verdroschen hast! Da bist du ja, mein Goldjunge – hast du verstanden, was für eine Närrin dein Frauchen ist? Natürlich hast du es verstanden, denn du kannst ja noch in unseren Herzen lesen und unsere Gedanken fühlen. Das konnten wir auch mal, vor langer, langer Zeit, weißt du. Aber statt dessen haben wir jetzt lauter Werkzeuge und Maschinen, die dauernd kaputt sind. Diese arme Frau, drei Häuser weiter – das hätte ich sein können, wenn du nicht gewesen wärst!«

Sie legte den Hörer auf, küßte Schnuffi auf die goldbraune

Stirn, ging ins Wohnzimmer und nahm erst mal einen gewaltigen Schluck aus der Cognacflasche. »So, und jetzt ziehe ich mich an und hole dir erst mal eine Wurst, einen ganzen, dicken Ring Brühwurst!«

In diesem Augenblick läutete wieder das Telefon. Sicher würde es nun dauernd läuten. »Ich denke gar nicht daran abzunehmen, erst deine Wurst!« erklärte sie. Schnuffi, der nur »Wurst« gehört hatte, saß glücklich zu ihren Füßen, und in der Erwartung des kommenden Genusses senkten sich aus seinen Mundwinkeln zwei dicke Spuckefäden langsam auf den Teppich.

Puck

Das Schicksal meinte es gut mit dem kleinen weißen Hund, mit dem schwarzbraunen Ohr. Eines Morgens bekam sein Züchter eine Telegramm aus Berlin. Seine Augen leuchteten auf, als er es las, dann rief er seine Frau: »Sieh her! Wir werden berühmt! Telegramm direkt aus Berlin: ›schickt sofort foxlrüden nicht unter vier monaten‹.«

Die Frau trocknete sich die Hände an der Schürze: »Fein, da müssen wir Ehre einlegen. Welchen wollen wir schicken?«

Der Mann überlegte: »Der Schönste ist natürlich Puck.«

»Ja, das wollte ich auch sagen. Außerdem nimmt er so viel Platz weg, weil wir immer einen Zwinger für ihn allein haben müssen.«

»Du magst ihn nicht ...«

»Er ist unverträglich.«

»Es ist das gute, heiße Blut! Ich sage dir, in dem Hund steckt allerhand.«

»Mag sein ...«

Nachdenklich ging der Züchter zum Zwinger. Das Telegramm noch in der Hand, starrte er über das Gitter. Puck kam vorsichtig wedelnd näher, sah zu ihm auf. Sein sechster Sinn sagte ihm, daß irgend etwas anders war als sonst, und ihm war nicht geheuer.

»Ja, little boy«, sagte der Züchter, »es muß geschieden sein ...«

Ihn befiel, wie jedesmal, eine dumpfe Bedrückung, weil er nicht wußte, welchen Schicksalen seine kleinen Zöglinge entgegengingen. Selten nur hörte er, was aus diesem und jenem wurde. Würde man diesen Kleinen hier vor Erkältung behüten, die emp-

findlichen Nieren schützen, ihn hindern, daß er sich seine schönen
Zähne durch Steinschleppen abschliff?

»Na komm, Junge«, sagte er rauh, »take it easy!« Und seine
große Hand griff übers Gitter, packte das kleine zappelnde Fellbündel am Genick und zog es zu sich empor. Einen Augenblick
hielt er es an seiner Brust, sah in die klugen braunen Augen, die
sich jetzt schalkhaft verdrehten, als die Schnauze an seiner Kra-
watte zog und eine kleine Krallenpfote sein Hemd kratzte. Der
Mann sah sich einen Moment scheu um, dann küßte er das glatte
Fellköpfchen.

»Also los!« sagte er dann unnötig laut, nahm den Rüden unter
den Arm, setzte ihn auf den Tisch, frisierte ihn, gab ihm Milch zu
trinken, wischte ihm die Augen aus und steckte ihn dann in eine
Kiste. Hinter den Gitterstäben hervor weinte es erbärmlich, aber
der Mann verhärtete sein Herz gegen dieses Klagen; er ließ den
Wagen an und fuhr zum Flugplatz.

Puck hatte das Gefühl, in die äußerste Verdammnis gestürzt zu
sein. Die großen Zweibeiner, seine Götter, verrieten ihn! Er tobte
in seinem Käfig, versuchte die Gitterstäbe mit den Zähnen zu
zernagen, bis er faden Blutgeschmack im Maul hatte, von dem
sein Unterkiefer erregt zitterte. Jetzt wurde er mit der Kiste wieder hochgehoben, ein Gesicht erschien oben am Himmel und
zeigte lachend die Zähne. Ein fremd riechender Finger näherte
sich dem Gitter. Puck weinte wild auf. Dann trug man ihn in einen
dunklen Raum voller Kisten und Säcke und setzte ihn vorsichtig
nieder. Hier roch es nach allen möglichen Dingen und vor allem
widerlich nach Benzin. Plötzlich brüllte etwas auf, etwas Entsetzliches, Donnerndes, von dessen Kraft seine ganze Umgebung bis in
die feinsten Teile erbebte.

Der kleine Hund tobte wie wild in der Kiste und geriet vollends
in Angstraserei, als sich diese ganze Welt mit ihm und seiner Kiste
in Bewegung setzte, wie toll geworden über den Boden dahin-

sprang und schließlich, wie ihm ein untrügliches Gefühl im Magen sagte, in die Luft gerissen wurde. Immerhin hörte nun wenigstens das Stoßen auf. Nur das gleichmäßige Dröhnen blieb. Er sackte vor Erschöpfung zusammen, aber die Erregung ließ ihn nicht schlafen, und die Böen, die den Apparat über dem Kanal schüttelten, drehten seinen Magen um.

Irgendwann aber ging auch diese Marter zu Ende. Das entsetzliche Heben und Senken hörte auf, das Getöse erstarb, nachdem die ganze Angelegenheit noch einmal hart aufgestoßen war. Man hob ihn heraus, er roch Gras und Erde und hatte das selige Gefühl, wieder auf festem Boden zu sein.

Dann öffnete sich die Tür seines Kerkers. Eine Hand hob ihn heraus, ein Gesicht, ganz nah und ganz fremd, entblößte die Zähne und lachte: »Na, Puck, da bist du ja!« Und die fremde Riesin, die ein schrecklich stinkendes Leder über den Fingern hatte, kniff ihm in die Pfote. Puck schnappte nach ihr und ließ ein möglichst tiefes Knurren hören.

»Hach, wie süß!« sagte die weibliche Stimme, aber Puck hörte unter der gezierten Süßlichkeit der Frau sehr wohl die gleichgültige Kälte heraus. Da war der Riese, dem er dann überreicht wurde und auf dessen Arm er saß, noch besser. Er hielt ihn zwar ungeschickt und roch auch nach solch ekelhaftem Zeug wie das Weib, aber in seiner Stimme war Freundlichkeit.

»Aus dir werde ich schon einen anständigen Hund machen!« sagte René Cambon, Mitinhaber der Firma Cambon und Co., Lederwaren en gros.

So kam Puck von den Wiesen Englands und aus dem lärmden Kampf des Zwingers nach Berlin in das Reich der Stuhlbeine, Felle und Kissen einer großen Junggesellenwohnung. Cambon hatte nur eine Köchin, Luise, von der er sich ständig betrogen glaubte, und jeweils eine Geliebte, die er alle drei Monate wechselte, ehe ihre Ansrpüche allzusehr ins Uferlose wachsen konnten.

Er wohnte im vierten Stock eines großen und vornehmen Mietshauses an einem stillen Platz, und in seinem streng geregelten Tageslauf schwang das kleine weiße Fellwesen mit, auf Grund seines hohen Anschaffungspreises verpflichtet, freundlich und folgsam zu sein.

Man schrieb den Juni 1938. Aber davon wußte Puck nichts. Er wußte nur, daß sein Leben eine höchst ungewisse Wendung genommen hatte.

Jeden Morgen um sieben Uhr öffnete sich die Tür zum Badezimmer, wo Pucks Schlafkörbchen stand. Er war dann schon seit mindestens drei Stunden wach und hatte versucht, sich allein zu beschäftigen. Zunächst hatte er seine Schlafdecke langsam durchgekaut, bis sie triefend naß war und einige neue Löcher aufwies. Dann hatte er nach einigen vergeblichen Sprüngen endlich das untere, herabhängende Ende der Papierrolle erwischt, und nun gab es ein herrliches Spiel: Man konnte zerren und zerren, die Rolle nahm kein Ende! Er war in die wunderbar raschelnde, endlose Schlange verwickelt, die Welt schien in Toilettenpapier zu versinken. Er focht knurrend, fauchend, zähnefletschend einen Kampf gegen den ›Feind‹ aus und fühlte sich für eine Stunde dieses dämmernden Tages in die schönsten Zeiten der Zwinger-Raufereien zurückversetzt.

Einmal aber nahm auch der schönste Spaß ein Ende, das letzte Stückchen Papier war zerrissen, und Puck mußte sich nach einer neuen Tätigkeit umsehen.

Zunächst aber meldete sich die Verdauung. Er sprang maunzend gegen die Tür, um Luise oder das Herrchen oder die Geliebte oder sonst ein Zweibein herbeizurufen, das ihn aufs Gäßchen führen konnte, wo ihm die Verdauung gestattet war. Es kam aber niemand, und andererseits war das Naturereignis nicht aufzuhalten. So galt es denn, einen geeigneten Platz zu suchen, und was war zweckentsprechender als die Fußmatte vor der Badewanne? Puck drehte sich ein paarmal im Kreis wie vor Tausenden von Jahren seine Urahnen, die mit diesen Bewegungen das Steppengras niedertreten mußten und dann ging die Sache vonstatten.

Er beroch das Geschaffene aus vorsichtiger Entfernung und hatte nun das dringende Gefühl, daß Unheil im Anzug war. Da war es wohl das beste, man ging wieder ins Körbchen und stellte sich schlafend; so konnte niemand vermuten, daß er es gewesen sei.

Aber ach, so riesenhaft wie ihre Gestalt war auch der Verstand der Zweibeiner! Kaum hatte Luise mit zerzausten Haaren und leicht schmutziger Vormittagsschürze herzhaft gähnend das Badezimmer betreten, als sie den Schandfleck sogleich entdeckte: »Um Himmels willen! Du abscheuliches Schwein!« rief sie, indes ihr Gesicht sich vor Zorn rötete. Puck machte schnell die Augen zu, aus denen er für einen Moment zu ihr hinüber geblinzelt hatte, aber es half keine Verstellung. Erbarmungslos begannen ihre hornigen Finger, die immer leicht nach Zwiebeln rochen, auf seinem Hinterteil zu tanzen. Es regnete Ohrfeigen hinterher, und schmerzhaft stieß sie ihn sogar mit der empfindlichen Nase in den Kot und die verschiedenen Pfützen die er um das Geschaffene herum angelegt hatte. Sein ganzes Sein war Schmerz und Wut, und er schrie es laut heraus. Seine Schreie wiederum lockten das Herrchen herbei, und das machte seiner Qual ein Ende, denn er wurde den Händen Luises entrissen.

»Sie werden ihn noch verletzen, und dann muß ich den Arzt bezahlen!« zeterte Cambon.

»So ein Drecksack! Als ob man sich nicht schon ohne das Vieh zu Tode arbeitete!« fauchte Luise zurück.

Wenn es ihr nicht passe, könne sie ruhig gehen, erklärte Cambon, und: »Ja, weiß Gott, das tue ich!« gab die empörte Köchin zurück.

Damit war der Fall für die nächsten Tage erledigt. Cambon und Luise bemühten sich beide, ihn in Vergessenheit sinken zu lassen und begegneten einander mit betonter Höflichkeit. Dafür fanden sie sich in gemeinsamer Strenge gegen Puck.

Ach, nur wenige Lichtpunkte hatte sein kleines Hundeleben. Er machte sich keine Gedanken über dessen Sinn, aber er fühlte unbewußt, daß seine federnden Muskeln, sein schlanker, stählerner Körper zum Dahinsausen, seine guten Zähne zum Beißen, Zerren und Zerreißen geschaffen waren. Und zu all diesen Dingen hatte er so verflucht wenig Gelegenheit!

Nach dem Aufstehen ging Luise mit ihm Milch holen. Sie fuhren mit dem Fahrstuhl hinunter, und so hatte Puck nur im Vorübersinken Gelegenheit, eine Nase voll des aufregenden Katzengeruchs im zweiten Stock zu nehmen und im Erdgeschoß unter der Türritze hervor den warmen Dunst der Airedalehündin. Man zerrte ihn schnell zur Tür, und nun stand er draußen auf dem sogenannten Platz. Die Welt war verhext. Wohin war seine Erde verschwunden, wohin die schöne, saubere, frische Luft! Stein ringsum, Glas, Metall und unendlicher Lärm von sausenden, stinkenden Autos und von Elektrischen, die kreischend in die Kurven bogen. Eine Welt voll künstlicher Gerüche, Geräusche und dazu tausend und abertausend Füße, die das Pflaster schlugen und alle fremd waren.

Auf dem »Platz« gab es nur fünf Bäume und ein paar schwindsüchtige Büsche, die allerdings eine Fülle interessanter Gerüche ausströmten. Was nutzte das aber, wenn man ihm kaum Zeit ließ, das Notdürftigste zu erledigen? Schon war er wieder vor einem Laden angebunden. Auf dem Damm sausten die Benzintiere brüllend hin und her. Er saß mit dem Fellpopo auf dem Pflaster und zitterte vor Kälte und Aufregung mit den dicken Fellbeinchen, die steif nach vorn gestreckt waren.

Ab und zu kam ein fremdes Zweibein und streichelte ihn.

Manchmal gab's auch etwas zu fressen, aber sein Herrchen hatte ihm streng verboten, von Fremden zu nehmen, und der Hunger war auch nicht allzu groß. Mitunter kam ein Kollege, und das gab dann ein fröhliches Beriechen oder auch einen kleinen Kampf. Im angebundenen Zustand ging das jedoch gewöhnlich schlecht für Puck aus. Er verwickelte sich meist schon bei der ersten Runde in die Leine und wurde böse zugerichtet.

Drinnen im Milchladen berichtete Luise ausführlich die neuesten Schandtaten ihres Herrn, vergaß darüber die Zeit, und dann hieß es: »Ach herrje, nun aber schnell, schnell!« Und im Hetztempo wurde Puck quer laufend, purzelnd zum Fahrstuhl geschleift, ohne auf dem Rückweg die dürren Büsche oder einen der fünf Bäume auch nur noch einmal berochen zu haben.

Und dann war er wieder im Reich toter Dinge. Langsam stapfte er über Perserteppiche, roch an dem chinesischen Götzen in der Ecke, leckte nachdenklich ein paar Kuchenkrümel auf, die vom Vortage noch unter dem Tisch lagen, und landete schließlich auf dem großen Pelzkissen, das ihm als Lagerstatt zugewiesen war. Den Kopf zwischen den Vorderbeinen oder ganz zu einem Kringel zusammengerollt, döste er dort Stunde um Stunde und schwebte in jenem merkwürdigen Zustand zwischen Schlafen und Wachen durch das Land der bunten Träume, in denen die Kameraden seiner Jugendtage, die Airedalehündin vom Erdgeschoß und der Kerryblue von vorgestern, mit dem er sich gebissen hatte, durcheinandersprangen. Er knurrte im Traum, stieß ein dünnes Welpenbellen aus und zuckte mit den Beinen. Manchmal tauchte in seinen Träumen auch das Tier mit den langen Ohren auf, das sich in der Wiese hinter dem Gitter des Zwingers aufgerichtet hatte. Und das war dann sein schönster Traum ...!

Wenn er erwachte, schloß sich die Langeweile mit bleierndem Würgegriff um ihn. Herrchen war bis zum Nachmittag nicht zu Hause. Einmal öffnete Luise die Tür, und im Luftzug bewegten sich die Troddeln unten am Sofa. Sie schaukelten noch eine ganze Weile hin und her, nachdem sich die Tür längst wieder geschlossen hatte. Puck, sie mit starren Augen von seinem Kissen her beobachtend, fletschte die Zähne. Er bildete sich ein, daß dort ein Tier unter dem Sofa hin und her laufe, und weil das eine so herrliche Vorstellung war, nahm sie völlig die Gestalt der Wirklichkeit an. Streng korrekt, wie er's von seinen Ahnen her im Blut hatte, schlich er sich bäuchlings an, und dann fuhr er in die Troddeln. Welch wunderbares Spiel, sie abzufetzen und zu zerpflükken. Er spuckte, sie schmeckten abscheulich, aber was machte das? Waren es doch die Haare des geheimnisvollen Tieres unter dem Sofa! Leider hatten sie die unangenehme Eigenschaft, sich zwischen seinen Zähnen festzusetzen, ihm die Zunge zu verkleben und ihn im Rachen zu kitzeln. Sein Krächzen, Spucken und Niesen rief schließlich Luise auf den Plan. Merkwürdigerweise schlug sie ihn nicht, sondern stemmte die Arme in die Hüften und brach in schallendes Gelächter aus. Normalerweise wäre Puck, in das Gelächter einstimmend, an ihr hochgesprungen, aber er wich, rückwärts gehend, mit eingeklemmtem Schwanz zurück. Dieses Gelächter, fühlte er, war böse, ihm feindlich.

»Na, nun wird er dich ja endlich abschaffen, du Rabenvieh!« sagte Luise, ließ alles so liegen und schmiß die Tür hinter sich zu. Eine dicke Wolke aus Seifendunst und Zwiebeln blieb im Zimmer stehen.

Puck, wieder allein, stelzte mit steifen Beinen an das Sofa, beroch das Schlachtfeld und hatte plötzlich gar keinen Spaß mehr an den abgerissenen Troddeln. Es waren auch keineswegs mehr die Haare eines feindlichen Tieres, sondern lumpige Stoffetzen, die schlecht rochen.

Er sprang in den großen Ledersessel am Fenster, kletterte auf die Lehne und sah durch die Gardinen. Tief unten auf dem Platz, ganz klein, liefen viele Hunde in herrlicher Freiheit. Er weinte leise, stieß Seufzer durch die lackschwarze Nase und hörte dann plötzlich unten auf der Straße den Rhythmus von Herrchens Schritten. Unter den vielen, vielen Tausenden von Schritten erkannte er ihn unfehlbar heraus. Jetzt war er im Haus, im Fahrstuhl, jetzt vor der Tür. Aber Puck sprang ihm nicht entgegen, ihn hatte plötzlich Entsetzen gepackt. Er schoß ins Badezimmer und suchte Zuflucht in dem einzigen Stückchen auf der ganzen Welt, das er als sein Eigentum ansah, in seinem zerknabberten Korb.

Diesmal hatte er Glück, denn außer Herrchen war noch ein anderes Zweibein mitgekommen, ein langes mit Brille. Puck wurde gerufen, und er schlich mit eingezogenem Schwanz und gekrümmtem Rücken näher.

»Was hast du denn da gemacht?« hörte er Herrchens Stimme, und ein Finger zeigte streng auf die Verwüstung. Puck zitterte noch mehr, aber das andere Zweibein lachte, packte ihn ohne Furcht und Zaudern am Genick und hob ihn hoch.

»Na, du kleiner Strolch?« sagte der Fremde dicht an seinem Ohr und zeigte wieder lachend seine Zähne. »Du hast wohl Langeweile, was? Und dein dummes Herrchen kauft dir nicht mal ein kleines Spielzeug? Das ganze Sofa hätte ich aufgefressen, kleiner Mann! Wenn ich ein so süßes Hundevieh hätte, René: ich würde ihn mitnehmen ins Büro, ich würde ihn nicht allein lassen. Bist ja so mager, kleiner Kerl, kriegst du nicht ordentlich zu fressen hier?«

»Erlaube mal«, sagte Herrchen entrüstet, »ich gebe Luise täglich fünf Mark für den Hund!«

»So«, sagte das andere Zweibein mit der energischen Stimme, »dann wollen wir mal nachsehen, kleiner Puck, was du heute zu Mittag kriegst. Weißt du es, René?«

Zum erstenmal hörte Puck in Herrchens Stimme Unsicherheit: »Ich kann mich nicht auch noch um das Hundemenü kümmern, Hannes.«

»Warum nicht? Du hast doch sonst nichts weiter zu tun! Keine Frau, keine Kinder, keine Schwester, nur deine Freundin, die für das übrige sorgt. Du hast auf der ganzen Welt nur dieses kleine Wesen, das ganz von deiner Gnade abhängt. Mann, ich verstehe dich nicht! Du bist ein kalter Knochen – Also los, gehen wir in die Küche.«

»Na, Luise«, fragte der energische Fremde draußen, »was haben wir heute fürs Hundchen? Wo ist denn sein Schüsselchen?«

»Auch noch Schüsselchen!« brummte die Köchin. »Hier, 'n alten Teller zum Saufen, und das Fressen kriegt er auf Papier.«

»Was, nicht mal eine Schüssel hat er?«

Die Köchin wies mit dem Kopf gegen Cambon: »Sagen Sie das dem Herrn, für den Hund hat er ja nie Geld!«

Cambon schnappte über vor Erregung: »Was – nie Geld? Wo ich Ihnen täglich fünf Mark für den Hund gebe? Was haben Sie heute dafür gekauft, he?«

Die Frau wurde verlegen und stotterte: »Würstchen! Zwei Paar hat er schon gefressen, und hier ist noch ein Paar für mittags, das Vieh wird ja nie satt. Jeden Tag muß ich auch noch ein paar Hundekuchen kaufen ...«

»Und das nennen Sie Hunde-Ernährung?« fragte der Freund. »Kriegt denn das arme Tier nicht mal ein bißchen rohes Fleisch, kein Gemüse? Von der scharfen Wurst bekommt er doch nur Ausschlag! Außerdem muß so ein junges Tier frische Milch haben, täglich, hören Sie?«

»Ja, hören Sie das, Luise?« echote Herrchen, aber die Köchin antwortete nur mit bösem Brummen.

Drinnen im Zimmer sagte Herrchen: »Mir scheint, daß sie das Geld einfach einsteckt und das arme Tier dabei fast verhungern läßt.«

»Möglich«, erwiderte der andere kühl, »aber das ist deine Schuld, René.« Und wieder nahm er Puck hoch, fuhr ihm sanft über die Rippen, kraulte ihn hinter den Ohren und ganz vorsichtig in den Ohren und fand mit sicherem Griff jene Stelle unter der Brust, bei deren Berührung jeden Hund der unwiderstehliche Zwang packt, mit den Hinterbeinen mitzuzucken. »Ach, du solltest mein Hundchen sein«, sagte er leise. »Dein Herrchen ist dich ja gar nicht wert. Du bist so schön, kleiner Kerl, und ich glaube, du könntest auch lustig sein?«

Bei Tisch bekam Puck diesmal dauernd von dem Fremden angeboten, aber er nahm nichts, denn es war ihm ja streng verboten.

»Ist er nicht wunderbar erzogen?« fragte Cambon stolz.

»Ja: gräßlich brav.«

Und seit jenem Tag kehrte in Pucks Träumen neben dem Tier mit den langen Ohren und der wackelnden Nase immer der gute Onkel wieder, der da an seinem Kopf mit leiser Stimme sagte: »Ach, du solltest mein Hundchen sein . . .«

Dann stand er auf und suchte das kleine schwarze Gummibällchen, das am nächsten Tag gekommen war und das noch eine ganze Weile den Geruch von den Händen des guten Onkels getragen hatte. Da Puck niemand zum Spielen hatte, spielte er mit sich selbst. Er rollte das Bällchen mit einem kurzen Stoß seiner Nase über die Teppiche, bis es unter einem der Möbelstücke verschwand. Dann grub er es mit den Pfoten mühselig wieder vor, und wenn er es wieder hatte, legte er sich auf den Rücken, wälzte sich hin und her und hielt das Bällchen, zwischen den Vorderpfoten eingeklemmt, über sich.

Seit dem Tag, da der energische Freund aufgetaucht war, ging die Köchin gedankenschwer umher und hatte bei ihren morgendlichen Besorgungen oft lange Unterredungen mit einem Mann, der ihr Bruder war. Während dieser Unterhaltungen saß Puck an der Leine neben ihr und wich mit stummer, aber deutlicher Ablehnung durch eine kleine Seitwärtsbewegung des Kopfes den Händen dieses Mannes aus, der sich auf alle mögliche Weise mit ihm anzubiedern suchte. Vielleicht hätte Puck ihn sogar gebissen, wenn dieser Gedanke nicht für ihn absurd gewesen wäre.

Sein Herrchen hatte sich seit dem Besuch des Mannes mehr um ihn gekümmert. Allerdings war das Vergnügen vom Hunde-Standpunkt aus sehr bescheiden, denn dieses ›Kümmern‹ bestand darin, daß er René zu seinem täglichen Nachmittagskaffee begleiten mußte. Es ging vier Straßenecken weit. Dort war das Café Lüddecke, und Herrchen hatte, gleich wenn man hereinkam, rechts am fünften Tisch seinen Stammplatz. Hier saß René mit dem Rücken gegen eine Wandnische – es war ihm unangenehm, die Blicke der Menschen im Rücken zu fühlen, und las Zeitungen.

Puck saß neben ihm, die dicken Pfoten weit von sich gestreckt. Ab und zu reichte ihm Herrchen ein Stückchen Kuchen. Wenn er aber den Kopf auf Herrchens Schenkel legte und ihn auf diese Weise zu einem kleinen Spiel anzuregen versuchte, gab es eine ernste Ermahnung: »Laß das, sei nicht so albern.«

Dann gab er es auf, kringelte sich zusammen und wurde schnell in die Gefilde des Halbtraumes entrückt, der nur unterbrochen wurde, wenn in der Nähe ein anderer Hund auftauchte, den man beschnuppern oder durch den Wald der Stuhlbeine anfletschen konnte. Das Abenteuer endete, wenn Herrchen die letzte Zeitung gelesen hatte, und dann ging es wieder die vier Straßenecken zurück, hinein in den Fahrstuhl. Manchmal aber ließ ihn Herrchen auch für einen Augenblick los, und dann raste er wie ein Wahnsinniger die Straße auf und ab. Ach, welche Wonne, sich bewegen zu können und die Glieder im fliegenden Lauf auszustrecken! Mitunter, wenn niemand sonst auf der Straße war, hielt Herrchen den Spazierstock hin und sagte »Hopp!« Dann schnellte der weiße, schlanke Hundeleib wie ein Pfeil darüber hinweg. So hätte es weitergehen sollen, in unendliche Felder voll unaussprechlicher Gerüche, durch peitschende Gräser fegend, bis das Tier mit den großen Ohren aufsprang und das ganze Sein zusammenschoß in dem einen Sinn und Zweck: Verfolgung. So aber endete der Traum schon an der nächsten Laterne, wo ihn Herrchens Pfiff aus allen Ekstasen riß.

Einmal, bei einer solchen seligen Raserei, geriet Puck auf den Fahrdamm. Alles ging so blitzschnell. Über ihm war plötzlich etwas Riesiges, Fauchendes, Surrendes, Geruch nach Gummi, ein ungeheurer Schlag. Er fühlte sich durch die Luft geschleudert und krachte auf das Pflaster. Fürchterlicher Schmerz kreiste in seinen Gliedern, besonders im rechten Vorderbein. Er wollte sich erheben und zu Herrchen laufen, der wie versteinert dastand. Aber es gelang ihm nicht. Dann kniete sein Herrchen neben ihm auf dem Pflaster und schrie etwas mit lauter Stimme zu dem Zweibein, das auf dem Lastauto thronte, und viele andere Zweibeiner standen um ihn herum, und alle stießen Laute aus, Herrchen hob ihn vorsichtig hoch, aber es tat doch schrecklich weh, und Puck stieß ein jämmerliches Geheul aus. Dann trug ihn Herrchen in ein Auto. Er wurde ein paar Treppen hinaufgebracht und auf einen Tisch gelegt, der nach Blech und der Qual vieler anderer Hunde roch. Ein Zweibein in einem weißen Kittel beugte sich über ihn, fühlte ihn ab und tat ihm weh. Etwas Scharfes bohrte sich in ihm ein. Es entstand eine große rote Kugel vor seinen Augen, begann zu kreisen, immer rasender sich zu drehen, wurde größer, kam immer näher, zersprang plötzlich mit einem schrillen Knall, und dann war nichts mehr, bis er in seinem Körbchen erwachte. Etwas Dickes war um seinen Brustkorb und sein rechtes Vorderbein gewickelt, das abscheulich roch. Die Schmerzen aber waren geringer, und am zweiten Tag waren sie noch weniger, und der Mann im weißen Kittel, der jeden Tag zu ihm kam, stieß einen grunzenden Laut der Zufriedenheit aus. Nach einer Woche nahm er Puck den Verband ab, und weil er nun, aller Fesseln frei, einen fürchterlichen Hunger hatte, schenkte ihm Herrchen eine ganze Leberwurst!

Herrchen nahm ihn an diesem Tag auch mit zur Hundespielwiese. Dort wurde er losgehakt und konnte zwischen vielen anderen Kameraden aller Größen herumhumpeln. Er suchte sich eine riesige schwarze Dogge zum Beißen aus, aber als er nach ihr schnappte, stieß sie ihn mit der Schnauze an, und er fiel auf die Seite. Gleich war Herrchen da und trug ihn fort.

Bald jedoch ließ Herrchens Zuneigung erneut nach, und Puck war wieder viel allein. Doch die Erinnerungen an diese schönen Tage blieben, und deshalb hatte er gar nichts für diesen Kerl übrig, den Bruder Luises, der sich wieder mit ihm anzufreunden versuchte.

Als nun gar eines Morgens dieser Mann vor dem Fleischerladen erschien, vor dem Puck angebunden war, seine Leine losmachte und ihn mit sich fortzog, widerstrebte er mit Leibeskräften. Aber es half ihm nichts. Er wurde weiter und immer weiter gezerrt, und schließlich mußte er sogar neben einem Fahrrad herlaufen, das der Mann bestiegen hatte. Immer düsterer wurden die Straßen. In all seinem Schmerz nahm Puck wahr, daß die Gerüche stärker wurden, daß interessante Abfälle im Rinnstein lagen und viele Hunde und Katzen auftauchten, die viel mehr nach Wildheit rochen als in seinem eigenen Viertel.

Für eine Nacht blieb Puck in der Wohnung dieses Mannes, in der es sehr interessant nach schlechtem Fett und Schweiß roch. Der Entführte aber hatte für nichts Interesse. Mit dem Kopf auf den Pfoten lag er vor der Eingangstür und wußte nur eines: Du mußt wieder zurück zu Herrchen! Seine Sehnsucht entlud sich in einem langen, wehen Geheul, bis der Mann erschien und ihn mit einem Stock schlug.

Das war eine neue schlimme Erfahrung für Puck. Er fühlte genau: Das war nicht nur Züchtigung, das bedrohte sein Leben, und um sein Leben hatte er zu kämpfen. Der Instinkt seiner Ahnen in seinem Blut erwachte, und er tat etwas Unerhörtes – er fiel diesen Menschen an und verbiß sich in seinen Hosenbeinen. Mit einem Ruck schüttelte ihn der Mann ab und hob wieder den Stock.

»Laß das, du Esel!« sagte eine schrille Frauenstimme von den Betten her. »Wenn du ihn zum Krüppel schlägst, kannst du ihn nicht verkaufen.«

Der Mann zuckte zusammen, als habe man *ihn* geschlagen, knurrte etwas Unverständliches, schlurfte hinaus und schlug die Tür hinter sich zu.

Die Frau schnippte die Asche von der Zigarette und streckte die Hand nach Puck aus. Er fletschte die Zähne und kroch unter das Bett.

Fingerdick lag dort der Staub in dicken, runden Flocken, sein ganzer Körper schmerzte, und seine empfindlichen Augen schmerzten. Als die Frau aus dem Zimmer gegangen war, kroch er behutsam hervor und legte sich wieder an die Tür. Sicher kam jetzt gleich Herrchen! Waren da nicht schon seine Schritte auf der Straße, klappte nicht unten der Fahrstuhl? Er mußte doch kommen! Aber er kam nicht.

Am nächsten Morgen warf ihm die Frau ein paar alte Knochen vor, die Puck mit Verachtung strafte. Dann wurde er wieder angebunden und von dem Mann auf die Straße geführt. Er zerrte wild und überwand sich so weit, daß er durch Wedeln und Anspringen dem Mann zu erkennen gab, wie er sich freue, daß es jetzt wieder nach Hause ging. Aber es ging nicht nach Hause, sondern in ein ganz fremdes Haus, wo ihn ein weibliches Zweibein empfing, das genauso abscheulich roch wie damals die Frau auf dem Flugplatz und die anderen Frauen, die er mitunter des Morgens zum Frühstück bei seinem Herrchen fand. Zwei männliche Zweibeine waren auch da, und es gab zwischen ihnen und dem Mann ein langes Hin und Her. Schliießlich wechselten ein paar Geldscheine ihren Besitzer, und Puck hatte ein neues Heim bekommen.

Man kann nicht einmal behaupten, daß es viel schlechter war

als das vorherige, denn die Frau war recht nett zu ihm, aber sie wischte ihm nicht, wie Herrchen in der letzten Zeit auf Befehl des Freundes es getan hatte, jeden Morgen die empfindlichen Augen mit Borwasser aus, und so tränten sie dauernd, wurden immer röter und entzündeten sich und brannten fürchterlich. Drei Tage lang fraß er nichts, dann siegte die Natur, und er schlang das Schabefleisch hinunter, das man ihm vorgesetzt hatte.

Ein sonderbares Leben war es, das nun für ihn begann. Um die Zeit, da er sonst in seinem Körbchen von dem Tier mit den langen Ohren träumte, wurde er in ein Geschirr mit vielen Glöckchen gesteckt, in ein Auto verladen, und es ging in einen Raum, wo es nach Rauch und Alkohol roch. Viele bunte Lichter waren da, und in einer Ecke saßen die zwei anderen Zweibeiner, von denen der eine auf einer Darmsaite herumkratzte und der andere wie ein Wilder auf einem großen, schwarzen Ding herumschlug, das eine lange Reihe weißer Zähne hatte. Sein neues Frauchen stand hinter einem Tisch, auf dem lauter merkwürdige Flüssigkeiten in buntfarbigen Flaschen schillerten, hatte etwas Blitzendes in der Hand und schüttelte damit. Manchmal nahm der Mann mit der Darmsaite auch ein sonderbares Ding auf den Schoß, das er zwischen seinen Händen auseinanderzog und wieder zusammendrückte und das dabei ganz sonderbare Töne von sich gab, die Pucks Seele im Innersten aufwühlten. Es waren der Ruf des Wolfsrudels und der Schrei der Eule darin und das Sausen des Windes in den Baumwipfeln. Die Ahnen in seinem Blut wurden lebendig, und es zwang ihn, sich auf die Hinterkeulen zu setzen, den Kopf steil nach oben zu recken und sein ganzes Sehnen hinauszuheulen.

Alle Zweibeiner um ihn herum an den Tischen entblößten dann die Zähne und lachten, streichelten ihn und gaben ihm Kuchen und Fleisch. Manchmal ließen sie ihn auch aus einem Glas Flüssigkeit lecken, die süß schmeckte, nach der ihm aber ganz wirr wurde. Wenn er getrunken hatte, saß plötzlich das Tier mit den großen Ohren und der Wackelnase vor ihm, aber wenn er danach schnappen wollte, fiel er hin, und die Wände drehten sich um ihn.

Am nächsten Morgen hatte er dann wüste Kopfschmerzen und einen brennenden Durst. Einmal, als man ihm wieder Alkohol zu trinken gab, kam einer der Männer in weißen Schürzen, die in dem engen rauchigen Raum hin und her liefen und so gut nach Fressen rochen. Der nahm ihn mit in die Küche, legte ihn dort in eine warme Ecke, und als sein neues Frauchen hereinkam, wurde sie von dem Mann in der weißen Schürze so angeschrien, wie Zweibeiner sonst nur Hunde anschreien.

Seitdem kam er nie mehr in den Raum mit den vielen Tischen, sondern blieb in der Küche und konnte fressen, soviel er wollte. Es schmeckte alles herrlich, aber es bekam ihm nicht gut, denn an seinem ganzen Körper bildeten sich kleine Pickel, die ihn peinigten. Kratzte er sich, dann schmerzten sie, und kratzte er nicht, dann war es, als liefen tausend kleine Ameisen kribbelnd über seine Haut.

Zwei Monate vergingen. Puck hatte sich in seinem neuen Leben eingerichtet. Sein stark entwickelter Sinn für Regelmäßigkeit ließ ihn sich seinen Platz erkämpfen. Er hatte seine Stammecke in der Küche, er kannte alle Leute. Immer um die gleiche Zeit begleitete er sein Frauchen heim und schlief bei ihr im Bett. Sie schlug ihn niemals und streichelte ihn mitunter sogar, aber er fühlte, daß ihre Zuneigung nicht sehr tief saß. Er gehörte genauso zum Inventar wie die komischen toten Tiere, die sie sich um den Hals band, und der Sessel, auf den sie gähnend ihre Kleider warf.

Wenn er jetzt morgens das Lokal mit ihr verließ, war es schon heller, und der Duft des reifenden Sommers begann schüchtern vorzudringen in die tiefen Schluchten des steinernen Meeres, das um diese Zeit von Staub und Benzindunst etwas entlüftet war. In Pucks Blut begann es zu rumoren. Die alten Erinnerungen wurden wieder lebendig, und besonders oft mußte er an sein altes Herrchen denken. Manchmal kam jemand, der so ähnlich aussah wie er, dann riß Puck sich los und stürzte auf ihn zu, aber immer, wenn er näher kam, roch der andere fremd.

Eines Tages wurde er jedoch schon am frühen Nachmittag aus seinem gewohnten Schlummer gerissen, angeschirrt und von den beiden männlichen Zweibeinern mit auf die Straße genommen.

»Ich hab' ein ziemlich schlechtes Gewissen wegen Lissy«, sagte der Kleinere, »es ist gemein.«

»Ach, Quatsch!«, sagte der andere. »Wir brauchen Geld, Punkt. Für den hier kriegen wir mindestens fuffzig Mark, selbst ohne Stammbaum. An dem riecht man die Rasse fünf Kilometer gegen 'n Wind.«

Gleichmütig, hängenden Ohres, mit dem Köpfchen nickend, trottete er neben ihnen her. Aber plötzlich hörte er eine Stimme, die ihn wie angewurzelt stehenbleiben ließ. Das war Herrchen!

Die beiden Männer zerrten und redeten heftig auf ihn ein, aber Puck war nicht zum Weitergehen zu bewegen. Schließlich, als man ihn trotzdem weiterziehen wollte, warf er sich auf das Pflaster. Jetzt war Herrchen schon ganz nahe, er hörte seine wohlbekannten Schritte dicht neben sich, und die ach so vertraute Stimme rief: »Puck! Bist du's endlich, mein kleiner Junge?«

Herrchen stieß dann ein paar böse, scharfe Laute gegen die zwei Männer aus, eine große Menge anderer Riesen sammelte sich schnell um sie herum, und Puck geriet in Gefahr, von ihren dikken, großen Lederfüßen getreten zu werden.

Halb irr vor Freude, sprang er ununterbrochen an Herrchen hoch und bellte laut. Herrchen beugte sich nieder, nahm ihn auf den Arm und drückte ihn an sich. Die beiden anderen falschen Herrchen waren plötzlich im Gewühl der Menschen verschwunden.

Nun war er wieder daheim. Er tollte durch die Wohnung. Das Sofa hatte neue Fransen bekommen. Er rannte in Luises Zimmer,

aber hier roch es kalt und unbewohnt. Dann stürzte er ins Badezimmer. Dort stand sein zerknabbertes Körbchen. Von irgendwo-
her schlug ihm ein wunderbarer Geruch entgegen: Tatsächlich, da
unter der Vitrine, versteckt und ganz verstaubt, lag sein Bällchen,
das schwarze Hartgummibällchen! Hundertmal warf er es Herrchen vor die Füße und immer wieder nahm der es auf und spielte
mit ihm.

Nach der ersten Wiedersehensfreude jedoch bemerkte Puck
sehr bald, daß sich während seiner Abwesenheit von daheim etwas
verändert hatte, und zwar war es das Herrchen selbst, von dem
diese Veränderung ausging. Puck, der Herrchens Gedanken las,
entdeckte immer mehr dunkle Schatten darin. Besonders schlimm
waren sie, wenn Herrchen mit ihm ins Café Lüddecke ging und die
Zeitungen las. Wenn er das Café verließ, ging er ganz krumm,
schüttelte manchmal den Kopf und redete mit sich selbst, so daß
ihm die Leute nachsahen.

Puck versuchte ihn aufzuheitern, sprang an ihm hoch, riß ihm
den Stock weg, raste damit hin und her und lieferte wilde Gefechte
mit einem Kollegen aus der Nachbarschaft, der sich auch an den
Stock hängte. Aber Herrchens Reaktionen waren nur müde und
mechanisch, und in einer Nacht kam er ins Badezimmer und holte
Puck in sein Bett. Das Zimmer war voll kaltem Rauch, und im
Aschenbecher lag ein Berg von Zigarettenstummeln. Herrchen
drückte ihn so heftig an die Brust, daß es weh tat: »Ach, Puckchen, was soll bloß werden? Was soll aus uns allen werden?«

Vor mir tauchte etwas auf. Und dieses Etwas roch penetrant
nach altem Pfeifentabak: Alois betrachtete mich grinsend, während ich mich bemühte, mich zurecht zu finden.

»Die Jalousie hab i g'macht, hast es net g'hört? Du schaugst aus,
als ob'st no a bißl vor di hispinnen möchst, gell? Also dann – pfüat
di! Kannst di ja im Gartn in den olden Schaukelstuhl setz'n, viel-

leicht holt er's no aus. Wenn net ...« Er breitete die Arme fatalistisch nach beiden Seiten, hob die Schultern, und dann hörte ich nur noch seine eisenbeschlagenen Stiefel durch den Kies des Hohlwegs knirschen.

Ich sah mich verträumt um. Der Fels, der hinter dem Haus aufstieg, war so nah und hoch, daß ich aus meiner Wurzelschlinge aufstehen und den Kopf in den Nacken legen mußte. Ich erinnerte mich: Wenn ich da die Wiese hinaufkletterte und mich durch die Latschen zwängte, konnte ich den Fels anfassen, den Leib des riesigen Turmes fühlen, der fast zweitausend Meter senkrecht aufstieg und mit seinen Zinnen die Wolken fing. Mit einem wohligen Gruseln hatte ich es früher oft getan und erwog es jetzt auch. Aber da war wieder das kleine Fellwesen, das mich mit schiefgeneigtem Kopf aus seinen braunen Augen betrachtete. Ich wollte zu ihm zurück. Sein Schicksal erwartete mich und alte, jahrzehntelange Liebe und Zärtlichkeit, wie ein warmes Zimmer uns erwartet, wenn wir aus Sturm und Kälte heimkehren. Der Schaukelstuhl auf der Terrasse war wirklich verlockend für diesen Zweck. Ich kroch durch den Zaun, ging durch die Blumenwildnis zur Terrasse, deren Stufen geborsten waren, und setzte mich vorsichtig in den Stuhl. Er hielt. Vorsichtig begann ich zu wippen, und während ich es tat, sah ich an den äußersten Enden des Stuhl ein paar dunkle Einkerbungen: die Spuren von Pucks Zähnen. Er empfand das Schaukeln des Stuhls immer als einen besonderen Ulk und biß wild in das Gestänge.

Puck!

Abermals sausten die Jahrzehnte zurück bis zu dem Tag, als wieder der Lange mit der Brille bei Herrchen auftauchte, der damals die Köchin – und das Herrchen – so zusammengestaucht hatte.

Sein Gesicht war ernst, als er, von Puck freundlich beschnuppert, in die Tür trat: »Was gibt's denn, René?«

Herrchen half ihm aus dem Mantel: »Komm 'rein.«

Drinnen war Puck sofort bei dem Langen und drückte ihm sein besabbertes Bällchen in die Hand. Der Lange zerrte es ihm aus den Zähnen, aber Puck merkte, daß er nicht ganz bei der Sache war. Herrchen goß dem Langen etwas von dem Zeug in ein Glas, das Puck in der Bar so schlecht bekommen war und das er seitdem verabscheute: »Sag mir die Wahrheit, Hannes – Ihr Leute von der Zeitung wißt es doch am besten. Gibt es Krieg?«

Der Lange starrte auf den Tisch und wischte eine Cognaclache von der Platte: »Im Moment kaum . . .« Er hob den Kopf und sah das Herrchen an: »Aber auf die Dauer – wer weiß?«

Das Herrchen stürzte seinen Cognac herunter: »Ich glaube an Krieg, schon in einem Jahr. Jedenfalls habe ich mich entschlossen, nach Paris zurück zu gehen. Ich bin Franzose, und sicher geht es wieder gegen uns los.«

»Dafür liegen im Augenblick keinerlei Anzeichen vor. Eher gegen Polen . . .«

»Vergiß nicht, daß wir einen Beistandspakt mit Polen haben. Kannst du garantieren, daß uns das nicht mit hineinreißt?«

Der Lange drehte nachdenklich sein leeres Glas in der Hand: »Nein, René.«

»Na also. Und darum werde ich sofort verkaufen, noch bevor die Panik beginnt. Jetzt bekomme ich noch einen guten Preis für mein Geschäft. Ich habe ein hervorragendes Angebot. Heute abend unterschreibe ich.«

Der Lange schenkte sich nochmals ein und trank das Glas mit einem Zuge aus: »Kommt etwas plötzlich«, sagte er heiser. »Mußt du doch zugeben.« Er legte seine Hand auf die des anderen: »Wirst mir sehr fehlen, alter Junge.«

In Herrchens Augen war ein merkwürdiges Funkeln: »Na, ich lasse dir ja ein schönes Andenken zurück.« Er bückte sich zur Seite, hob Puck hoch und setzte ihn vor dem Langen auf den

Tisch. Dem blieb der Mund offenstehen: »Ja – aber – René – ich meine, es ist sehr lieb von dir – aber du weißt doch – daß wir als Journalisten uns gar nicht um ihn kümmern können! Wir haben uns sogar ein Kind verkniffen ...«

Zwischen den dicken, schweren Brauen Renés bildete sich eine steile Falte: »Aha – da haben wir den großen Tierfreund! Weise Reden, strenge Ermahnungen für mich, aber wenn man selber 'ran soll – dann sieht's plötzlich anders aus!«

»Ich bitte dich, sieh das doch ein! Warum nimmst du ihn eigentlich nicht mit?«

»Weil ich mir drüben eine neue Existenz aufbauen muß! Und dabei kann ich nun wirklich keine kleinen Hunde gebrauchen.« Er sah Puck an, der verlegen mit dem Schwänzchen wedelnd auf dem Tisch stand, möglichst weit entfernt von den Cognacgläsern: »Ja, mein lieber kleiner Puck, dann werde ich dich wohl einschläfern lassen müssen. Wahrscheinlich versäumst du nicht viel, wenn ich dein Leben so abkürze.«

Der Lange wurde bleich: »Bist du verrückt? Warum verschenkst du ihn nicht?«

»Ich gebe ihn nicht in fremde Hände.«

Der Lange starrte Puck an. Der wandte seine leuchtenden braunen Augen zwischen den beiden Männern hin und her, als ahne er, daß es zwischen denen um sein Leben ging. Schließlich reichte er dem Langen vorsichtig die Pfote.

Der atmete tief, räusperte sich, stand auf: »Also – meinetwegen.« Und damit packte er Puck und verstaute ihn in seinem Arm. Puck leckte ihn am Ohr. »Wann fährst du?«

Auch René hatte sich erhoben, und sie standen nun Auge in Auge: »In den nächsten Tagen. Aber wir wollen uns jetzt gleich verabschieden.«

Der Lange setzte den Hund auf die Erde: »Halte ich auch für besser.«

Und dann lagen sich beide in den Armen und schämten sich gar nicht, daß ihnen die hellen Tränen übers Gesicht liefen. René war der erste, der sich losriß: »Macht, daß ihr 'rauskommt!«

»Telegrafiere mir, wenn du angekommen bist.«

»Mach' ich. Raus jetzt. Hier hast du Pucks Leine.«

Mit einem Knall fiel die Tür hinter ihnen zu, und von drinnen, während er auf den Fahrstuhlknopf drückte, hörte der Lange einen merkwürdigen Laut, der wie ein Stöhnen klang, oder wie ein Schluchzen. Der Fahrstuhl kam, der Lange nahm Puck an die Leine und stieg ein.

Der Lange war ich.

Unten vor dem Haus hatte ich meinen Wagen stehen, das Verdeck zurückgeschlagen. Die Fahrt darin war für Puck ein Erlebnis und lenkte ihn sofort ab. Alles war neu, aufregend und verwirrend. Einmal konnte er sogar einen großen Hund anbellen, der eine Strecke weit nebenherraste. Der Wind pfiff scharf, als wir in sausender Fahrt dahinstoben. Die Stadt lichtete sich, einzelne Villen in Gärten, Anlagen, Tennisplätze. Dann hielten wir und gingen in ein Haus, in meine Wohnung.

Puck wollte gleich, wie daheim, vier Treppen hinauf laufen, aber ich hielt ihn fest und öffnete eine Tür im Erdgeschoß. Die Gefährtin war in der Diele: »Da bist du ja endlich! Ja – wer ist denn das? Das ist aber eine nette Idee, den Pucki mal mitzubringen!« Sie kniete nieder und streichelte seinen schmalen Kopf: »Wie geht's dir denn, Puckchen? So, Küßchen geben wir auch und noch die Pfote! Ach, welche Grazie! Du reichst mir ja die Pfote zum Handkuß, wie eine Diva!« Und zu mir: »Weißt du, wenn ich so ein süßes Kerlchen sehe, könnte ich ja doch schwach werden. Wie geht es René? – Was ist dir denn über die Leber gelaufen?«

»René.«

»Wie? Ich verstehe nicht ...«

»René ist mir über die Leber gelaufen. Er hat plötzlich die Panik bekommen, alles verkauft und geht nach Frankreich zurück. Wir haben uns gleich verabschiedet, damit's uns nicht noch schwerer wurde.«

»Das ist doch Wahnsinn!«

»Aber es hat Methode. Übrigens kannst du ruhig schwach werden, er hat uns Puck geschenkt.«

Aus der Hocke setzte sie sich hin, platt auf den Boden: »Aber du weißt doch – wir können doch nicht – wir haben uns doch eigens entschlossen ...«

»Mitnehmen kann er ihn nicht, und zu Fremden soll er nicht. Wenn wir ihn nicht nehmen, läßt er ihn einschläfern.«

»Einschläfern!« Sie starrte mich entgeistert an. Dann riß sie den Hund an sich und hakte gleichzeitig seine Leine los. Puck zauderte verwirrt. Dann zog es ihn dorthin, von wo ihm ein angenehmer Essensgeruch entgegen quoll, in die Küche. Dort stand eine rothaarige, rundliche Frau, die Köchin Dora, die bei seinem Anblick in Begeisterung ausbrach, zumal als sie erfuhr, daß er bei uns bleiben sollte. Er wurde von ihren Händen gestreichelt und geklopft. Es waren gute Hände.

»Geben Sie ihm gleich was zu fressen«, sagte das Frauchen. »Ich werde sehen, daß ich ein Körbchen für ihn bekomme.«

Puck aber verweigerte das Fressen. Drei Tage lang klagte er um sein Herrchen, und wir achteten seinen großen Schmerz. Er mied unsere Nähe nicht, wohl, weil er fühlte, daß seine Zukunft bei uns lag. Aber er spielte nicht auf der Straße, zerrte wieder in die Wohnung zurück, kaum daß er das Notwendigste erledigt hatte, und immer wollte er dann hinauf in den vierten Stock, wo sein Herrchen wohnte. Ich konnte ihm gar keinen vierten Stock bieten, weil es den in unserem Hause nicht gab. So ließ ich ihn denn ein paarmal nach oben bis zur Bodentür laufen. Dort stand er und schnupperte. Die Tür blieb geschlossen, und es roch gar nicht nach

Herrchen. Er setzte sich hin, die Hinterbeine knickten ihm unter dem Leib weg, als sei eine schwere Last auf ihn gefallen. Mit einer unheimlich menschenähnlichen Gebärde wandte er mir den Kopf zu und sah mich ratlos an: Kannst du mir das erklären? Ein leises Geräusch hinter der Tür, Gott weiß, was es gewesen war, ein rutschendes Möbelstück, eine Ratte. Aber sofort war er hoch, den Kopf ganz schief, das Schwänzchen wedelte in freudiger Erregung. Dann wurde das Wedeln langsamer, das Geräusch war verstummt. Nun war er wieder ganz ratlos. »Na komm, mein Junge«, sagte ich, »hat keinen Zweck. Herrchen ist weg – für immer. Sieh dir lieber dein Fressen unten an.« Er sah es sich an, pflichtschuldig und geduldig, aber er nahm es nicht. Entschuldigend reichte er Frauchen, Dora und mir die Pfote.

Das Schlimmste aber waren die Nächte. Drei Nächte lang tönte sein schauriges Wolfsgeheul, seine Abschiedsklage. Wir bekamen Beschwerden aus der Nachbarschaft, aber die heilige Unverfrorenheit fanatischer Eltern ließ uns den Zorn der Nachbarn verachten. Um Pucks willen, um dieses gepeinigten, einsamen und ganz und gar ratlosen Herzens willen, das da seinen Jammer hinausschrie, stand ich jede Nacht auf. Der Lichtschalter im Bad knackte. Dort saß er, aufgerichtet in dem großen Pappkarton, der ihm als provisorische Lagerstatt diente, die Beine weit von sich gestreckt, wüst und schluchzend. Ich hob ihn auf und trug ihn zu mir. Erst kam er ans Fußende, dann kroch er zwischen die Betten, wanderte mal unter meine, mal unter Frauchens Decke, und schließlich, gegen Morgen, wenn Dora die Jalousien hochzog und für uns der Tag begann, ein unausgeschlafener, von vornherein zerknitterter Tag, fing er vor Erschöpfung an einzuschlafen.

Endlich, am vierten Tag, während wir übernächtigt beim Frühstück saßen und mir zum zweitenmal das Buttermesser auf die Hose gefallen war, hörten wir draußen in der Küche, den Emaillenapf klappern, ein Geräusch, das wir normalerweise niemals aus den übrigen Küchentönen herausgehört hätten, das wir aber sofort wahrnahmen, weil wir all die Tage darauf gelauert hatten. Wir sprangen auf, und mir fiel das Buttermesser zum drittenmal auf die Hose. Ich gab ihm einen Tritt, daß es unter den Tisch flog, und dann schlichen wir vorsichtig wie die Indianer hinaus. Draußen empfing uns Dora, zur Statue erstarrt, den Finger auf den Mund gelegt, die andere Hand auf den Busen gepreßt: »Vorsicht! Er frißt!« Es hätte keiner Vorsicht bedurft, denn Puck fraß mit dem gesunden Hunger dreier Fastentage. Er fraß Reis mit Fleisch, er warf sich die Fleischstücke ruckartig und gierig in den Rachen. Klumpen von Sauce und Reis sammelten sich in seinem Bart. Zum Schluß leckte er die Schüssel mit solcher Intensität leer, daß sie sich scheppernd im Kreise drehte, rülpste einmal kräftig, und dann wankte er mit einem Bauch, rund wie eine Trommel, in seinen Pappkarton.

Am Nachmittag kam im Auftrage Renés eine Sendung an ›Herrn Puck Bentz‹ und dazu ein Zettel mit der Bemerkung: »Wenn Ihr das bekommt, fahre ich schon.« Die Sendung bestand aus einem nagelneuen Schlafkorb, Bürste und Kamm, Augenwasser, Waschlappen und seinem Gummibällchen. Dora verschwand, die Wohnungstür stand offen, oben klappte die Bodentür. Nach einer Weile erschien sie wieder mit einem Keilkissen, das sie in Windeseile zu einer Matratze umarbeitete. Nun packte es auch das Frauchen. Sie jagte in die Drogerie und kam mit Flohpulver zurück. Dann zerriß sie mit Dora ein altes Laken und begann ein Monogramm zu sticken, während mir die alte Kamelhaardecke einfiel, die mich in längst entschwundener Jugend auf allen Wanderfahrten begleitet hatte, ein Geschenk meiner guten Mutter, das ich ab und zu in sentimentalen Augenblicken betrachtete. Ich ernannte sie zu seiner Schlafdecke, und nun war Pucks Ausstattung vorläufig komplett. Für seine Toilettenartikel wurde eine alte Blechschachtel organisiert, und oft des Abends, wenn ich ihn zu-

gedeckt hatte, besah ich sein kleines Inventar, die Bürste, das Augenwasser, das Läppchen, das Halsband und sein Spielbällchen.

Und so warst du, Puck, wirklich und endgültig in unser Leben eingetreten.

Es sei nicht verschwiegen, daß diese unvorhergesehene Vermehrung der Familie nicht ohne innere Kämpfe und schwere Bedenken von uns akzeptiert wurde, besonders von mir. Am Abend, als Puck zum erstenmal im Badezimmer im neuen Körbchen und unter meiner alten Decke schlief, brach das alles aus mir heraus.

»An sich«, sagte ich zum Frauchen, die auf dem Rand der Wanne neben Puck balancierte, » ist das, was wir getan haben, der helle Wahnsinn. René hat sich sehr bequem gedrückt und uns ganz schön 'reingelegt, um nicht zu sagen erpreßt.«

Sie betrachtete das kleine Wesen, das sich unter der Decke herumwarf und vorwurfsvoll, ob der späten Helligkeit, ein schläfriges Auge aufschlug: »Aber im Interesse des Tieres . . .«

»Gerade in seinem Interesse wäre es besser gewesen, er wäre mit René gegangen! Mach dir doch unsere Situation klar: Man hat mich an der Zeitung als politisch unzuverlässig degradiert und nur behalten, weil man glaubt, daß man mich für den unpolitischen Teil braucht. Deshalb traut man mir aber noch lange nicht und beobachtet mich. Jeder Tag ist ein Balanceakt! Ein Wort zuviel, und ich bin erledigt. Vielleicht kostet's mich nur die Stellung. Aber wenn man auf unseren Stammgast-Betrieb hier kommt, wenn man herausfindet, daß wir Verfolgte bei uns beherbergen, dann sind wir erledigt.«

»Aber es klappt doch alles tadellos! Sie haben ihre gepackten Taschen immer zur Hand und springen aus dem Badezimmerfenster, sobald ein Fremder kommt. Sie erscheinen bei Dunkelheit und gehen am frühen Morgen – was soll schon passieren?«

»Und Dora?«

»Absolut zuverlässig. «

»Und Willi Meier, der Hausmeister? Ich wette, daß er sie schon aus dem Fenster hat hupfen sehen. Der sieht alles.«

»Alter Sozi.«

»Was weiß man von seinem Leben? Sie haben die meisten Hausmeister zur Spitzelei gezwungen.«

»Nicht den, sonst hätte man uns längst abgeholt.«

»Darauf würde ich mich nicht verlassen, mein Kind. Wachen wir nicht bei jedem Wagen auf, der nachts vor dem Haus hält, und horchen mit klappernden Zähnen, während wir unsere Stammgäste ins Bad schleichen hören? Und neben all dieser Nervenbelastung haben wir uns noch diesen kleinen Hanswurst hier aufhalsen lassen.«

Sie stand auf, hockte sich neben das Körbchen, nahm die Decke ab und begann Puck stumm abzusuchen: »Da habe ich einen – einen ganz großen, kohlschwarz!« sagte sie und knackte etwas auf den Fliesen. »Wahrscheinlich hat er den von der Mona, der Kerry-Blue-Hündin von den Lucius' nebenan.«

»Ist das alles, was du zu diesem Fall zu sagen hast?«

Sie blickte zu mir auf: »Ja. Hast du noch was zu sagen?«

Ich zuckte die Achseln, drehte mich um und setzte mich in meine ›Trostecke‹ an das große, neue Radio, die einzige Verbindung zur freien Welt, die noch geblieben war.

In der Folgezeit stellte sich jedoch heraus, daß die Ankunft Pucks keine gefährliche Mehrbelastung, sondern eine Gnade des Schicksals war. Damals, zum ersten Male, wurde ich darauf aufmerksam, in wie wunderbarer und seltsamer Weise unser Lebensfaden gesponnen wird und wie schwer es für uns ist, das Muster zu erkennen, wie wir immer wieder etwas als Unglück oder Belastung empfinden, was sich später als Hilfe oder sogar als Rettung herausstellt.

Von nun an war unser Leben, mehr als wir es uns selbst eingestanden, von Grund auf verändert.

Sonst, wenn des Morgens Dora, durch die Klingel von unserem Erwachen benachrichtigt, das Frühstück hereinschob, sahen wir mit noch halb wirren Sinnen, wie sie die Jalousien hochzog. Ziemlich verbittert fragten wir, wie spät es sei. Wir blinzelten durchs

Fenster, ob es hell oder trübe draußen war, dann gähnten wir uns so langsam munter, taumelten schlaftrunken ins Bad, kauten und tranken gedankenlos und begannen die Zeitung zu lesen. Sehr oft konnten wir uns nur langsam an die Tatsache gewöhnen, daß auch dieser Tag unter der Schmach und Drohung der Diktatur geschluckt werden müsse, und wir kämpften mit der Versuchung, die Decke einfach wieder hochzuziehen und weiterzuschlafen.

Das war jetzt alles anders. Der Tag fing gleich ganz anders an, gewissermaßen mit einem Fanfarenstoß. Sobald nach unserem Klingeln Dora die Tür öffnete, schoß etwas wie ein Pfeil auf unser Bett los, trampelte mit der Rücksichtslosigkeit eines Kindes Frauchen auf der Brust und mir auf dem Gesicht herum und versuchte vor allen Dingen, in wahnsinniger Geschwindigkeit tausend feuchte Küßchen anzubringen. Daraus wurde dann im Handumdrehen ein Schimpfen und Lachen, ein strampelndes Sichwehren, ein Durcheinander von Hundebeinen und Menschengliedern, bis die Begrüßung endlich beendet war und Puck sich wie ein Keil bei einem seiner beiden Freunde unter die Decke wühlte.

Es war erstaunlich, mit wieviel diplomatischem Geschick er sich in den Umstand fand, daß er jetzt zwei Götter über sich hatte. Er teilte seine Zuneigung ein in ›Herrchen-‹ und ›Frauchen-Tage‹, und der jeweils weniger bevorzugte Teil war dann so ein ganz klein wenig eifersüchtig und fühlte deutlich einen feinen Stich der Vernachlässigung. Dafür kam er am nächsten Tag wieder an die Reihe und wurde überschwenglich entschädigt.

Vergeblich waren alle Versuche, Puck irgendwie als Nutztier zu verwenden, zum Beispiel, indem man ihm die Post in die Schnauze gab, um sie uns zu bringen. Er schleppte sie mit Duldermiene ein paar Meter, schmiß sie dann irgendwo hin, kehrte um und stürzte mit dem Ball zu uns: Hier, das ist das Richtige, und nicht das blöde Papier! – Er hatte eben Charakter und tat nur das, was er selbst als nützlich und wesentlich anerkannte.

Die Zeitung war zu Ende gelesen, aber bevor ich mich dazu aufraffte, den Tag im Ernst zu beginnen, holte ich aus der Tiefe meines Bettes das Fellwesen hervor, das dort eine glühende Hitze entwickelt hatte und unwillig grunzte, als man es ans Tageslicht zerrte. In den ersten Tagen sah ich es mir ausführlich an. War es doch schließlich der erste Hund, den ich besaß! Merkwürdig und wunderbar: Da waren die Beine, von dichtem weißem Fell umhüllt, die wie Trommelstöcke in wildem Wirbel des Galopps die Erde schlugen. Eins, zwei, drei, vier, fünf schwarze Polsterkissen unter jedem Fuß und weiter aufwärts die Wolfsklaue, eine verlorene Kralle, scharf und gebogen, die vielleicht irgendwann in der Urzeit einen Zweck gehabt hatte. Weiter aufwärts noch mal so ein schwarzes weiches Kissen. Die Haut des Körpers rosig unter dem weißen Fell, hier und dort schwarze Pigmentstellen. Die schwarzporösen Nasenlöcher innen wie mit rosa Leder gefüttert. Jetzt sperrte dieses Wesen gähnend den Rachen auf und entblößte ein mörderisches Gebiß. Auch der Rachen oben von schwarzem Pigment durchsetzt und in Wellen geformt, wie flacher Meeresboden. Darin rosig, schmal und lang die Zunge. Puck verzerrte grinsend die Lefzen, ein kräftiges Hatschi, und ich mußte mein vor Feuchtigkeit triefendes Gesicht trocknen. So untersucht und nach allen Seiten hin- und hergewendet zu werden, hatte Puck leidenschaftlich gern, er kam sich dann absolut als Hauptperson vor und verdrehte die Augen vor Vergnügen.

Übrigens, diese Augen! Sie waren nußbraun, die Iris nicht rund, sondern zum Augenwinkel hin abgeschrägt, wo auch eine kleine hellbraune Haut sichtbar wurde. Sobald aber ein Lichtstrahl aus der Gegenrichtung in die Augen fiel, flammten sie grün auf, in einem starken, smaragdenen Feuer. Der Blick des Hundes drang dann nicht mehr aus dem Auge heraus, sondern man sah durch diese Augen hindurch in das Innere eines wilden Wesens und glaubte das Feuer zu sehen, das sich in ihm entzündete, wenn er sich in der Raserei des Kampfes auf seine Gegner stürzte.

Ach, und er stürzte ziemlich oft, er stürzte bei jeder Gelegenheit! Puck zeigte sich als wilder Fighter: je stärker der Gegner, desto größer der Spaß – wenigstens auf seiner Seite –, während wir in solcher Angst schwebten, daß uns die dunklen Schatten gar nicht bewußt wurden, die um unser aller Leben aufstiegen. Hatte man die geifernde kleine Kampfmaschine endlich wieder an der Leine verstaut, so konnte man sich dank ihres wilden Zerrens nur in jener Schräglage vorwärts bewegen, die für alle Foxlbesitzer bezeichnend ist.

Um aber zu unserem typischen Tagesablauf zurückzukehren: Vorerst waren wir noch am Beginn des Tages, und nun wurde ernsthaft aufgestanden. Als erster ging ich ins Bad, und Puck bestand darauf, mich zu begleiten, obwohl der Vorgang wenig Interessantes für ihn bot. Er begnügte sich damit, sich an der glatten Kachelwanne aufzurichten und mir ein paarmal die nasse Schulter zu lecken. Mitunter bereitete ich ihm auch einige Abwechslung, indem ich sein Bällchen in der Wanne schwimmen ließ. Er tatzte mit den Pfoten danach, holte es sich wohl auch mit einem geschickten Biß heraus, aber warmes Wasser war ihm im allgemeinen unsympathisch. Nach einer Weile stelzte er dann in sein Körbchen, schnappte nach einer Fliege, beobachtete sie mit scheelem Blick, seufzte, rollte sich zusammen und entschlummerte. Es war aber nur der halbe Schlummer des wilden Tieres, bei dem er jede meiner Bewegungen belauerte. Er bewachte mich, denn ich war ja jetzt sein Eigentum, das er möglichst wenig aus den Augen lassen wollte.

War meine Prozedur beendet, wanderten wir gemeinsam ins Ankleidezimmer, um Frauchen von dort in feierlicher Form mitzuteilen, daß das Bad nun für sie frei war.

Sie stieg aus dem Bett und nahm das Hundchen in den Arm. Ach, plötzlich war Puck wirklich nur ein kleines Hundchen. Er wußte nämlich, daß er frisiert werden sollte, und das war ein

Vorgang, dessen Sinn und Zweck er niemals einsah. Sonst sprang er anderthalb Meter aus dem Stand, jetzt aber schaffte er nicht einmal den halben Meter bis auf den Toilettendeckel, wo die scheußliche Affäre vonstatten ging. Er ächzte wie ein rheumatischer alter Herr, als ihn das Frauchen hinaufhob. Mit der müden Grazie einer blasierten Filmdiva reichte er seine Pfoten hin, auf daß sie gekämmt und gebürstet würden. Die Frisur des Bartes war eine besonders dumme Angelegenheit, der er durch wildes Verrenken des Kopfes Widerstand entgegensetzte. Das Bürsten der Rückenpartie dagegen war ein ausgesprochener Genuß, und er machte einen Katzenbuckel dabei. Das Auswischen der Augen wiederum gehörte zu den Dingen, die ihm nicht angenehm waren, deren Nützlichkeit er aber anerkannte. Vergaß man es einmal, so machte er deutlich auf das Versäumnis aufmerksam, indem er sich Frauchen vor die Füße warf und sich selbst mit der Pfote im Auge herumwischte.

Auf die Bemerkung: »Na, ist ja gut!« sprang er dann mit wildem Satz vom Thron, raste um die Ecke, daß das Hinterteil auf den glatten Fliesen entgleiste, und kam mit einem seiner Bällchen wieder: Zeit, aufs Gäßchen zu gehen! In der Frühe war er schon einmal mit Dora draußen gewesen, aber das war gewissermaßen nur ein Dienstgang zur Erledigung dringender Geschäfte, jetzt dagegen kam das erste Hauptvergnügen des Tages: Ausgang mit Herrchen!

Mit Mühe und Not konnte man ihm sein Halsband anlegen, so ungeduldig trippelte er hin und her.

»Na – Puckchen«, fragte ich dann gedehnt, »wollen wir denn aufs Gäßchen gehen?«

Der Kopf verdrehte sich schief, die Augen zwinkerten lustig, und dann stieg das weiße Fellwesen wie ein Luftballon unzählige Male hoch und schnappte nach meiner Nase.

Die Haustür öffnete sich. Wie ein Pfeil schoß er los, setzte wie ein Rennpferd langgestreckt über die hohen Hecken der Vorgärten und jagte mit übermütigem Gekläff die Stare und Amseln hoch, die den Rasen nach Würmern absuchten.

Es ging nur um die Ecke in die Garage. Aber ich hatte keine Eile, dehnte den Weg und grübelte darüber nach, worin eigentlich die Veränderung bestand, die so ein kleiner Kerl in unser Leben brachte. Ja – das könnte es sein: Der Schwerpunkt meines Interesses hatte sich aus mir herausverlagert, galt einem anderen Wesen, das ich liebte.

Puck hatte sich inzwischen ganz großartig amüsiert. Bei den Spätaufstehern – und es gab deren mehrere in unserem Häuserblock – wurden die schweren eisernen Jalousien hochgezogen, und das faßte Puck als einen besonders für ihn veranstalteten Riesenjux auf. Mit dem Bällchen in der Schnauze, so daß sein Gebell dumpf und erstickt klang, flog er über die Hecken und schüttelte vor jeder hochfahrenden Jalousie wie rasend den Kopf. Der Musiker im dritten Stock, der immer bis Lokalschluß spielen mußte und entsprechend lange schlief, steckte seine gedunsene Alkoholbirne aus dem Fenster und lachte über Puck. Der lieferte daraufhin eine Extravorstellung und schüttelte den Kopf mit dem Bällchen so, daß ihm die Hinterbeine unter dem Leib wegflogen.

Als ich von der Garage her hinaufkam, nickte mir der Musiker zu: »Das ist doch wenigstens noch'n Leben!« sagte er. »Apropos Leben: Wenn ich diese kleine weiße Giftspritze sehe, weiß ich genau, was ich im nächsten Leben werde: Hund bei Ihnen!«

Die große Bereicherung, die unser Leben durch Puck erfuhr, bestand aber nicht nur darin, daß er uns von unseren Sorgen und der allgemeinen Bedrohung ablenkte, die rings um uns langsam, aber unaufhaltsam wuchs. Er erweiterte unseren Lebenskreis, machte uns die Umgebung, in der wir lebten und die wir, sorgenbeschwert, sonst kaum eines Blickes würdigten, zum ersten Male bewußt. Wir entdeckten durch ihn ein neues Leben.

Da war – zum Beispiel – die Sache mit dem Tennis. Ich habe mir nie etwas aus Tennis gemacht und kannte die Plätze in unserer Nachbarschaft nur vom Vorbeifahren. Bis ich an einem Sonntagvormittag im Wintergarten saß und las. Der Raum mit seinen großen Fenstern stand bis an die Decke voll Licht, war überschwemmt von einem müden, feinen Blau. Ich arbeitete ein dickes Buch durch, dessen Materie mich interessierte. Plötzlich bekam der Band einen Stoß. Unter dem Buch hindurch schob sich eine weiße Fellschnauze und pustete aus der feucht glänzenden, schwarzen Nase entrüstet in meinen Schoß.

»Puck, du mußt artig sein, Herrchen liest.«

Die Fellschnauze verschwand, ein empörter Blick aus kastanienbraunen Augen traf mich, der Störenfried setzte sich trostlos und ganz verquer auf den Fellpopo und behielt mich unentwegt im Auge. Ich mußte lächeln, verbarg aber schnell das Gesicht hinter dem Buch. Zu spät: Er hatte das Lächeln von meinem Gesicht abgelesen. Im selben Moment hatte ich zwei Krallenpfoten auf dem Ärmel, mit der einen Pfote langte er jetzt sogar nach meiner Brille. Das Fellwesen machte sich lang wie ein Regenwurm, leckte Herrchen unter dem Kinn und hinter dem Ohr. Dann hockte es sich verzweifelt wieder hin, riß den Rachen auf, daß ich ihm beinahe in den Magen sehen konnte, gähnte schallend mit einem kleinen, ungeduldigen Jaultriller hintendran. Als das alles nichts nutzte, kam eine neue Attacke. Herrchens scheußliches Buch wurde mit den Pfoten einfach hinuntergebogen und der Kopf fest draufgepreßt, damit es nicht wieder heraufschnellte, dann machte man einen kleinen Hopser, hing halb auf Herrchens Knie und strampelte mit den Hinterbeinen: Ich bin ein armes, schwaches, hilfloses Tier, hilf mir doch bitte auf deinen Schoß! Ich tat, als ob ich ihm seine Schwäche glaubte, und hob ihn herauf, wo er sich, glücklich schmatzend, zusammenkringelte. Als Übergang immerhin ein Erfolg.

Ich hatte es aber diesmal mit dem Lesen und stellte ihm das dicke Buch rücksichtslos auf den Rücken. Gerade als ich wieder in die fremde Welt eingesunken war, erfolgte die Explosion. Das pustende und schmatzende Wesen auf meinen Schenkeln richtete sich plötzlich auf, das Buch flog mit einem Ruck auf die Erde, Puck sprang hinterher, tiefe Verbeugung vorn und hinten, und dann wurde eine Struppelschnauze auf mich gerichtet wie eine Kanone. Die Ohren hingen dabei freundlich seitwärts ab: »Bioouurrr!«

»Nun aber 'raus mit dir!« Ich packte den Störenfried am Genick, beutelte ihn hin und her. »Ungezogener Hund du!« Er sah hoch und merkte sofort, daß mein Zorn nicht echt war. So wedelte er nur, raste zur Tür, kam zurück, wieder zur Tür, halb rückwärts, den Körper zu mir hingekrümmt in einem so engen Winkel, daß der Schwanz fast den Kopf berührte. Mit allem, was Ausdruck an ihm war, zog er mich förmlich dem Ausgang zu. Konnte man da noch widerstehen? Seufzend zog ich den Sommermantel über, während man zu meinen Füßen aufgeregt hin- und herraste. In vollem Galopp ging's um die Ecken, daß das Hinterteil auf dem glatten Parkett ausrutschte. Unter die Couch und unter sämtliche Schränke wurde die Nase gesteckt – wo war das Spielzeug? Aber das Bällchen war verschwunden, nicht wieder aufzutreiben, und so mußte man denn ohne Reisegepäck auf den Spaziergang gehen.

Alles war jedoch sofort vergessen, als die Tür zur Freiheit sich öffnete.

Draußen waren Sonne und Wind, lockten tausend wunderbare Gerüche, hier ein Gruß von Mona, der Kerry-Blue-Hündin aus dem Nachbarhaus, und hier eine Botschaft von Raudi, dem Airedale und Feind.

Schmale weiße Pfoten raschelten behende durch dürres Laub, das vom Herbst her noch vereinzelt herumlag. Mitunter aber war es auch, trostlos untermischt mit Papierfetzen, zu Haufen zusammengefegt, und wenn man darüber stand und es sich so kitzelnd

von unten herauf dern Bauche zuwölbte, dann konnte man eben nicht anders, dann mußte man eben das Bein in die Luft schwenken und einen kleinen Spritzer darüber hinziehen, selbst auf die Gefahr hin, daß man für den nächsten Laternenpfahl nichts mehr übrig hatte.

Puck trabte am Gitter entlang. Drüben auf der anderen Seite des Fahrdammes knirschten Herrchens breite, unbeholfene Füße mit dem dicken Lederfell im Sand, Herrchen brummte vor sich hin, schlenkerte mit der Leine und hob den Kopf gegen die Wolken. Ein Radfahrer, vor sich eine Tasche, kam vorbei. Die surrenden Spiralen der Räder und seine strampelnden Füße waren zweifellos eine Herausforderung. Rechtzeitig jedoch tauchte in der Erinnerung der Schmerz auf, den einmal der Schlag eines Pedals gegen die Nase und anschließend die von Herrchen geschwungene Leine verursacht hatten, und so begnügte sich Puck mit einem wütenden Vor- und Zurückspringen.

Aber sofort hatte das Gehirn in dem langen Fellköpfchen auf etwas Neues umgeschaltet: da war ja das halboffene Gittertor zum Park des verlassenen Schlößchens. Es gehörte einst einem reichen Spanier, der in den Wirren des Bürgerkriegs verschwunden war. Jetzt standen die schönen blauen und gelben Majolikavasen halb zerbrochen am Wege, in ihre dicken Bäuche waren wuchernde Pflanzen gekrochen und umrankten sie malerisch. In der Mitte stürzte der Park wohl an die fünf Meter steil ab zu einem Bassin, auf dessen blankes Wasser der Wind kleine Kräuselwellchen warf. Die steilen Abhänge voller Gestrüpp, dazwischen alte Drahtrollen, die ein Gärtner vergessen haben mochte, verrostete Gartenstühle. An Birkenstämmen lehnten vermoderte Bänke. Bisher hatte ich diese Stätte der Verkommenheit mit ihrem tragischen Hintergrund immer gemieden. Jetzt aber offenbarten sich mir ihre erregenden Aspekte.

Mit der Schnelligkeit eines fallenden Steines schoß der schmale

Hundeleib durch die Wirrnis hindurch in die Tiefe. Sein Unterbe-
wußtsein, in Tausendsteln von Sekunden arbeitend, ließ ihn mitten in sausender Schnelligkeit alle Dornen und spitzen Drähte
vermeiden. Nun über das kleine Rasenstück am Rande des Bas-
sins! Erschrocken stoben die Wildenten hoch. Die durstige Zunge
wurde ins Wasser gehängt und schaufelte schlappend die kalte
Flüssigkeit in den dampfenden Rachen. Dann ein schneller Blick
auf mich, der ich oben auf der Höhe stand und nachdenklich dieses
verwunschene Abseits betrachtete. Und nun ging es kreuz und
quer durch den Dschungel, der sich inmitten von Stein, Glas und
Beton gebildet hatte. Durch den schweren Dunst der Erde, den
Duft der Blätter und Hölzer drang ein wunderbarer Hauch: der
Geruch eines jagbaren Tieres! Mehr als das, es war Pucks größter
Traum, das Tier mit den langen Ohren! Dieses hier noch zwar
nicht ganz so aufregend wie das damals vor dem Gitter des Zwingers, es war ja auch nur ein wildes Kaninchen – aber trotzdem, es
war wunderbar! Da lief es! Vollgas! – Verschwunden hinter einem Bretterstapel. Rundherum um den Stapel die wilde Jagd –
aber es blieb verschwunden, wie vom Erdboden, verschluckt. Er
lauschte mit angehaltenem Atem – da schlug ihm plötzlich ein
anderer Geruch entgegen, nicht minder erregend: Pucks ganzer
Körper begann zu zittern und zu glühen, die Augen funkelten
grün, die Haare sträubten sich. Das brave Haushundchen platzte
ab wie eine Schale; der Urahn, der jagende, wilde Fuchshund,
fletschte die furchtbaren Zähne, und aus seiner tiefgewölbten,
windschnittigen Brust drang ein tiefes, männlich herausfordern-
des Grollen. Der fauchende Kopf mit der geifernden Zunge preßte
sich tief in den Holzstapel hinein, die Pfoten kratzten und scharrten an den Brettern – aber vergeblich. Dort, ganz hinten im dunklen Versteck, saß der alte Kater gemütlich unerreichbar und lachte
Puck mit entblößten Zähnen höhnisch aus.

Wie im Traum hörte Puck Herrchens Pfeifen. Aber jetzt konnte man doch unmöglich aufhören und sich von den großen bernsteinglitzernden Augen losreißen, die dort hinten im Dunkel phosphoreszierten. Der Geruch war dicht und betäubend nah. Mit der ganzen Kraft seiner stählernen Muskeln warf sich Puck gegen den Bretterstapel, so daß er ins Wanken geriet. Jetzt kam das Tier da hinten in Bewegung, duckte sich, machte sich lang und dünn, wand sich durch einen Spalt hinaus und war auf und davon. Nicht einmal ein Blatt hatte unter den weichen Pfoten geraschelt. Der Kater sprang den Abhang hinunter, Puck sauste hinterher, daß die Erde in Brocken von den Hinterpfoten flog. Wie ein schwarzer Blitz schoß der Kater auf einen Baum und saß nun, zwei Meter über der Erde, das aufreizende Grinsen wieder auf seinem breiten Gesicht. Jaulend flog der weiße Hundeleib unter ihm in die Höhe, kam immer näher und jetzt – ein Riesensprung! Für den Bruchteil einer Sekunde tauchte die Hundeschnauze neben dem hockenden Kater auf, krachend klappten die Kiefer im verfehlten Biß aufeinander, und bei dieser Gelegenheit bekam Puck von zwei messerscharfen Krallenpfoten rechts und links ein paar wohlgezielte Backpfeifen. Der Kater turnte zur Sicherheit eine Etage höher, und Puck saß verdutzt unten und spürte, wie der Schmerz sich zu melden begann.

Jetzt hörte er plötzlich wieder ganz von fern Herrchens Signal: Herrje, er schimpfte sogar ganz laut: »Mistvieh! Lausejunge!«

Herrchen empfing das beschmierte und verlegen wedelnde Etwas, das sich ihm demütig vor die Füße warf: »Wie siehst du denn bloß aus, du ehemaliger Hund du? Na, Frauchen wird schön schimpfen, gestern erst gebadet!«

Auf dem Rücken liegend fuhr Puck sich mit der Pfote über die Schnauze, um mir zu zeigen, daß er verletzt war. »Das macht gar nichts«, erklärte ich rauh. »ganz recht, daß er dir ein paar 'runtergehauen hat. Jetzt aber los!«

Mit einem Ruck war er hoch, ein blitzschneller Schelmenblick aus verdrehten Augen: Keine Haue? Wunderbar? Dann können wir ja weitermachen!

Ab im Galopp, die Ohren ganz hinten am Kopf, die Zunge aus dem hechelnden Rachen hängend, die Straße entlang. Am Ende dieser Straße kam ein breiter Damm, auf dem viele Autos hin- und hersausten. Herrchens Pfiff fuhr in das Hundegehirn wie ein Blitz, und gleichzeitig tauchte die Erinnerung auf an das dröhnende Ungeheuer, die naßglänzenden, gummiriechenden Räder, den rasenden Schlag, die knirschenden Bremsen. Das hatte er nicht vergessen. So stand er denn, vergnügt wedelnd, am Rande der großen Verkehrsstraße, bis ich kam und ihn an die Leine nahm. Aber das ging ihm viel zu langsam, und so boten wir denn wieder einmal das übliche Bild: voraus, an der straffgespannten Leine, ein kleiner weißer Hund, der vor Anstrengung die Beine ganz schief in den Boden stemmte, und in seinem Schlepptau ein großer Mann, halb stolpernd, halb laufend und sich vergeblich bemühend, seine Schritte irgendwie dem Tempo der kleinen Zugmaschine anzupassen. Bald lag die große Verkehrsader hinter uns, und wir waren wieder zwischen ruhigen Häusern, die hinter wohlgepflegten Beeten lagen. Ein Rasensprenger fuhr langsam kreisend in der Runde, in dem Wasserschleier, den er um sich warf, glitzerte die Sonne mit Tausenden von Brillanten. Noch niemals zuvor hatte ich diese glitzernden Brillanten bemerkt ...

Ziel unserer Wanderung war der Tennisplatz. Eine ganze Kolonne parkender Wagen stand in den Straßen ringsum. Man hörte die Rufe der Spieler und das leise Tapp-tapp der Darmsaiten, die den Ball anschlugen.

Sofort erwachte der Fachmann in Puck. Alle wunderbaren Duftgrüße interessierten nicht mehr. An dem Drahtgitter stand er hoch aufgerichtet, die Vorderpfoten durch die Maschen gesteckt, die Zunge seitwärts aus dem Maul hängend, und seine glänzenden Augen wanderten mit den fliegenden Bällen mit, hin und her, hin und her. Wie aufregend war es, wenn einmal ein Ball direkt Kurs auf seine Nase nahm und dicht neben ihm ins Drahtnetz schlug! Ein wilder Biß, der im Netz endete, ein schmerzlich-sehnsüchtiges Maunzen, aber das Frauchen, das da Ball spielte, nahm ihn direkt vor seinen Augen weg.

Auch Herrchen stand neben ihm am Gitter. Sein Interesse galt allerdings mehr den weißen Röcken, die um braune Mädchenbeine wirbelten, und den weiblichen Formen, die bei dem hitzigen Spiel zutage traten.

Jetzt klatschte wieder ein Ball gegen das Gitter, und die hübsche Brünette hockte sich, um ihn zu greifen. Sie war ziemlich klein, aber zierlich und behende. Nun bemerkte sie Herrchen, und sofort änderte sich ihr Benehmen gegen den Hund.

»Ach, sieh doch mal, das süße Hundchen!« rief sie ihrer Partnerin zu. »Willst du ein Bällchen, Kleiner?« Sie bückte sich zu ihm nieder, was Herrchen wiederum Gelegenheit gab, einen Blick in die verführerischen Tiefen des Ausschnittes zu tun. Puck setzte sich prompt auf die Hinterkeulen, reckte die Struppelschnauze in die Höhe und stieß sein schönstes »Biourrrrr« aus. Die Brünette war begeistert.

»Komm doch mal her, Magda, was für ein reizendes Tier!« Magda ihrerseits ließ nun einen schnellen Blick über Herr und Hund gleiten, stimmte dann bei.

»Haben wir denn nicht einen weichen Ball?« fragte sie den Balljungen. Es wurde ein weiches Bällchen gebracht. Jenseits des Gitters stieg Puck wie eine Rakete in die Höhe, dann wirbelte ein weißer Ball in den Himmel, klatschte draußen auf dem Weg nieder, sprang wieder hoch. Ein sehniger Hundekörper flog ihm nach, fing ihn aus der Luft. Mit seitwärts abhängenden Ohren, die Beine wild und albern nach allen Seiten werfend, kam Puck zu mir, zeigt ihn mir triumphierend und sauste, den Kopf rückwärts mir zugedreht, sofort los: Jetzt haben wir's erreicht, komm weg, vielleicht überlegt sie sich's noch anders!

Ich lüftete den Hut: »Meine Gnädige, Sie waren sehr liebenswürdig, darf ich Ihnen im Namen meines Hundes vielmals danken!«

Puck nachgehend, hörte ich in meinem Rücken Magdas Stimme: »Da hast du's wieder mal, so sind die Männer! Wenn sie ihr Ziel erreicht haben, schwirren sie einfach ab!«

Von dieser tiefgründigen Frauenweisheit unangefochten gingen Vater und Sohn hoch befriedigt nach Hause. Puck wälzte unterwegs den Ball durch jeden verfügbaren Dreck, so daß er, bis wir angelangt waren, mehr einem Lehmklumpen als einem weißen Tennisball glich.

Seitdem wurde das Ballschnorren eine unserer beliebtesten Sportarten, und damit hatten wir eine eigene Abwandlung des Tennisspiels erfunden. Wir betrieben sie manchmal auch illegal, abends, bei Dämmerung. Dann quetschte sich Puck durch das Eisengitter des Haupteingangs und angelte sich die liegengelassenen Bälle. Der leicht kriminelle Beigeschmack dieser Aktion machte sie besonders anziehend.

Im allgemeinen waren wir – abgesehen von der kleinen Brünetten – bei den Tennisspielern ziemlich unbeliebt, denn es hatte sich herumgesprochen, daß Puck sich einmal während eines Turniers ein Loch unter dem Drahtzaun gegraben und den entscheidenden Ball aus der Luft weggefangen hatte. Seitdem neigten die Balljungen dazu, mit Steinen nach ihm zu werfen. Ich begrüßte auch diese Variante des Spiels. Lenkte sie mich doch vorübergehend von dem frevelhaften Poker ab, welcher derweilen in der großen Welt gespielt wurde ...

Immer wieder wunderte ich mich, wie sehr Puck die Behandlung seiner beiden Götter variierte. Waren unsere Spiele rauh, so waren die mit der Gefährtin eigentlich gar keine Spiele, sondern eher eine zärtliche Tändelei. Während er sich von mir eher den

Kopf abdrehen ließ, als daß er den Ball hergab, legte er ihn ohne weiteres in Frauchens Hand, brachte ihn ihr sofort wieder mit einer gewissen liebevollen Nachsicht, als täte er ihr den Gefallen und nicht umgekehrt.

Im übrigen war er überhaupt niemals ganz glücklich, solange sein Verein nicht komplett war. Arbeitete ich zum Beispiel allein zu Hause, so wand er sich so lange an mir herum, bis er sich hinter meinem Rücken eingenistet hatte, wo er, in sichtlich unbequemer Lage, die Zeit verbrachte, bis Frauchen aus der Stadt zurückkam. Sein sechster Sinn nahm den Wagen schon wahr, wenn er noch weit vom Hause entfernt war. Dann raste er zur Tür, fegte die Treppe hinunter und umsprang die so sehr Vermißte, worauf er dann höchst sachlich zur genauen Besichtigung sämtlicher Pakete überging.

Dora servierte das Essen, während Pucks Ration im weiß-grünen Blechnapf in der Küche stand. Sie wurde jedoch nicht beachtet, sondern zunächst versuchte man, von der herrlich duftenden Tafel der Götter etwas zu bekommen. Da es streng verboten war zu betteln, saß er schweigend zu Frauchens Füßen, die Augenlider tugendhaft gesenkt, die Nase gegen die Bratenschüssel hochgereckt, ab und zu mit einem kleinen Seufzer an die eigene Gegenwart erinnernd. Ich wollte ihm heimlich etwas zustecken, aber ein strenger Verweis hinderte mich: »Gib dem Hund nichts vom Tisch, er lernt nur das Betteln! Verdreh nicht so die Augen, Puck, und seufze nicht dauernd.«

»Aber er hat doch gar nicht gebettelt!« verteidigte ich ihn.

»Jawohl, er hat gebettelt«, erklärte sie energisch abschließend – und gab ihm unmittelbar darauf ein Stück Fleischknorpel mit der Bemerkung: »Das ist aber das letztemal, verstanden?«

»Wenn du ihm etwas gibst, kann ich ihm auch was geben!« trumpfte ich auf.

»Jetzt ist aber Schluß!« erklärte Frauchen. »Geh in die Küche und friß deinen Napf leer.«

Puck warf mir einen scheelen Blick zu: Da ist, glaube ich, nichts zu machen! Mit hängenden Ohren setzte er sich in Richtung Küche ab, und für eine Weile herrschte wohltuende Stille, während wir unseren Kaffee tranken und dazu rauchten.

Dann war ein Geräusch an der Tür, und Puck marschierte durch den Türspalt ins Zimmer, den Bauch geschwollen wie eine Pauke, den Bart verklebt und voller Graupen. Oben auf der Nase saß ein Stückchen Mohrrübe. In diesem Zustand war er immer besonders zärtlich und versuchte, die Reste seines Mittagessens an unserer Kleidung abzuwischen.

»Raus!« riefen wir im Chor. Er drehte um, und dann hörten wir in der Küche einen Plumps. Er hatte sich vor Dora auf den Rücken geworfen, damit sie ihm den Bart abwischte.

Wir sahen uns an und lächelten. »Kannst du dir unser Leben noch ohne ihn vorstellen?« fragte ich.

»Nein. Ich habe ihn so lieb, daß ich manchmal direkt Angst bekomme ...«

Wahrhaft entsetzlich wurde es für Puck, wenn seine Götter beide das Haus verließen. Dann ging die Sonne seines Glücks unter. Kläglich an die Wand gepreßt, die Beine weit von sich gestreckt, mit hoffnungslosem Blick, die Ohren traurig gefaltet, wohnte er ihrem Weggang bei. Er machte, da er ja unsere Gedanken las, keinen Versuch, mitgenommen zu werden; er wußte genau, wann wir es nicht wollten. Aber er hielt uns bis zuletzt mit einem schwärmerischen Blick seiner großen Augen fest, bis er den letzten Kuß bekommen hatte und die Tür hinter uns zuklappte.

Mißmutig schlich er dann durch die Wohnung und versuchte sein Lager dort aufzuschlagen, wo es noch am intensivsten nach seinen Göttern roch, nämlich auf den seidenen Decken der Betten.

Dora, die stets Verzeihende und Verstehende, brachte ihn mit derben Worten auf Trab, doch er fühlte sehr wohl, daß sie es nicht so meinte. Manchmal ließ sie sich auch von ihm rühren und nahm ihn mit zu ihren Freunden, wo man ihn mit größter Hochachtung behandelte. Nichts aber vermochte ihn zu erlösen, bis er den Wagen heimkommen hörte.

Jedesmal – und mochte es auch spät in der Nacht sein – ging Herrchen dann noch einmal mit ihm auf die Straße und machte die Runde. Alle Bäume und Laternenpfähle wurden ein letztes Mal kontrolliert, man sprang noch ein bißchen nach dem Ball, dann wurde er gesäubert, und es gab noch eine fröhliche Viertelstunde mit Herrchen und Frauchen. Schließlich sagte Frauchen ganz leise: »Na, komm ins Körbchen!« Sofort erhob sich Puck, trottete hinaus und ließ sich lang auf seine Matratze fallen. Frauchen deckte ihn sorgsam zu, er quittierte mit einem wohligen Grunzen, und dann senkte sich der bunte Vorhang des Schlummers über einen Lebenstag.

Eine große Rolle spielte bei uns das Geschichtenerzählen. Puck hatte Geschichtenerzählen ausgesprochen gern, und er bekam lange Erzählungen vorgesetzt, sowohl von Frauchen wie von mir. Er lag dann auf dem Schoß oder neben dem Erzähler auf der Couch, manchmal schlief er zwischendurch ein bißchen ein und grunzte zufrieden. Dann aber wieder, wenn sein Name fiel, konnte er einen so beredten Ausdruck in den Augen haben, daß man fest überzeugt war, er hätte jedes Wort verstanden.

Eine der Geschichten, die ich ihm erzählte, war zum Beispiel die vom Jakob. »Weißt du eigentlich, Puck«, sagte ich, »weißt du eigentlich, daß ich außer dir und vor dir nur ein einziges Tier gehabt habe? Merkwürdig, findest du nicht, wo ich doch Tiere so liebe!? Jakob hieß es, und es war eine Dohle, die ich als Junge von meiner Mutter geschenkt bekam. Ein kleines schwarzes Vögelchen.« Bei ›Vögelchen‹ richtete er sich auf und sah gegen die Zimmerdecke. Dann streifte er mich mit einem verwunderten

Blick und legte sich wieder auf meinen Schoß. »Nein«, sagte ich, »da ist das Vögelchen nicht. Jakob ist schon lange im Himmel, im Dohlenhimmel, wo es ungeheure Massen von Mehlwürmern gibt, Geistermehlwürmer, die noch viel besser schmecken als die irdischen. Und es gibt dort Tintenfässer, die man ungestraft an die Tischkante schieben und dann hinunterschmeißen kann, und ebenso ungestraft kann man die Morgenzeitung in kleine Stücke zerreißen und einen Klacks mitten auf den blankpolierten Flügel fallen lassen. Auch sind einem dort nicht die Flügel gestutzt – wie das leider augenblicklich bei Herrchen der Fall ist –, sondern dort hat man große Flügel, und man kann weit fliegen, sogar von einem Stern zum andern, wenn einem das Spaß macht. Ja, siehst du, Puck, das ist Jakob. Wenn er uns hier sitzen sieht, wird er hoffentlich nicht böse auf mich sein, denn als er starb, habe ich mir geschworen, nie wieder ein anderes Tier zu lieben. Aber seither sind so viele Jahre vergangen, und das Leben ist stärker als alle Schwüre.

Schwüre – das ist etwas, was ich dir nicht erklären kann. Die Menschen werfen sich dabei furchtbar in die Brust und behaupten, sie würden etwas nie tun oder hätten etwas nie getan, und dann kommt es meistens anders und dann haben sie Gewissensbisse. Gewissensbisse – ist auch so etwas, was ich dir nicht übersetzen kann. Doch, halt: Gewissensbisse – du hast auch welche! Wenn du zum Beispiel beim letzten Gäßchengehen so verspielt bist, daß du nicht tust, was du tun solltest, und es geht dann ins Badezimmer, und Dora macht morgens die Tür auf. ›Pfui, Pucki‹, sagt sie. Er läßt die Ohren hängen und sieht mich schuldbewußt an. »Siehst du, dann hast auch du Gewissensbisse!«

Viel schöner aber noch war die Erzählung vom Wald. »Eines Tages, weißt du, nehmen wir dich dorthin mit, wo es keine Häuser gibt, sondern nur Bäume. Alles ist grün, der Boden ist weich für deine Pfoten, und die Bäume sind ganz hoch, und oben in den Spitzen sitzen viele Vögelchen ...«

Er drängte sich noch näher an mich und sah mich aufmunternd an: Na, mal weiter!

»Und hinter den Bäumen gibt es viele Tierchen, nicht nur solche, die bloß Miau machen«, leises Knurren und suchender Blick in die Tiefe des Zimmers, »sondern kleine, die einen buschigen Schwanz haben und ganz schnell die Bäume hinaufrennen können. Und dann eins mit langen Ohren und ganz große Tiere, die durch das Dickicht brechen, und dann ein anderes, rotes, das Höhlen gräbt und Gänse stiehlt und mit dir verwandt ist. Vor dem mußt du dich aber in acht nehmen, denn es beißt alle Puckchen ganz scheußlich.« Bei Nennung seines Namens rollte er sich zusammen und schmatzte zufrieden: Herrchen redet von mir. Was bleibt da zu wünschen übrig? Herrchen ist allein mit mir und nur für mich da.

Aber ich war nicht der einzige, der Ansprachen an Puck hielt. Einmal trat ich leise in die Wohnung und hörte folgende Unterhaltung zwischen ihm und Frauchen.

»Ja, du bist mein Hundchen, mein kleines Stinkvieh.«

»Biourrrrr!«

»Wie kann ein einzelner Hund so nach altem Fisch stinken und wieso überhaupt nach Fisch?«

Man hörte heftiges Scharren und das schnelle Schlagen seiner Hinterkeulen auf dem Fußboden. Immer, wenn man mit ihm sprach, wurde er vor lauter Verzückung verlegen, und das äußerte sich darin, daß er anfing, sich zu kratzen.

Frauchen: »Zeig mal – halt doch mal still – da, jetzt ist er weg! Nein – da in der Achsel – so, den haben wir! Wo holst du dir bloß die Flöhe her? Der ist ganz braun, sicher von Hulda, der Dackeline. Laß dich nicht mit den Weibern ein, sage ich dir!«

Puck nieste.

Frauchen: »Pfui – ich bin ja pitschenaß im Gesicht! Hach, du kleine Brause mit deinem rosa Kinderbauch und den kleinen Krallen und deiner Struppelschnute – fressen könnte ich dich – du du – was? Schon wieder 'raus? Du bist unersättlich, du Lümmel! Na, komm!«

Manchmal glaubten wir, daß wir ihn schon ganz genau kannten. Bis er uns dann eine neue Überraschung bot. Eines Tages zum Beispiel wäre mir ein dösender Fußgänger beinahe in den Wagen gerannt. Ich war an diesem Morgen mit dem falschen Fuß zuerst aufgestanden, stieg nun dummerweise aus – Puck hinter mir her – und fing mit dem Burschen Krach an.

Wir rückten uns dicht auf den Leib und boten uns gegenseitig alles mögliche an.

Als ich mich etwas später umdrehte, saß Puck schon im Wagen hinter dem Steuer und sah angeregt auf die andere Straßenseite, so, als wollte er sagen: Ich habe nichts bemerkt – hast du was bemerkt?

Ich fühlte mich gekränkt, und es wäre mir lieber gewesen, wenn er dem Kerl an die Hosen gefahren wäre. Ich hätte die Hosen sogar gern bezahlt. In so einem Fall – fand ich – könnte er doch mal seine gute Erziehung vergessen! Artige Kinder kann ich nicht ausstehen!

Vor allem war ich diesmal für ihn nicht sein eigenes, unverwechselbares Herrchen gewesen, sondern nur einer von vielen Göttern, deren unbegreiflichen Handlungen man am besten aus dem Wege ging. Ich wollte aber nicht einer von vielen Göttern sein, ich wollte überhaupt kein Gott, sondern sein Freund sein, sein großer Bruder! Statt dessen lagen plötzlich Welten zwischen uns.

Und noch ein anderes Erlebnis schien mir diese Kluft zu zeigen! Ich kam leise ins Ankleidezimmer. Seine Möbel bestanden aus dem großen, glatten Kleiderschrank, einem Sessel, einer Couch und einem Spiegel, der an der Wand befestigt war und bis auf den Fußboden reichte.

Vor diesem Spiegel lag Puck mit seinem Bällchen neben sich. Er kümmerte sich aber nicht darum, sondern knurrte sein Spiegelbild an. Er stand auf, beroch es, versuchte vergeblich hinter den Spiegel zu schauen, legte sich wieder hin. Und dann begann er am unteren Teil des Spiegels zu kratzen, stieß kleine, seltsame Bell-Laute aus, legte sich schließlich auf die Seite, um besser ›graben‹ zu können.

Da verstand ich: Er wollte den Ball haben, den Ball im Spiegel! Welten zwischen uns – wieder einmal. Außerdem fand ich es undankbar, daß er sein Bällchen wegen eines Phantoms vernachlässigte.

Bis ich mich entsann, wie ich neulich aus meinem schönen, heißgeliebten Boxi ausstieg und meine Nase an ein Schaufenster klebte. Dahinter stand ein schneeweißer Mercedes SSK mit dikken, silbernen Kompressorrohren. Ich lechzte nach ihm, obwohl er doch völlig unerreichbar für mich war, ein Phantom also – auch ein Phantom! Und auch die Undankbarkeit war da, die gegen Boxi. Eigentlich also lagen gar nicht so viele Welten zwischen uns. Ich hockte mich neben Puck. Er sah mich an, wedelte kurz und vertrauend: Du wirst ihn mir schon holen, wozu bist du ein Gott? Ich nahm sein zerknabbertes Bällchen: »Ach, weißt du, Puckchen, man soll sich das Schöne, das man hat, nicht dadurch vermiesen lassen, daß es noch Schöneres gibt!«

Der Sommer neigte sich der höchsten Fülle zu. Jeden Tag gewaltiger brannte das Himmelgestirn. Nächtens flammten starke Gewitter über den Dächern der Stadt, und während dichte Wassermassen warm und schwer niederstürzten, weinte bei uns ein kleiner Hund in seinem Korb.

Vor Donner hatte er eine panische Angst, dann zitterte er am ganzen Leibe. Ich nahm ihn zu mir, versuchte, ihn zu beruhigen, und hörte auf das Strudeln der Regenbäche, das Schlagen der Zweige an den Fensterscheiben und den allmählich langsamer werdenden Atem des kleinen Geschöpfs an meiner Seite. Er schlief aber nicht ein. Seine Ohren waren aufgestellt und drehten sich hin und her wie Radarschirme. Die Pupillen wanderten angstvoll in die Augenecken, sobald ein neuer Donnerschlag ertönte. Erst mit dem allmählich abziehenden Gewitter wurde er wieder ruhiger, sein Atem pustete gleichmäßig, und die Pfoten begannen im ersten Traum zu zucken.

Am Morgen flossen nur noch kleine Rinnsale durch die Straßen und schleppten die Reste eines wirren, heißen Tages mit sich fort, Papierstücke, Zigarettenstummel, abgerissene Zweige und ein paar verwelkte Blumen ...

Eines Tages fühlte Puck mit seinem sechsten Sinn eine Veränderung im Verhalten seiner beiden Menschen. Frauchen nahm ihn im Wagen mit in eine Wohnung, wo es nach vielen anderen Frauchen roch und wo eine fremde Frau seinem eigenen Frauchen dauernd neue Felle überzog. Es waren bunte, mit großen Blumen, weiße, bei denen Frauchens Arme und der Rücken nackt blieben. Sie beugte sich zu ihm nieder, der sich auf die Couch der Schneiderin geschmuggelt hatte, und flüsterte ihm ins Ohr: »Kommst ja mit!« Und als er angespannt lauschte: »Natürlich kommt er mit!« Er quittierte mit Handkuß und demütigem Wedeln.

Und abends, als Herrchen heimkam, nahm er ihn auf den Schoß, drückte seinen Kopf eng an sein Gesicht und erzählte ihm leise: »Wir fahren dahin, wo Kühe sind und viele Häschen und ein schöner See. Wirst du schwimmen, Puckchen, oder bist du wasserscheu? Ach, und wenn du das alles zum erstenmal siehst, was wirst du für Augen machen, mein kleines, weißes Pferd!«

Puck hörte sie im Halbtraum noch lange reden, bis in die Nacht hinein. Landkarten wurden gewälzt, und Herrchen sagte: »Hier, siehst du – der beste Weg geht über Kochel. Dann 'rauf zum Walchensee. Auf der Strecke wird das Autorennen ausgetragen. Das hat in diesem Jahr wieder Stuck gewonnen. An Urfeld vorbei

– wir ziehen am besten ins Hotel zur Post. Der Prospekt hier ...«

Und wieder eines Morgens kamen Dora und Herrchen die Treppe vom Keller herauf und trugen große Koffer. Beim größten wurde der Einsatz herausgenommen, die Türen zu Frauchens Schrank sprangen auf, und all die bunten neuen und alten Felle ergossen sich in den Rachen des Koffers. Der roch kalt nach Mottenkugeln und Keller. Auch eine Ratte, stellte Puck schnüffelnd fest, mußte wohl vor kurzem darüber weggelaufen sein. Vor allem aber tauchte eine andere Erinnerung aus den Schlünden seines Bewußtseins auf: Seines ersten Herrchens Felle wurden auch eines Tages in so einen Kasten gepackt, und dann wurde der in den Fahrstuhl gestellt und auf die Straße gebracht. Herrchen blieb danach viele entsetzlich lange Tage hindurch verschwunden. Kofferpacken bedeutete also Veränderung und Gefahr des Verlustes seiner Angebeteten, und so mußte Puck es auf seine Weise zu verhindern suchen, indem er sich mitten in den Koffereinsatz legte. Dora vertrieb ihn, doch sobald sie den Rücken wandte, sprang er wieder hinein, und zwar legte er sich diesmal auf Frauchens frisch gepackte Wäsche. Dora schrie: »Wirst du wohl da 'runtergehen, du unmöglicher Lümmel! Eben habe ich alles gebügelt.« Puck aber war fest entschlossen, seinen Platz nicht zu räumen, er verdrehte die Augen und wedelte freundlich-ergeben ganz schnell mit dem Schwänzchen. Da er immer wieder in den Koffer schlüpfte, wurde das Frauchen geholt.

»Ja, Puck, was ist denn los? Was soll das bedeuten?«

Puck rührte sich nicht, legte sich nur auf den Rücken. Frauchen lachte. Sie verstand ihn: »Ach Gott, mein kleiner Schnaps, du hast Angst, daß ich dir ausrücke?« Sie packte ihn am Genickfell und hob ihn an ihre Brust: »Aber nein, du brauchst keine Angst zu haben. Ich habe dir doch gesagt, daß du mitkommst! Nein, wir lassen dich nicht hier, kommst ja mit – mit!«

Puck spürte die Tröstung in ihren Worten, stieg aus dem Koffer, wankte und wich aber nicht aus dem Zimmer, wo die seltsamen und erregenden Vorbereitungen weitergingen. Von seinem Sessel aus überwachte er jede Bewegung. Schließlich stand er auf, ging suchend durch die Räume, fand einen Ball und ließ ihn in den offenen Koffer fallen. Da der Ball wie üblich eine Schmutzrinde hatte, wurde er mit Entrüstung entfernt. Aber es wurde für Puck ein Extra-Koffer gepackt, ein kleiner Pappkoffer, den Frauchen für ihn gekauft hatte. Seine schnüffelnde Nase war immer im Wege, er fand es rasend interessant, wie Flohpulver, Kamm, Bürste, Waschlappen, eine Reserveleine, das Augenwasser, große Pakete Hundekuchen und schließlich auch sein Lieblingsbällchen verstaut wurden.

Dann aber geschah noch etwas Fürchterliches: Es klingelte, und wer stand vor der Tür? Der Trimmer, Onkel Felix genannt. Puck, der zur Tür gerannt war, kam krumm vor Entsetzen zurück. Er kannte den Geruch von Karbol und den vielen anderen Hunden, der Onkel Felix voranschwebte. Die Ohren angelegt, mit eingekniffenem Schwanz raste er durch die Diele, suchte eine offene Tür und flitzte ins Ankleidezimmer, von da ins Schlafzimmer, wo er wie eine Schlange unter dem Bett verschwand. Die Dunkelheit der Höhle war um ihn, hier war er sicher geborgen!

Aber mit gewaltigem Geschrei sämtlicher Riesen wurde er wieder ausgegraben, alle lachten und schwatzten durcheinander. Es nutzte ihm dieses Mal gar nichts, daß er sich vor allen Beteiligten der Reihe nach auf den Rücken warf und demütig die rechte Pfote ausstreckte. Er wurde von Onkel Felix auf den Arm genommen und ins Bad getragen, wo schon der kleine weiße Tisch aufgeschlagen war und die scheußlichen Scheren und Messer bereitlagen.

Schlotternd und ganz dünn vor Angst, das Schwänzchen angedrückt und mit hängendem Kopf stand Puck auf dem Tisch und ließ voller Ergebenheit an sich herumbasteln. Onkel Felix arbeitete schnell, geschickt und fast schmerzlos, nur manchmal ziepte es ein bißchen, oder es tat auch mal richtig weh, wenn er an die jüngste Bißwunde geriet. Zuletzt kam das Entsetzlichste! Alle Hähne der Badewanne wurden aufgedreht, und Puck wurde eingeweicht! Warmes Wasser strömte über seinen Körper, lief ihm in die Augen, Seifenschaum, der abscheulich schmeckte, überschwemmte ihn ganz und gar, und nun hatte er es völlig aufgegeben, jemals wieder glücklich zu sein, er war nur noch ein im Wasserstrom willenlos hin- und herschwankendes, an allen Nerven und Gliedern zitterndes Etwas, die Beute eines grausamen Schicksals!

Dann aber wurde er herausgehoben, abfrottiert, Onkel Felix lachte und erzählte ihm von anderen Hunden, die auch Angst hatten. Dann wurde es noch einmal ekelhaft, weil der verfilzte Bart gekämmt wurde. Schließlich aber war auch das zu Ende, und nun sauste ein schneeweißes, nach frischer Seife duftendes Fellwesen befreit durch die Wohnung. Schnell kratzte er unter dem Büfett einen längst vergessenen alten Ball hervor; alle mußten zur Belohnung mit ihm spielen, die Welt war wieder voller Sonne.

Und noch anderes geschah in diesen aufregenden Tagen. Herrchen war nur auf eine kurze Stunde weggefahren und kam dann gleich wieder zurück. Puck durfte ihn in die Werkstatt begleiten und im Wagen sitzen bleiben, während Männer in blauen Monteurkitteln sich um den Wagen bemühten. Herrchen pfiff vergnügt. Er hatte sich in der Werkstatt umgezogen und erschien wieder in genauso einem Kittel wie die anderen Männer und genauso scheußlich riechend.

Er strich über Pucks Kopf: »Du wirst mich nicht verraten, mein Junge! Hast du gehört, wie ich mir heute morgen meinen Overall vom Boden holte? Haha! Die Weiber sind fern, jetzt sind nur wir Männer unter uns und machen, was wir wollen!«

Dem Wagen wurde der Rachen aufgerissen, es wurde geschraubt, gestellt, die Maschine wurde gefüttert und brüllte dann wild auf. Nun wurde sie wieder abgestellt, und Herrchen sprach gewichtig über Ventil-Einstellung, Vergaser regulieren, Kerzen auswechseln. Die anderen Männer grinsten sich an, hüteten sich aber, es Herrchen merken zu lassen. Nur Puck merkte es und ließ vorsichtig die Ohren hängen, sobald sie in seine Nähe kamen. Es kümmerte sich aber niemand um ihn. Ein Monteur war unter den Wagen gekrochen und ließ das Öl in eine Blechwanne ab. Die Wanne war schon sehr voll, der Monteur stand auf und ging zu einem Arbeitstisch, wo er mit Herrchen zusammen die Gebrauchsanweisung studierte. Derweilen lief die Blechwanne über, und Puck beobachtete aufmerksam das Öl, das seine dunkle Zunge unter dem Wagen vorstreckte. Sie roch nicht gerade angenehm, aber wenigstens besser als der scheußliche Seifengestank, der immer noch an ihm haftete. Vielleicht wurde man den los, wenn man sich drin wälzte? Er tat es – und plötzlich war Herrchen über ihm: »Ja – du unmögliches Ferkel! Eben gebadet und jetzt – was machen wir denn nun bloß mit dir?«

Die Monteure lachten. »Nehmen Sie doch einfach Waschbenzin«, riet einer, »da, in der Büchse mit dem Pinsel.«

»Großartig«, erklärte Herrchen und griff zu dem Pinsel. »Es geht!« verkündete er befriedigt.

Erst hatte Puck nur die Feuchtigkeit gesprüt. Dann aber kam der furchtbar brennende Schmerz, der sich in seine Haut fraß. Puck schrie und begann, in seiner entsetzlichen Pein an Herrchen hochzuklettern. Seine Augen waren riesengroß aufgerissen. Nur Herrchen konnte ihm helfen, obwohl der es ja war, der ihm diese Höllenschmerzen zugefügt hatte.

Ich war entsetzt: »Was hat er denn?«

»Sie haben ihm die Haut verbrannt!« sagte einer der Monteure. »Ich hab das auch mal bei meinem Hund gemacht, es war ein Schäferhund, und er ...«

Aber ich war mit dem schreienden Fellbündel schon in den

Wagen geklettert: »Alles frei machen!« schrie ich hinter mich, und während die Werkstatt-Türen auseinanderrollten: »Das hab' ich doch nicht gewollt, mein Puckemännchen, das wollte ich doch nicht, mein Pferdchen!« Und immer wieder, während ich in einem Höllentempo nach Hause raste und auf zwei Rädern um die Ecken fegte: »Das habe ich nicht gewußt – Puck – nicht gewußt ...« Ich bremste, daß Puck, immer noch an mich geklammert und aus weitgeöffnetem Rachen keuchend, gegen das Steuer gedrückt wurde. Ins Haus – die Klingel der Wohnung. Ich hämmerte, als man nicht gleich öffnete, gegen die Tür: »Aufmachen – schnell!«

Endlich ging die Tür auf, Frauchen im Unterkleid: »Was ist denn los?« Wie siehst du bloß aus?«

Ich drückte sie zur Seite: »Ich hab' ihn verbrannt!«

»Verbrannt? Womit?«

»Mit Benzin! Mein Puckchen – mein armer Kerl! Schnell, warmes Wasser einlassen, – ich gottverdammter Idiot!«

Frauchen und Dora waren sehr schnell. Die Wanne – Frauchen drehte die Brause auf – milde Wärme ergoß sich über Puck. Sechs Hände, vorsichtige, liebende Hände waren gleichzeitig beschäftigt, und allmählich ließ der Schmerz nach.

»Er hat ja richtige Brandblasen«, sagte die Gefährtin. »Wie ist das denn bloß passiert?«

Während mir noch der kalte Schweiß auf der Stirn stand, berichtete ich stoßweise. Unterdessen trocknete man Puck vorsichtig ab und legte ihn dann in sein Körbchen. Er schaute zu seinen drei Riesen auf und begann behutsam seinen Rücken zu lecken. Ich setzte mich auf den Rand der Wanne: »Man sollte den Tierarzt holen.«

»Nun warte erst mal ab«, meinte Frauchen. »Es ist ja schon besser. Wie konntest du auch bloß auf diese verrückte Idee kommen! Du mußtest doch wissen ...«

Doch ich hörte gar nicht zu, starrte immer noch entsetzt auf meinen Hund, während die Gardinenpredigt in gleichmäßigem Strom auf mich niederrauschte. Puck indessen wurde müde. Es tat zwar noch immer weh, aber seine Götter waren ja alle um ihn. Seine langen Wimpern senkten sich, der Krampf wich aus den Gliedern.

»Er schläft«, sagte ich. »Wir wollen ihn mit dem Korb ins Ankleidezimmer stellen, damit er keine Angst hat.«

Puck schreckte auf, als sein Korb sich schaukelnd erhob. Als er sah, daß er weiter mit von der Partie war, begann er friedlich zu schmatzen und schlief wieder ein. Der Schmerz wurde immer ferner. Nur wenn er träumend mit den Pfoten zuckte, wachte er auf. Es tat weh, weil die verbrannte Haut sich straffte. Jetzt streuten sie ein Pulver auf seine Wunden, das sehr wohltat. Er schlief wieder ein, merkte gar nicht, daß Herrchen sich aus der Wohnung schlich, um den Wagen fertig machen zu lassen und seinen Anzug aus der Werkstatt zu holen.

Am nächsten Morgen schlief Puck noch tief und fest, als er in aller Frühe geweckt wurde, weil ich mich im Bad waschen und rasieren mußte. Hastig wurde gefrühstückt. Puck war in wahnsinniger Aufregung. Er verschmähte seinen morgendlichen Hundekuchen und wich nicht einen Zentimeter von unserer Seite. Draußen stürzte er sich sofort in den Wagen, damit er ja nicht etwa vergessen wurde. Dann sprang er wieder hinaus, um genau zu beobachten, wo alle Koffer und vor allem sein kleiner Pappkoffer verstaut wurden.

Dann verabschiedete man sich von Dora. Frauchen setzte sich neben mir zurecht. Dreimal mußte sie Puck von ihrem Schoß hinunterwerfen, um sich das Kleid glattstreichen zu können und die Decke darüber zu breiten. Dann sagte sie endlich das erlösende »Hopp!«, und in der nächsten Sekunde schon saß das kleine Fellwesen auf ihrem Schoß, machte den Hals lang, stieß ein Winseln äußerster Erregung aus. Die Tür klappte zu, der Motor brummte auf, langsam setzte sich der Wagen in Bewegung.

An der Art des Fahrens merkte Puck offenbar, daß es diesmal etwas anderes war als das, was er bisher erlebt hatte. Die Geschwindigkeit war höher als sonst, es wurde nicht gesprochen, die Häuser versanken im blaßgrauen Morgenlicht, die unendliche Landstraße zwischen hohen Pappeln öffnete sich.

Ich gab scharf Gas, der Wagen schien sich wie ein Tier zum Sprung zusammenzuducken, dann schoß er vorwärts, daß die Luft brausend an seinen Flanken entlangglitt. Ich warf einen schnellen Blick zur Seite: »Diese Augen von Puck gestern – ich habe die ganze Nacht davon geträumt. Daß er an mir hochkroch in seiner Not, obwohl er doch genau wußte, daß ich es war, der ihn mit diesem entsetzlichen Zeug bearbeitet hatte . . .«

»Es ist ja vorbei«, sagte die Gefährtin. »Du siehst doch, er hat es längst vergessen.«

»Die Rötung auf dem Rücken ist noch da.«

»Aber sie ist schon stark zurückgegangen. Nun laß dich doch los und genieße. Du hast mir immer erzählt, daß der Augenblick, wo sich die freie Straße auftut, für dich der schönste auf der ganzen Reise ist. Atme auf, gönn es dir, du hast es weiß Gott verdient.«

»Es ist doch ganz anders als sonst, findest du nicht, seit dieser kleine Kerl bei uns ist.«

Der kleine Kerl hat wie alles, was lebt, sein Schicksal, das wir nicht ändern können. Außerdem scheint er einen sehr tüchtigen Schutzengel zu haben. Alles, was wir tun können, ist, ihm möglichst viel Freude zu geben. Das tun wir, und damit ist dieser Fall erledigt. Wir selber sind schließlich auch noch da!«

Nun ging es Stunde um Stunde. Felder drehten sich vorbei, kleine Wäldchen tauchten auf, Wiesen und Hecken, verschwanden wieder. Dazwischen sah Puck die großen komischen Tiere mit den Hörnern, die er noch aus England kannte. Ihr Geruch schlug herüber. Er zog die Lefzen schief und richtete sich hoch, um sie mit wahnsinnigem Gebell zu begrüßen. Alle Klapse, die er für sein Getrampel auf Frauchens Schoß bekam, vermochten ihn nicht daran zu hindern.

»Hund«, sagte sie halb zornig, halb lachend, »bist du denn komplett verrückt geworden? Sitz doch mal einen Moment still!« Aber Puck wandte sich nur schnell zu ihr zurück, gab ihr ein hastiges Küßchen mitten auf die Nase, und schon war die nächste Kuh in Sicht, und wieder mußte er aufspringen und bellen, es ging eben nicht anders!

Plötzlich bremste der Wagen. Puck flog um ein Haar von Frauchens Schoß, und dann rollte die Maschine langsam zwischen einer ganzen Herde von Kühen hindurch. Puck bellte erst furchtbar, als die milchriechenden Kolosse in seine Nähe kamen. Dann aber, als die riesigen Köpfe mit den sanften Augen und großen Hörnern unmittelbar vor ihm auftauchten und eine gar den Kopf in den haltenden Wagen steckte und ihn mit ihrem warmen Milchatem anblies, wurde er ganz klein und bescheiden. Er schmiegte sich mit zärtlich verdrehten Augen dicht an Frauchen. Kaum jedoch flog der Wagen wieder auf freier Strecke dahin und eine Kuh kam in Sicht, war sein ganzer Mut erneut da und entlud sich in trotzigem Gekläff.

Um die Mittagsstunde hielt man in einem kleinen Gasthof. Puck war wie der Blitz herausgesprungen und trat sofort die Herrschaft an. Zunächst biß er einen gelben ringelschweifigen Kollegen weg, der es als ›Hund vom Dienst‹ wagte, ihm die Zähne zu zeigen. Dann fuhr er, schnüffelnd eine Spur verfolgend, in einen Hühnerschwarm, der laut gackernd auseinander stob. Hühner interessierten Puck nicht, sie waren ihm zu albern. Da aber hatte er etwas Phantastisches gefunden! In einem großen, vergitterten Kasten saßen die Märchentiere mit den langen Ohren! Sein Herz schlug wie ein Hammer. Er wurde ganz Auge und Nase. Auf den

Hinterbeinen aufrecht stehend, vermochte er gerade in ihre Behausung zu blicken. Sie saßen dort mit großen, starren Augen und mümmelten mit ihren rosa Wackelschnauzen an einem Kohlblatt. Puck tobte und schlug die Zähne in die Maschen des Drahtgitters. Dabei wedelte er dauernd mit dem Schwänzchen. Die Karnickel huschten in die äußerste Ecke ihres Käfigs, nur ein großer Bock nahm den Kampf auf und schnappte von innen gegen Pucks Nase. Der fand das großartig und versuchte ihn mit der Vorderpfote zu streicheln.

Leider wurde das schöne Spiel unterbrochen, er wurde zu einem Napf geschleppt, in dem Fleischstücke lagen. Ein Schälchen mit Milch wurde daneben gestellt. Aber er verschmähte das alles voll Verachtung und wich rückwärtsgehend vom Freßnapf zurück. Wie konnte man ihm Fressen zumuten, wo die Tiere mit den großen Ohren so nahe waren und wo man vor allem niemals ganz sicher war, daß man auch weiter mitgenommen wurde!

Dann ging es wiederum zum Wagen, und sofort war er auch da, in gieriger Erwartung der kommenden Abenteuer.

Der Tag verging im rauschenden Wind, im Dröhnen der Maschine. Der Abend fiel ein. Erst trüb-gelb, dann leuchtend weiß stießen die Scheinwerferarme vor uns her, smaragdgrüne Wiesen, Baumwipfel und rote Dachziegel flammten darin kurz auf, von den Wiesen quoll betäubender Duft, Fledermäuse taumelten dicht über unsere Köpfe hinweg. Und die ganze Zeit, unbeweglich, saß das kleine Tier auf Frauchens Schoß, die Augen starr, rund und riesengroß. Nicht einen kurzen Moment ließ seine Aufmerksamkeit nach, bis wir in einer kleinen Stadt endlich vor einem Hotelportal bremsten und der Wagenschlag aufgerissen wurde.

Puck raste als erster hinaus, drehte die Runde auf dem kleinen stillen Marktplatz, wurde von einem großen Wolfshund angefletscht, jagte einen Kater auf einen Baum. Dann endlich geruhte er etwas zu trinken, zu fressen.

Spät in der Nacht wurde er in einem fremden Zimmer todmüde in sein Deckchen gehüllt und in einem Sessel verstaut, wo er wie ein Stein bis zum anderen Morgen schlief. Er war so müde, daß er nicht einmal träumte.

Am nächsten Morgen begann die Fahrt ins Gebirge. Ferienzeit – Freiheit! Keine Verleger, keine Zeitungen, keine Konferenzen – und vor allem keine Bedrohungen! Mochten sie daheim hinter meinem Rücken in meiner Abwesenheit austüfteln, was sie wollten, mochte sich das Schicksalsrad klick-klack weiter auf den letzten Schrecken zu bewegen – für vier Wochen warf ich das alles hinter mich und fühlte mich als freier, als richtiger Mensch. Ich atmete wieder normal, die verfluchte Glaswand war verschwunden, die mich von allem getrennt hatte.

Die letzten Häuser versanken, die Weite des Landes empfing mich wieder. Boxi schien sich noch tiefer zu ducken, als ich Gas gab, und schoß dahin, der Wind pfiff, Wagen nach Wagen wurde überholt, der Motor brummte Stunde um Stunde sein Lied. Öldruck – Kühlwasser normal – guter Boxi – guter Boxi ...«

Zunächst fuhr das Frauchen. Ich saß neben ihr, hatte Puck auf dem Schoß und merkte, wie schwierig es war, diese kleine, widerspenstige Fellschlange zu bändigen. Ununterbrochen trat er in höchster Spannung von einem Hinterbein auf das andere wie ein Tanzbär, dauernd richtete er sich hinten auf und steckte mir den Schwanz abwechselnd in Mund oder Nase. Dauernd wollte er seitwärts aus dem Wagenfenster hinausgucken, oder er preßte die Nase gegen eine Luftlücke in der Windschutzscheibe. Seine Augen waren ganz groß, zwei flammende Lichter, starr und raubtierhaft, die unermüdlich das Gelände absuchten, ob nicht irgendwo eine Kuh oder Ziege zum Anbellen stand. Kam längere Zeit nichts dergleichen in Sicht, dann nahm er auch mit Pferden und Radfahrern vorlieb, um an ihnen seine überschäumende Erregung und Lebenskraft auszulassen.

Und dann tauchten am Horizont die Berge auf. Vor dem Paß fand Steuerwechsel statt. Ich war froh, daß ich den kleinen Zappelfloh los war. Immer höher schraubten wir uns. Einmal strich ein Raubvogel dicht über den Wagen weg, einmal mußten wir halten, weil ein Betrunkener den Berg im Zickzack abwärts lief und uns fast auf den Kühler fiel. Puck beachtete ihn überhaupt nicht und starrte nur gebannt und pausenlos gerade aus. Endlich waren wir dann oben. Die Sonne stand fast senkrecht über unseren Köpfen, beleuchtete eine smaragdgrüne Wiese. Eine große Kuhherde zog läutend über die Alm und umschritt geruhsam die riesigen grauen Felsblöcke, die mitten in dieser grünen Idylle hockten. Wir hielten an einer Wegausbuchtung und kühlten die Reifen mit eisigem Quellwasser – eine völlig dilettantische Maßnahme, wie mir später alle Fachleute versicherten. Dann verpusteten wir etwas, und Puck war mit einem Satz drin in der Almwiese. Das hohe Gras verschluckte ihn, Dutzende von riesengroßen Heuschrecken schwirrten unter seinen federnden Sprüngen auf und entfalteten knatternd purpurrote Flügel. Puck bemerkte sie nach einer Weile und glotzte ihnen verwundert nach. Plötzlich saß ihm eine dieser Monsterschrecken auf der Nase. Er schüttelte sie ab, sprang nach, tatzte zurück, beroch sie und schauderte mit gefletschten Zähnen entsetzt nach hinten, während ihm Ekelspeichel aus dem Maul rann.

Dann aber hatte er die Kühe entdeckt. Wie ein Springbock hob er sich aus dem tiefen Gras, in langen, hohen Sätzen, wild bellend, sauste er auf die Herde zu, die erschrocken kehrtmachte, Puck hinterher. Die Ohren flogen, der Leib war langgestreckt, die kurze Rute unternehmungslustig in die Höhe gestellt, und nun hatte er tatsächlich die letzte Kuh erreicht und in den Schwanz gezwickt. Diese Aggressivität jedoch hatte unerwartete Folgen: Die Kuh, ein altes und mißlauniges Tier, blieb stehen, machte kehrt, die anderen liefen noch etwas weiter, folgten aber dann ihrem Beispiel, und nun senkte die ganze Gesellschaft die Hörner und stürmte auf den kleinen, hin und her sausenden weißen Punkt zu. Puck war einen Augenblick wie versteinert, dann aber verstand er und ergriff in wilden Sätzen die Flucht. Er rannte so schnell, daß seine Vorder- und Hinterbeine durcheinanderflogen, die Ohren waren angstvoll ganz an den Kopf gelegt. Ich sprang auf, daß die Thermosflasche mit dem Kaffee umkippte: »Der Kerl bringt den ganzen Verein mit!« In Sekundenschnelle saßen wir im Wagen, konnten gerade noch Puck an Bord nehmen, bis die mißmutige Kuh als erste bei uns war. Sie schnuffelte unsere Gesichter und dann den Wagen ab, während Puck zu Frauchens Füßen schlotternd in Deckung gegangen war.

»Es ist wirklich kein reines Vergnügen, mit dir zu reisen«, sagte Frauchen ärgerlich. Dann kraulte sie die Mißmutige hinter den Hörnern. Der Erfolg war, daß sie und der ganze Verein es sich um uns herum gemütlich machten. Es rupfte, mahlte, roch nach warmer Milch. Ab und zu hob man den Kopf, sah uns aus großen Augen ruhig an: Ihr seid noch da? Na, fein.

»Hup doch mal«, sagte die Gefährtin. »Vielleicht gehen sie weg.«

Ich hupte, und sofort kamen alle zu uns und berochen Boxi, warum er denn so geschrien habe. Quer über den Weg standen zwei Kälbchen. Wenn ich die wegbekäme – ich fuhr langsam an, drückte sie mit der Stoßstange vorsichtig zur Seite. Das eine wich, das andere schlug wütend aus, tat sich weh und räumte dann mit einem ärgerlichen Muh ebenfalls den Weg.

»Na, also«, sagte die Gefährtin, während Puck aus dem Fußraum wieder ihren Schoß enterte.

Tage später. Wir waren mit der Entdeckung des Walchensees beschäftigt. Er ist eines jener seltsamen Gewässer, die eine Sage in sich sind. Berge und Wälder umgeben diese Wassermasse, die wie ein gläserner Block in ihrer Erdgrube steht, grün an den Rändern, tiefblau in der Mitte. Eine kleine Kapelle mit Totengebein auf einer Landzunge im See. Oben der Herzogstand, wo man eine seltene Art schwarzer Eidechsen findet, die lebend gebären, und wo man gelegentlich Gemsen sehen kann, die an steinernen Rinnen entlangwandeln. Es heißt, daß der See aufkocht, wenn irgendwo in der Welt ein Erdbeben ist.

Meist waren wir unten am Wasser. Wir hatten ein paar Felsfalten dicht über der Flut gefunden, in denen es sich herrlich liegen und schmoren ließ. Wir sonnten uns, und das feurige Gestirn füllte unsere Zellen bis zum Bersten. Libellen ruhten auf unseren Händen und Füßen aus, das Wasser klatschte leise an den Fels. Und alle Augenblicke ein Platschen. Es war Puck, der eine fieberhafte Tätigkeit entfaltete. Er räumte den See ab, in dem allerlei Holz schwamm. Wie ein kleines Motorboot zog er durchs Wasser. Alle paar Minuten warf er uns einen nassen Knüppel aufs Gesicht und bellte uns fordernd an. Aber wir warfen ihm kein Holz mehr in den See, er war zu erschöpft.

Und hier geschah es auch eines Tages, daß sich zum erstenmal der Schatten des Todes über ihn senkte. Wieder waren wir mit dem Kahn hinübergefahren. Wie üblich, hatte er uns halb verrückt gemacht, unentwegt im Boot herumkletternd, den Kopf über den Rand hängend, ständig in Gefahr, hineinzufallen, und sein geliebtes Wasser in den sehnsuchtsvollsten Heultönen anbetend. Am Ufer waren wir ausgestiegen. Die Gefährtin kletterte am Fels herum, und ich, mit dem Rücken zum See, schaute ihr zu.

Puck hatte derweilen seine Räumtätigkeit wieder aufgenommen. Da schwamm ein ganzer Baum im Wasser, ein Ungeheuer. Es streckte Arme um sich. Am besten, man packte es an einem der Arme und zerrte es mit sich. Aber es wehrte sich, das Ungeheuer. Es drehte sich, und Puck, der daran hing, wurde unter Wasser gedrückt. Nur nicht nachgeben! Das alte Kämpferblut erwachte in ihm. Wasser nun in der Schnauze, vor den Augen, in den Ohren, das Gleichgewichtsgefühl ließ nach, eine sonderbare Leere – wo ist oben – wo ist unten – aber festhalten! Wieder ein Moment Luft – dann erneut Wasser. Es drang in die Lungen ein – weiter festhalten – festhalten – das Ufer war nah – er fühlte es kaum noch – wo war Herrchen – es war dunkel – Luft – keine Luft – nur Wasser ...

Ich hörte das Röcheln hinter mir, wandte mich um, und da stand er, dürr mit aufgeblähtem Leib, die Augen verdreht, daß man das Weiße sah, er wankte auf mich zu – brach zusammen, wie vom Blitz getroffen.

Ich muß wohl wild aufgeschrien haben, denn plötzlich war auch, den Abhang halb hinunterkugelnd, die Gefährtin da. Als sie das bewußtlos röchelnde Bündel Fell erblickte, schrie auch sie auf, Tränen stürzten aus ihren Augen. Sie stand da mit herunterhängenden Armen, das Gesicht versteinert. Ich packte den willenlosen Körper, der Kopf fiel leblos in meinen Schoß, Geifer rann aus den Mundwinkeln. »Puck!« schrie ich, »Puck – mein Pucki!«

Dicht am Ufer lag der große Stamm, seine Zweige scharrten am Gestein. Ich stellte Puck kopf, massierte seinen Leib, Wasser rann aus seiner Nase, Schaum quoll aus dem Maul. Über mir war der Himmel blau und golden und ungerührt, See und Wälder strahlten vor Schönheit. Und inmitten dieses sommerlichen Festes kämpfte ich verzweifelt um das schwache Fünkchen Leben, das noch im Körper meines geliebten Freundes glomm. Zwischendurch preßte ich mein Ohr an das nasse Fell, drinnen schlug noch das Herz, ganz leise, ab und zu ein Schlag.

»Puck!« hörte ich das Frauchen schreien, »mein Liebling – es kann doch nicht sein – komm doch zu dir, um Gottes willen!«

Mittendrin ließ ich verzweifelt los, er sackte in sich zusammen. Meine Arme waren müde, aber ingrimmig nahm ich den Kampf wieder auf, massierte ihn, bewegte seine Füße. Ich hatte keine Ahnung, was man eigentlich tun sollte – und dann ganz langsam, wurden seine Augen wieder normal, kehrten in die natürliche Lage zurück, er krächzte, spuckte, schließlich stellte ich ihn auf die Füße – und er stand wankend, die Beine weit gespreizt , den triefenden Kopf, aus dem noch immer kleine Wasserbäche rieselten, tief gesenkt. Die verzerrten Lefzen waren blutleer, weiß, zwischen den Zähnen Schaum. Aber er stand. Vorsichtig trugen wir ihn ins Boot und dann ruderte ich mit raschen Schlägen ins Hotel zurück. Unterwegs schrie er vor Schmerz und übergab sich. Bei jedem Atemzug pfiff und röchelte die wassergefüllte Lunge. Am Ufer lief alles zusammen, und ein langer Zug geleitete ihn, den Liebling aller, bis ins Zimmer. Er wurde warm verpackt, auf die Couch gelegt. Bis zum Abend lag er in halber Bewußtlosigkeit, dann erhob er sich taumelnd und leckte uns zum erstenmal wieder die Hände.

Zwei Tage lang schlich er nur umher. Auf der Terrasse, die etwa drei Meter über dem See lag, unterhielt ich mich mit dem Hoteldirektor, der selbst ein großer Hundefreund war. »Seien Sie froh, daß es so gekommen ist«, sagte er, »er war zu wagemutig, der Kleine! Von jetzt an wird er das Wasser meiden, aber das darf Sie nicht stören.«

In diesem Augenblick trabte Puck aus dem Haus. Ein kleiner Junge warf ihm von der Plattform aus einen Stock ins Wasser – und wie ein Pfeil schoß der Hund hinterher, landete aufklatschend im See. Er verschwand in der grünen Flut, tauchte aber wieder auf und brachte das Holz ans Ufer, warf es dem Direktor vor die Füße.

»Na – so was habe ich wirklich noch nicht erlebt!« sagte der und warf ihm den Stock landeinwärts.

Nach dem Wasser waren die Wälder Pucks ganze Wonne. Noch nie hatte er so etwas gesehen, noch nie konnten seine schmalen, weißen Füße unter dem Dom der Tannen und Buchen, windgeschüttelter alter Eichen über Moos und Gebüsch fliegen, noch nie konnte er in den aufregenden Geheimnissen einer großen Tannenschonung herumstöbern, wo es Ameisenhaufen gab, Karnikkelbauten, Hasen- und Rehspuren. Mittendrin gestürzte, uralte Baumriesen, deren Leiber von Käfern wimmelten, auf deren abgeblätterter Rinde die großen bunten Schmetterlinge wippten, in deren Stumpf wie ein Bild aus Stein die goldäugige Eule hockte.

Wir machten einen Spaziergang mit dem Ehepaar Kreiler, das wir im Hotel kennengelernt hatten und das einen kleinen Scotchterrier, ›Mister Black‹, besaß. Die beiden hatten sich zunächst miteinander ausgesprochen, wobei Mr. Blacks linkes Ohr gelocht wurde und Puck auf nur drei Beinen, die linke Pfote hochgehoben, den Kampfplatz verlassen mußte. Nun duldeten sie sich. Puck, ganz auf den Menschen eingestellt, wollte auch im Wald dauernd mit uns spielen. Von überallher schleppte er Zweige an, dicke, seltsam verkrümmte Wurzelknollen. Unentwegt mußte irgend etwas geworfen werden, damit er danach jagen konnte. Halbe Bäume schleppte er im Schweiße seines Angesichtes hinter uns her, brachte sie in unsere Fußnähe, stellte sich darauf und riß mit zerstörerischer Wut alle Seitenzweige ab, bis nur der Mittelzweig übrig blieb. Er verstand es, diesen Stamm genau im Schwerpunkt zu packen und dann im gestreckten Galopp von rückwärts an uns heranrasend die Strümpfe der Damen zu zerreißen oder von fern anstürmend und wild den Kopf mit dem Ast schüttelnd beide Geschlechter gleicherweise vor die Schienbeine zu hauen. Einmal, auf einer sonnendurchglühten Schonung, warf ihm Frauchen einen Ast. Im Dahinstürmen stolperte er über etwas, das ihm im Wege lag und aussah wie ein großer grauer Stein. Er überkugelte sich zweimal und raste weiter, der ›graue Stein‹ aber richtete sich auf, reckte zwei große Löffelohren auf und sauste im Zickzack nach der anderen Richtung auf und davon.

Unter Mr. Blacks Anleitung entwickelte Puck auch eine geradezu fanatische Liebe für alle Arten von Höhlen, ganz gleich, ob sie vom Karnickel, Fuchs oder Dachs bewohnt waren. Ungeachtet aller Dornen brach er durch das dichteste Brombeergerank, fing an, die Erde wegzuschaufeln, und war denn auch bald unter dem Erdboden verschwunden. Er hörte auf keinen Ruf mehr und gab auch selbst keinen Laut. Halbe und ganze Stunden lang verschwand er auf diese Weise. Einmal hörten wir ihn von ganz fern bellen, dumpf und leise.

»Nun hör mal, wie weit er wieder weg ist!« sagte ich – und im selben Moment kroch er beinahe vor unseren Füßen aus einem tiefen Fuchsloch ans Tageslicht.

Während einer anderen Spazierfahrt mit Kreilers parkten wir auf einer schönen Lichtung mit hohem Gras. Puck war mit rasender Geschwindigkeit, als gelte es sein Leben, aus dem Wagen gestürzt und bereits in einer Schonung verschwunden. Wir reckten die Glieder, die Damen holten feierlich ein weißes Tischtuch vor, aus den Tiefen des Kofferraums zauberten sie Geschirr, Vorspeisen, zwei gute Flaschen Rotwein, und als Krönung des Mahles erschienen plötzlich zwei gebratene Hühner. Dazwischen wurde Obst gelegt, kurz: Es war eine Göttertafel, die dort, mitten im goldgrünen Moos, bereitstand.

Im Augenblick jedoch, als wir uns zum Essen niedergesetzt hatten, verbreitete sich ein eigenartiger Geruch. Wir sahen uns prüfend von der Seite an und rieten einer beim andern auf Verdauungsstörungen. Eine kleine Weile versuchten wir, die Verlegenheit durch doppelt prächtige Laune zu verdecken, aber dann wurde der Gestank penetrant.

Kreiler sprang auf und sagte entschlossen: »Herrschaften, wir müssen mal unsere Schuhe untersuchen, vielleicht ist einer von uns wo 'reingetreten.«

Wir sahen unsere Schuhe nach – tadellos. In diesem Augenblick öffnete sich das Gestrüpp, und Puck, den wir schon eine ganze Weile in unserer Nähe mit dem Halsband klingeln gehört hatten, erschien – schrecklich verwandelt. Er war im Gesicht und auf dem Rücken braun wie ein Airedale, aber dieses Mal war es nicht der Sand irgendeiner Fuchshöhle, sondern jene Substanz, die den entsetzlichen Geruch von sich gab. Wir rieten auf Wildschwein oder alten Förster. Jedenfalls war der Erfolg vernichtend, und obendrein schien er selbst dieses Parfüm herrlich zu finden und den Wunsch zu haben, uns daran teilhaben zu lassen, denn er war von einer klettenhaften Anhänglichkeit. Sein Gesicht war zu einer Maske verklebt, aus der hervor er arglos-lustig zwinkerte.

Alles flüchtete. Nur die Gefährtin hatte die Geistesgegenwart, ihn wegzuziehen, an die Leine zu nehmen. Dann machten wir Männer die Zeigefinger naß, um festzustellen, aus welcher Richtung der Wind kam, und als das feststand, wurde er zwanzig Meter entfernt gegen den Wind an einem Baum festgebunden.

Anschließend ergab sich die Frage, was wir mit dieser unseligen Geruchsquelle anfangen sollten, die völlig verstört am Boden lag und offensichtlich wegen unserer Verständnislosigkeit zürnte.

Dann schwang sich die Gesellschaft – mit Ausnahme von mir, dem Vater des reizenden Hundchens – in den Wagen und rollte davon. Ich hatte das Vergnügen, anderhalb Stunden zu Fuß mit Puck durch den Wald zu laufen, bis ich an einen Ausläufer des Sees kam, wo ich ihn zur ersten Säuberung ins Wasser jagen konnte.

Einmal aber war die bunte Zeit der Abenteuer unweigerlich zu Ende. Wieder wurde der große Koffer hinten auf den Wagen geschnallt, alle Gepäckstücke verstaut, die Maschine brummte, Puck sprang wieder auf Frauchens Schoß, und heimwärts ging die Fahrt.

Je näher wir dem heimischen Ziel kamen, desto schwerer senkte es sich mir aufs Herz. Was mochte auf mich warten? Ich wollte mich der Gefährtin anvertrauen, aber sie war restlos glücklich am

Steuer des Wagens. So konnte ich nur das Puckchen an mich pressen, das nun wieder ich auf dem Schoß hatte. Du kannst mir auch nicht helfen, dachte ich. Aber aus seinem warmen Körper strömte es beruhigend in mein Herz ...

Inhaltsverzeichnis